MARC SPESCHA

Rechtsbruch und sozialer Wandel

Schriftenreihe zur
Rechtssoziologie und Rechtstatsachenforschung

Begründet von Prof. Dr. Dr. h. c. Ernst E. Hirsch
Herausgegeben von Prof. Dr. Manfred Rehbinder

Band 68

Rechtsbruch und sozialer Wandel

Über Ursachen und Wirkungen demonstrativer Normverletzungen im sozialen Konflikt und in gesellschaftlichen Veränderungsprozessen

Von

Dr. Marc Spescha

Duncker & Humblot · Berlin

Abdruck der der Rechts- und staatswissenschaftlichen Fakultät der Universität Zürich vorgelegten Dissertation

CIP-Titelaufnahme der Deutschen Bibliothek

Spescha, Marc:
Rechtsbruch und sozialer Wandel: über Ursachen u. Wirkungen demonstrativer Normverletzungen im sozialen Konflikt und in gesellschaftl. Veränderungsprozessen / von Marc Spescha. –
Berlin: Duncker u. Humblot, 1988
(Schriftenreihe zur Rechtssoziologie und Rechtstatsachenforschung; Bd. 68)
Zugl.: Zürich, Univ., Diss., 1988
ISBN 3-428-06499-2
NE: GT

Satz: Werksatz Marschall, Berlin 45
Druck: Berliner Buchdruckerei Union GmbH, Berlin 65
Printed in Germany

ISBN 3-428-06499-2

Inhaltsverzeichnis

Einleitung

ERSTER TEIL

Theoretische Grundlegung

ZWEITER TEIL

Konkubinat, Militärdienstverweigerung und Gewaltfreie Aktion im Kampf gegen Bastionen der Ordnung

Abkürzungsverzeichnis

a. a. O.	=	an angeführtem Ort
Abs.	=	Absatz
aehnl.	=	ähnlich
a. M.	=	anderer Meinung
ami	=	antimilitarismus information
Anm.	=	Anmerkung
AöR	=	Archiv für öffentliches Recht
Art.	=	Artikel
AS	=	Amtliche Sammlung des Bundesrechts
BBl	=	Bundesblatt
BGE	=	Amtliche Sammlung der Entscheide des Schweizerischen Bundesgerichts
BGH	=	Bundesgerichtshof
BGHZ	=	Entscheidungen des Bundesgerichtshofs (Zivilsachen)
BRB	=	Beschluß des Bundesrates
BT	=	Bündner Tagblatt
BV	=	Bundesverfassung
BVerfGE	=	Entscheidungen des Bundesverfassungsgerichts
bzw.	=	beziehungsweise
cfd	=	christlicher Friedensdienst
d. h.	=	das heißt
Diss.	=	Dissertation
d. i.	=	das ist
Ebd.	=	Ebenda
EG	=	Einführungsgesetz
EMD	=	Eidgenössisches Militärdepartement
EMRK	=	Europäische Menschenrechskonvention
FS	=	Festschrift
FV	=	Fachverein
GA	=	Gesamtausgabe
gl. M.	=	gleiche Meinung
GRP	=	Großratsprotokoll
GSoA	=	Gruppe für eine Schweiz ohne Armee
hg., hrsg.	=	herausgegeben
Hrsg.	=	Herausgeber
IdK	=	Internationale der Kriegsdienstgegner
i. e. S.	=	im engeren Sinne
JbRR	=	Jahrbuch für Rechtssoziologie und Rechtstheorie
Jg.	=	Jahrgang
JöR	=	Jahrbuch für öffentliches Recht

JZ = Deutsche Juristenzeitung
Kap. = Kapitel
KMG = Kriegsmaterialgesetz
KZfSS = Kölner Zeitschrift für Soziologie und Sozialpsychologie
LAKO = Landeskonferenz
Liz. = Lizentiat
LNN = Luzerner Neueste Nachrichten
m. a. W. = mit anderen Worten
m. E. = meines Erachtens
MO = Militärorganisation
MStG = Militärstrafgesetz
N = Note
NR = Nationalrat
NW = Neue Wege
NZN = Neue Zürcher Nachrichten
NZZ = Neue Zürcher Zeitung
o. J. = ohne Jahresangabe
o. O = ohne Ort
PKG = Praxis des Kantonsgerichts
Rdn. = Randnummer
S. = Seite
SCI = Service Civil International
SFR = Schweizerischer Friedensrat
SJZ = Schweizerische Juristenzeitung
SP(S) = Sozialdemokratische Partei (der Schweiz)
SR = Systematische Sammlung des Bundesrechts
StenBull = Amtliches Stenographisches Bulletin der Vereinigten Bundesversammlung
StGB = Strafgesetzbuch
StPO = Strafprozeßordnung
StR = Ständerat
SZF = Schweizerische Zentralstelle für Friedensarbeit
TA = Tages-Anzeiger
TAM = Tages-Anzeiger Magazin
u. a. = unter anderem; und andere
u. U. = unter Umständen
Vgl. = Vergleiche
VVDStRL = Veröffentlichungen der Vereinigung der deutschen Staatsrechtslehrer
ZBJV = Zentralblatt des Bernischen Juristenvereins
ZBL = Schweizerisches Zentralblatt für Staats- und Gemeindeverwaltung
ZGB = Zivilgesetzbuch
Ziff. = Ziffer
zit. = zitiert
ZSR = Zeitschrift für Schweizerisches Recht
ZStR = Schweizerische Zeitschrift für Strafrecht
ZStW = Zeitschrift für die gesamte Strafrechtswissenschaft

Einleitung

Nichts ist menschlicher, als
zu überschreiten, was ist.
Ernst Bloch

I. Thema, Methode und Impetus der Arbeit

1. Thema und Methode

Die vorliegende Arbeit fragt nach der Bedeutung von Rechtsnormbrüchen (kurz: Rechtsbrüche) für Prozesse sozialen Wandels. Untersuchungsobjekt i.w.S. ist der demokratische Rechtsstaat Schweiz, wobei der Blick — vor allem im Zusammenhang mit grundsätzlichen Überlegungen — über die Grenzen schweizerischer Verhältnisse hinausgeht. Die Hypothese von der schöpferischen Funktion nonkonformistisch begründeter Rechtsbrüche für Rechtsentwicklungen wird am Untersuchungsobjekt beschrieben und reflektiert. Das Erkenntnisziel der Arbeit kann demzufolge dem Forschungsgebiet der Rechtssoziologie zugeordnet werden. Da die Berührungspunkte dieser Disziplin mit der Rechtsphilosophie offenkundig sind, sehe ich mich freilich nicht zu „philosophischer Enthaltsamkeit" veranlaßt. Bereits die Ausgangshypothese vom *schöpferischen* Rechtsbruch impliziert eine zukunftsoffene, auf Veränderung gerichtete Wertentscheidung. Die Bestimmung des Themas setzt sowohl Wandelbarkeit wie Wandelbedürftigkeit je gegebener Rechtsordnungen voraus. Demnach geht es hier nicht um Rechtfertigungen des Bestehenden, sondern um die Frage nach Motiv und Möglichkeiten des „Novum". Namentlich gerät der Rechtsbruch als spezifisches Bewegungsmoment ins Zentrum unserer Betrachtung.

Soweit ich mich auf wirklichkeitswissenschaftlichem Feld bewege, versuche ich, dem Anspruch einer empirischen Prüfbarkeit der Aussagen gerecht zu werden. Daran anknüpfende Überlegungen mag man spekulativ nennen. Als plausible Spekulationen sind diese jedoch durchaus berechtigt, wie spätestens erkenntnistheoretische Diskussionen, die im Zusammenhang mit dem Namen Paul Feyerabend stehen, deutlich gemacht haben.

Maßgebliche methodische Orientierungslinien sind vor allem sprachliche Klarheit, Informiertheit und kritische Reflexion.

2. *Persönlicher Standort*

Die Themenwahl ist nicht zuletzt durch meine eigene Betroffenheit auf der Seite eines strafrechtlich geahndeten Nonkonformismus motiviert. Namentlich meine Erfahrung als Kriegsdienstverweigerer war für mein kritisches Demokratieverständnis von ebenso grundlegender Bedeutung wie für meine prinzipiell rechtskritische Haltung. Obwohl diese Aussage ins „Vorzimmer der Wissenschaft" gehören mag, verdient sie m.E. Erwähnung, da ich keinesfalls suggerieren möchte, die wissenschaftliche Bearbeitung des Themas erfolge aus einer vermeintlich objektiven Standpunktlosigkeit. Die für mich leitenden Werte werden im Laufe der Arbeit verschiedentlich ausgeführt, wobei die Förderung einer vorurteilsloseren Betrachtung nonkonformistischer Verhaltensweisen augenscheinlich ist.

Im Verständnis einer „engagierten Wissenschaft" fühle ich mich jenem mitunter feministisch reklamierten Wissenschaftsverständnis verbunden, das ein „folgerichtiges, unterscheidendes und an der Sache orientiertes Denken" zum moralischen, vernunftimmanenten Maßstab des Argumentierens nimmt und sich dadurch abgrenzt von einem „verkürzten, abgespaltenen und unbeteiligten Denken"[1].

Dieses Bekenntnis zum eigenen Standpunkt richtet sich an Leser und Leserinnen, die sich eine Kritik der vorgebrachten Annahmen und Argumente nicht durch den Hinweis auf ebendiesen Standpunkt ersparen wollen, sondern bereit sind, die Haltbarkeit der Aussagen an kritisch-rationalen Kriterien zu prüfen. So wie ich mich etwa am Kriterium der Vorurteilslosigkeit bzw. offengelegter Wertungen messen lassen will, erhoffe ich mir entsprechend bemühte Kritiker. Dabei gehe ich davon aus, daß praktische Werturteile nicht a priori als Vorurteile denunziert, sondern zumindest nach ihrer Plausibilität beurteilt werden.

II. Ausgangslage und Aufbau der Arbeit

Gegen die Vertreter einer strukturell-funktionalen Soziologie, denen Konflikte als unliebsame und kaum erklärbare Störfaktoren des gesellschaftlichen Systems erscheinen, formulierte Ralf Dahrendorf vor bald dreißig Jahren in teils polemischer Absicht sein Konfliktmodell soziologischer Analyse. Es beschränkte sich für ihn nicht auf ein bloßes Werkzeug wissenschaftlicher Analyse, sondern galt ihm als Modell einer offenen Gesellschaft[2]:

---

[1] Vgl. E. Wisselinck: Frauen denken anders, Strasslach 1984, insbes. S. 48 ff.

[2] R. Dahrendorf: Pfade aus Utopia. Zu einer Neuorientierung soziologischer Analyse (engl. 1958), in: ders.: Pfade aus Utopia. Arbeiten zur Theorie und Methode der Soziologie. Gesammelte Abhandlungen I, München 1967, S. 242-263.

„Immer (...) liegt in sozialen Konflikten eine hervorragende schöpferische Kraft von Gesellschaften. Gerade weil sie über je bestehende Zustände hinausweisen, sind Konflikte ein Lebenselement der Gesellschaft — wie möglicherweise Konflikt überhaupt ein Element allen Lebens ist"[3].

Unschwer läßt sich in dem von Heraklit 500 v. Chr. formulierten Gedanken vom Streit (≠ Krieg) als dem „Vater und Herrscher aller Dinge" der Ursprung konflikttheoretischen Denkens erkennen. Bei Heraklit erhält der Kampf der Gegensätze geradezu die Bedeutung eines kosmischen Prinzips, was der andere Kernsatz Heraklit'scher Philosophie „Alles fließt" andeutet[4]. Auch bei Kant findet sich eine ähnliche Auffassung, wenn er vom Antagonismus in der menschlichen Gesellschaft spricht und diesen als „ungesellige Geselligkeit" der Menschen definiert, die „doch am Ende die Ursache einer gesetzmäßigen Ordnung der Natur" sei[5]. Die konträren Aneignungsmöglichkeiten einer derart naturphilosophischen Auffassung der Geschichte liegen auf der Hand. In einer Welt, wo der Ost-West-Konflikt zu einem „waffenstarrenden, vergletscherten und todesdrohenden Frieden" (Gronemeyer) geführt hat, mag jedoch Heraklit mit guten Gründen *gegen* diejenigen erinnert werden, die *offizielle Kriegspolitik* betreiben. Erst recht mag sich auf Heraklit berufen, wer innenpolitische Konflikte gewaltfrei austragen will, wenn die institutionalisierten Konfliktmechanismen Konflikte verschleiern, negieren oder gewaltsam zu ersticken versuchen, statt durch Beseitigung oder Verminderung von Konfliktursachen zu lösen.

Innenpolitische Konfliktkonstellationen und Reaktionsweisen hierauf bilden das Material dieser Studie zur rechtssoziologischen Erfassung gesellschaftlicher Konflikte und deren Bewertung. Wegleitend ist dabei Dahrendorfs konflikttheoretischer Ausgangspunkt, der ihn die „Stagnation des Status quo" als eine Version der „Tyrannei der falschen Antworten" beklagen ließ[6]. Seine Kritik gilt einer Politikweise, die leugnet, daß wir nicht in einer Welt der Gewißheit leben, wo es keine letzten Antworten geben kann[7].

[3] Dahrendorf: Funktionen sozialer Konflikte (verfaßt 1960), in: ders.: a.a.O., S. 272.

[4] Zur Interpretation des Heraklit'schen Denkens und seiner Anwendung heute vgl. die kurze, aber überzeugende Darstellung bei Reiner Gronemeyer: Innergesellschaftliche Konflikte und Ethik. Hunger und Krieg — Brot und Frieden, in: F. Neumann (Hrsg.): Politische Ethik, Baden-Baden 1985, insbes. S. 170-175.

[5] Immanuel Kant: Allgemeine Geschichte in weltbürgerlicher Absicht (1784), vierter Satz, in: ders.: Politische Schriften, hrsg. von O. H. von der Gablentz, Köln und Opladen 1965, S. 13.

[6] Dahrendorf: Lob des Thrasymachos. Zur Neuorientierung von politischer Theorie und Analyse (engl. 1966), in: ders. (Anm. 2), S. 312. Prägnant hierzu ist auch eine Formulierung von Spiros Simitis:

„Gesellschaft ist geschichtlich. Sie kennt mithin nur Entwicklung und keine endgültige Ordnung. Lösungen von heute begründen die Konflikte von morgen" (S. Simitis: Einleitung, in: W. Friedmann, Recht und sozialer Wandel, Frankfurt/M. 1969).

Die Notwendigkeit der dialektischen Aufhebung des Bewahrenswerten in der Veränderung und damit die Gefahr der lebensvernichtenden Tyrannis der Erstarrung hat Gustav Heinemann besonders treffend auf den Begriff gebracht:

„Aber es muß klar sein: In einer so schnell sich verändernden Welt kann nur bewahren, wer zu verändern bereit ist. Wer nicht verändern will, wird auch das verlieren, was er bewahren möchte"[8].

Die Aktualität dieser Worte und der Konflikttheorie als Erklärungsansatz und Kritikinstrument gesellschaftlicher Konfliktlagen führten die politischen Auseinandersetzungen der frühen achtziger Jahre in der Schweiz wie auch in unserem nördlichen Nachbarland wiederholt drastisch vor Augen[9]. Der Vorsteher des Eidgenössischen Militärdepartements, Bundesrat Chevallaz, bezeichnete die Aktivitäten der schweizerischen Friedensbewegung gegen die Stationierung der Nato-Mittelstreckenraketen in Europa zu Beginn der achtziger Jahre als „unbestreitbar" *ferngesteuert*[10], und sein Amtskollege Bundesrat Friedrich schloß ein gutes Jahr danach wie sowjetische Presseagentur Nowosti in Bern mit der Begründung, Nowosti sei an der Organisation der Friedensdemonstration vom 5. Dezember 1981 in Bern hinter den Kulissen „wesentlich mitbeteiligt" gewesen[11]. Auch daß anläßlich dieser Demonstration ein Vorschlag zur Abschaffung der Schweizer Armee erfolgt und gutgeheißen worden sei, war für Friedrich „kein Zufall", obwohl er nachweislich spontan und ohne irgendwelchen Einfluß von kommunistischer Seite zustande gekommen war[12].

Der Sachverhalt illustriert exemplarisch, daß ein *statisches* Gesellschaftsverständnis auftretende Konflikte als von außen betriebene Verschwörung gegen die geltende Ordnung zu „erklären" geneigt ist[13]. Das statische Vorur-

---

7 Dahrendorf: Pfade aus Utopia, in: ders.: a.a.O., S. 262.

8 Zitiert nach Ossip K. Flechtheim in einer Rezension über Wilfried Röhrich. Die verspätete Demokratie: Zur politischen Kultur der BRD, Köln 1983, in: „Die Zeit" vom 27. 7. 1984.

9 Davon scheint auch Dahrendorf selbst überzeugt zu sein, siehe R. Dahrendorf: Freie Welt in Gefahr?, in: „Die Zeit" vom 9. 1. 1981, S. 29.

10 LNN vom 21. 11. 1981.

11 Zur ganzen „Affäre Nowosti" siehe P. Haffner/F. Müller: Viele Behauptungen sind unhaltbar. Eine Nachprüfung des Amtsberichts über Nowosti, in: TAM 44/83, S. 18 ff.

12 Ebd.

13 Vgl. Dahrendorf: Pfade aus Utopia, in: ders. (Anm. 2), S. 252 f.; Zur Verschwörungstheorie der Gesellschaft siehe auch K. Popper: Die offene Gesellschaft und ihre Feinde, Bd. 2, 6. Aufl., München 1980, S. 119 ff. Nach Heinz E. Wolf kennzeichnet die Verschwörungstheorie alle *Vorurteilsideologien* (Heinz E. Wolf: Zur Problemsituation der Vorurteilsforschung, in: R. König: Handbuch der empirischen Sozialforschung, Bd. 12, Wahlverhalten. Vorurteile. Kriminalität. 2. Aufl., Stuttgart 1978, S. 102-191, insbes. 141 ff.).

teil wird auch in der obrigkeitlichen Behandlung der *Militärdienstverweigerefrage* in der Schweiz deutlich sichtbar. Die Ablehnung eines Zivildienstes und damit die fortdauernde strafrechtliche Repression der Militärverweigerung „begründete" der damalige Bundesrat Chevallaz mit einer herabsetzenden Stigmatisierung der Verweigerer:

„Menschen, wie *sie* nun einmal sind, lieben Arbeit nicht (...) und müssen bestraft werden, denn sie erfüllen ihre Pflicht nicht. Sicher haben solche Menschen oft gute Absichten, doch begreifen sie nicht, was sie dem Staate schulden"[14].

Chevallaz' Amtsnachfolger Bundesrat Delamuraz kommentierte die bei einer Stimmbeteiligung von 52,8 % von 63 % der Stimmenden abgelehnte „Volksinitiative für einen echten Zivildienst auf Grundlage des Tatbeweises" ohne jeden Selbstzweifel als Beleg für die Güte des Status quo:

„Im Umstand, daß hierzulande heute noch kein Zivildienst existiert, vermag ich keine Schwäche unseres Staates oder seiner Institutionen zu erkennen. Man kann doch die Bedeutung des Gewachsenen und zugleich Bewährten nicht einfach beiseite schieben. Mit dieser Aussage befinde ich mich offensichtlich in Übereinstimmung mit einer massiven Mehrheit des stimmberechtigten Volkskörpers"[15].

Dieses positivistisch-obrigkeitsstaatliche Argumentationsmuster zeigte sich in der Bundesrepublik Deutschland in ähnlicher Weise in den staatlichen Reaktionen auf Widerstandsformen Zivilen Ungehorsams, die sich gegen die Stationierung von Mittelstreckenraketen richteten[16]. Daß *gewalt-*

Das Muster hat zudem Geschichte. Schon in Aristophanes' Komödie „Lysistrata" findet sich ein Zeugnis für diffamierende Klagelieder einer Männerherrschaft.

Die Unhaltbarkeit von *Drahtziehertheorien* belegt an reichem empirischen Material Hp. Kriesi (Hrsg.): Bewegung in der Schweizer Politik. Fallstudien zu politischen Mobilisierungsprozessen in der Schweiz, Frankfurt am Main/New York 1985.

[14] Interview mit Bundesrat Chevallaz, in: „Die Weltwoche" vom 17. 3. 1982, S. 23. Angesichts dieser simplen Pflichtethik, die glaubt, sich jede Begründung für staatlich geforderten Gehorsam ersparen zu können, erscheint in einer christlichen Kultur der Hinweis auf von Jesus inspirierte Ansätze zur Staatstheorie bzw. Staatskritik durchaus angebracht. Zwei brillante Beiträge einer derart inspirierten Ethik wider eine staatliche Pflichtethik, wie sie auf seiten von Staatsvertretern offenbar immer noch vorherrscht, verfaßte der Jurist Peter Noll, siehe P. Noll: Jesus und das Gesetz, in: ders.: Gedanken über Unruhe und Ordnung, Zürich 1985, S. 48-78, sowie seine Ungehorsamspredigt im selben Buch. Eine umfassende, tiefgründige und überaus lesenswerte Auseinandersetzung mit der norm- und staatskritischen Ethik Jesu ist das Buch von Ernst Bloch: Atheismus im Christentum. Zur Religion des Exodus und des Reichs, Frankfurt/M. 1980.

Zur „Pathologie" der auch in obigem Zitat sichtbar werdenden Staatsraison vgl. auch Ekkehard Krippendorff: Staat und Krieg. Die historische Logik politischer Unvernunft, Frankfurt/M. 1985.

[15] EMD-Chef Bundesrat Delamuraz über die Not mit den Dienstverweigerern, in: „Die Weltwoche" vom 1. 3. 1984, S. 1. Bezeichnend die Begriffswahl, die die Fiktion einer einheitlichen Volksgemeinschaft („Volkskörper") aufrecht erhält.

[16] Zur bundesdeutschen Diskussion siehe P. Glotz (Hrsg.): Ziviler Ungehorsam im Rechtsstaat, Frankfurt/M. 1983; S. Cobler u.a. (Hrsg.): Das Demonstrationsrecht,

freie Aktionsformen auch bei uns auf seiten rechtstiftender Instanzen nicht zu einer zurückhaltenden Anwendung politischer Maßstäbe und somit zu einer extensiven Auslegung des freilich schon gesetzgeberisch weit gefaßten Nötigungstatbestandes führten, kann nach Gesagtem nicht erstaunen[17].

Diese wenigen Beispiele staatlicher Reaktion auf Störungen des Status quo erwecken keineswegs den Eindruck, die von der Konflikttheorie vor Jahrzehnten geforderte „galileische Wendung des Denkens" (Dahrendorf) habe sich im politischen Leben vollzogen. Insbesondere ist nicht zu sehen, daß staatliche Instanzen nonkonformistisches Verhalten zum Anlaß kritischer Betrachtung überkommener Ordnungsinhalte nähmen. Die Binsenwahrheit, daß jeder menschliche „Fortschritt" mit Rechtsbrüchen zusammenhing, bleibt offenbar ebenso wirkungslos wie das Postulat, daß eine nichtautoritäre Demokratie abweichendes Verhalten ohne Weinerlichkeit oder repressive Abwehrreaktionen ertragen sollte. Die Bedrohung von lebendiger Demokratie und liberalem Rechtsstaat „von oben" her haben in den letzten Jahren denn auch mehrere Autoren beschrieben und auf ihre Bedingungen hin untersucht[18].

Vor diesem Hintergrund erscheint es dem Verfasser angezeigt, die Frage nach dem Verhältnis von Rechtsbruch und sozialem Wandel in der demokratischen Gesellschaft aufzugreifen. In dieser Abhandlung führt dies zur Untersuchung soziologischer und moralischer Dimensionen von nonkonformistisch begründeten Gesetzesübertretungen. Diese bilden in ihrer soziologischen und/oder moralischen Differenz zum normativ Gesollten den Ausgangspunkt für die Formulierung von rechtlichen und gesellschaftlichen Entwicklungstendenzen und einiger ihrer Bedingungen. Überdies versucht der Verfasser auf der Grundlage der festgestellten Differenzen eine Kritik einzelner Rechtsnormen und geltender Rechtspraxis.

Reinbek b. Hamburg 1983; informativ sind auch die Ausgaben von „Der Spiegel" Nrn. 28/83, 35/83, 42/83, 44/83; einen eindrücklichen Beleg für den „Gesetz ist Gesetz"-Positivismus in den USA liefert Daniel Berrigan: Kreuz kontra Krieg, in: NW 1983, S. 300 ff.

[17] Siehe etwa den „Menschenteppich"-Entscheid des Bundesgerichts in BGE 108 IV 165 ff. und die eingehende Kommentierung desselben in dieser Abhandlung, Kap. 6 III.

[18] Zu den illiberalen Tendenzen im Kanton Zürich zu Beginn der achtziger Jahre siehe P. Schneider: Unrecht für Ruhe und Ordnung, Zürich 1982; aufschlußreich und Schneider bestätigend ebenfalls P. Noll: Diktate über Sterben und Tod, Zürich 1984; siehe auch R. Saage: Rückkehr zum starken Staat, Frankfurt/M. 1983 (mit vielen Hinweisen); C. B. Macpherson: Nachruf auf die liberale Demokratie (engl. 1977), Frankfurt/M. 1983; immer noch aktuell die Beiträge von C. Offe: Die Herrschaftsfunktionen des Staatsapparates und von F. Scharpf: Reformpolitik im Spätkapitalismus, in: M. Jänicke (Hrsg.): Politische Systemkrisen, Köln 1973.

Mit der Auswahl der *Militärdienstverweigerung* und ihrer rechtlichen Ahndung sowie von Gesetzesübertretungen, die durch *gewaltfreie Aktionsformen* begangen werden, werden Normverletzungen erfaßt, die durch ihre rechtspolitische Aktualität und durch ihren politischen Hintergrund sowie die teilweise verfassungsrechtliche Begünstigung (Gewissensfreiheit, Meinungsäußerungs- und Versammlungfreiheit) demokratietheoretisch bedeutsam sind.

Die Beobachtung einer Normänderung in ihrem gesamten historischen Ablauf ermöglicht die Entwicklung der strafrechtlichen Behandlung des *Konkubinats* in der Schweiz, weshalb dieses Thema der Behandlung der vorgenannten Normbereiche vorangestellt ist. Am Beispiel des Konkubinats sollen Mechanismen sozialen Wandels veranschaulicht werden. Dabei wird insbesondere nach der Rolle des mißachteten Konkubinatsverbots im Prozeß sexualmoralischen Wandels gefragt. Untersuchungsleitend ist jeweils die Frage nach der gesellschaftlichen Grundlage von Norm und Normbruch.

Der Behandlung einzelner Normbereiche und ihrer Entwicklung geht ein erster allgemeiner Teil voran, der dem Spannungsverhältnis von Ordnung und Freiheit gewidmet ist und die Gesellschaft in ihrer Geschichtlichkeit und somit im Wandel begreift. Insbesondere die *Rechts*ordnung wird unter machttheoretischen Gesichtspunkten als veränderbares Normensystem beschrieben. Da normative Ordnungen (insbesondere das Strafrecht) in einem demokratischen Rechtsstaat in hohem Maße legitimationsbedürftig sind, begnügt sich der Verfasser nicht mit einer soziologischen Erfassung des Rechts in seiner Funktionsweise und Bedingtheit, sondern fragt auch nach dessen ethischer Begründetheit und macht auf ideologische Verzerrungen aufmerksam.

Die Dringlichkeit einer solch rechtssoziologischen und ideologiekritischen Betrachtung des Rechts dokumentieren verbreitet feststellbare Rechtsvorstellungen, gemäß denen die Juristerei ein von der Politik unabhängiges Instrument zur Verwirklichung von Gerechtigkeit ist. Auch was der Fachverein der Zürcher Jurastudenten beklagte und durch die geringe Bedeutung normenkritischer Fächer im juristischen Ausbildungsgang unterstrichen wird, spricht für sich:

> „Der Gedanke, daß mit Macht ausgerüstete gesellschaftliche Gruppen maßgeblich auf Rechtsetzung und -anwendung einwirken, erscheint vielen Juristen als geradezu ketzerisch"[19].

[19] FV-Jus: Versteckter NC, in: „zürcher student" vom 4. Juni 1984. Vgl. auch die Kritik an der gegenwärtigen Studentengeneration durch J. P. Müller: Zur Lage der Meinungsfreiheit, in: TA vom 20. 6. 1986.

Zum immer noch viel zu wenig soziologisch orientierten Verständnis der Rechtswissenschaft vgl. auch F. Sack: Probleme der Kriminalsoziologie, in: R. König (Anm. 13), S. 371. Rudolf Wassermann kritisierte schon vor Jahren die „juristische Sozialisa-

Entsprechend verständnislos sieht sich die Mehrzahl der Juristen basisdemokratischen Aktivitäten „auf der Straße" gegenüber: ihr fehlt schlicht die Erkenntnismittel, um mit politischen und sozialen Innovitäten vorurteilslos umzugehen[20].

III. Vorläufige Definition grundlegender Begriffe

1. Abweichendes Verhalten

Von einer „juristischen" Begriffsdefinition des abweichenden Verhaltens werden Verhaltenweisen erfaßt, die strafrechtlich sanktioniert sind. Hiervon ist die „soziologische" Definition abweichenden Verhaltens zu unterscheiden, die die Verletzung allgemein gesellschaftlicher Erwartungshaltungen bezeichnet. Letztere besitzt mit dem „juristisch" definierten Tatbestand wohl eine empirisch bestimmbare Schnittmenge, erfaßt aber auch *nicht* strafrechtlich sanktionierte Verhaltensweisen. Andererseits braucht nicht jedes strafrechtlich erfaßte abweichende Verhalten allgemein gesellschaftliche Erwartungshaltungen zu verletzen. Wir gehen jeweils von einer „juristischen" Begriffsbedeutung aus, geben dieser aber eine soziologische Dimension, sobald wir die Frage erörtern, wie eine Rechtsnormverletzung gesellschaftlich bewertet werde. Den Begriff „abweichendes Verhalten" ziehen wir dem Verbrechensbegriff vor, weil er neutraler und umfassender ist.

2. Nonkonformismus

Nonkonformistisch oder nonkonformistisch begründet nennen wir abweichendes Verhalten, das eine weltanschauliche Grundlage hat, immer wertorientiert ist und nicht gänzlich unbewußten Motiven entspringt. Die weltanschauliche Grundlage mag dabei in unterschiedlichem Maße ethisch akzentuiert sein, für verallgemeinerungswürdig angesehen werden und sich offen oder symbolisch manifestieren. Unsere Aufmerksamkeit gilt jenem Nonkonformismus, der sich mit mehr oder weniger emanzipatorischem Anspruch gegen herkömmliche Anschauungen und Verhaltensnormen wendet. Wo es dabei zu Verletzungen von Rechtsnormen kommt, sprechen wir in der Folge vom *„nonkonformistischen Rechtsbruch"*.

---

tion" an den Universitäten, siehe R. Wassermann: Justiz im sozialen Rechtsstaat, Darmstadt und Neuwied 1974.

[20] Vgl. O. Negt: Gesellschaftliche Krise und Demonstrationsfreiheit, in: Cobler u. a. (Anm. 16), S. 47.

3. *Stigmatisierung*

Mit Stigmatisierung kennzeichnen wir eine bestimmte staatliche und gesellschaftliche Reaktion auf Nonkonformisten. Das Reaktionsverhalten läßt sich begreifen als Zuschreibung eines oder mehrerer negativer Merkmale, die meist auf Vorurteilen beruhen, jedenfalls auf nicht überprüften und zumeist unhaltbaren Annahmen (sog. Laien- oder Alltagstheorien).

Zweck der Stigmatisierung bei nonkonformistischen Rechtsbrüchen ist regelmäßig die soziale Herabsetzung von Menschen, um sie auf eine gesellschaftliche Randstellung zu fixieren (Marginalisierung) und sich eine vorurteilslose inhaltliche Auseinandersetzung mit der nonkonformistischen Position zu ersparen.

4. *Sozialer Wandel*

Durchgreifender sozialer Wandel erfaßt sowohl gesellschaftliche Einstellungs- als auch Verhaltensänderungen, die sich zudem in der Rechtsordnung niederschlagen. In der Legalisierung bisher strafrechtlich geahndeter Verhaltensweisen sehen wir die rechtliche Sanktionierung sozialen Wandels. Dieser mag sich bereits in geringen Änderungen der rechtlichen Sanktionspraxis auf abweichendes Verhalten ankündigen oder in der bloßen Zunahme bestimmter Gesetzesübertretungen. Eine Bewertung von Qualität und Ausmaß sozialen Wandels ist freilich nur mit Blick auf den konkreten Einzelfall und in historischer Perspektive möglich.

ERSTER TEIL

Theoretische Grundlegung

Kapitel 1

Soziale Interdependenz und Rechtsordnung

I. Sicherheitsbedürfnis und Ordnungsstreben

Indem die Menschen in gegenseitiger Anlehnung miteinander in einem Gesellschaftsverband leben, sind sie physisch und psychisch voneinander abhängig. Dieser Grundtatbestand *sozialer Interdependenz*[1] besitzt im sicherheitsbedürftigen Individuum, das wissen will, worauf es sich in seinem sozialen Handeln einzustellen hat, d.h. welche gesellschaftlichen Erwartungen an es herangetragen werden, die Grundeinheit. Das individuelle Sicherheitsbedürfnis bildet als „emotionale Matrix"[2] die Basis für die Entstehung von Ordnungsvorstellungen und die Bildung verschiedener Normensysteme. Diese letzteren erfüllen die Funktion der Gebarenskoordination, sind demnach Manifestationen der Gruppenordnung[3].

Die Bedeutung unterschiedlicher Ordnungstypen (Brauch, Sitte, Recht) und die inhaltliche Bestimmung der Ordnung ergibt sich im wesentlichen aus der jeweiligen Gesellschaftsstruktur, wenngleich sich wahrscheinlich nie vollumfänglich *soziologisch* erklären läßt, *warum* im einzelnen Fall gerade diese und nicht andere Gebarensweisen zur Norm erhoben werden[4]. An dieser Stelle genügt jedoch die Feststellung, daß die Menschen sich eine soziale Ordnung geben, indem sie soziale Verhaltensweisen verbindlich koordinieren.

---

[1] T. Geiger: Vorstudien zu einer Soziologie des Rechts, 4. Aufl., hrsg. von M. Rehbinder, Berlin 1987, S. 8 ff.

[2] Diese Matrix sieht Erich Fromm in der Charakterstruktur des einzelnen Menschen verwurzelt, siehe E. Fromm: Die Furcht vor der Freiheit (engl. 1941), Ullstein Taschenbuch, Frankfurt/M./Berlin/Wien 1983, S. 221.

[3] Vgl. T. Geiger (Anm. 1), S. 10.

[4] Aus der Sicht eines strengen erkenntnistheoretischen Positivismus formuliert Geiger die Antwort auf diese Frage lapidar: „Ignoramus" (T. Geiger: a.a.O., S. 82).

Damit ist die reale Grundlage der konservativen Platitüde des „Ordnung muß sein" bezeichnet. Feststellen läßt sich auch, daß das menschliche Ordnungsstreben trotz Reformation und Aufklärung — mithin Verlust einheitlicher Wertorientierung — nicht verschwunden ist[5]. Kulturgeschichtlich ist die Emanzipation von den Beschränkungen mittelalterlicher Gesellschaftsorganisation und den damit gekoppelten Anschauungen nicht zuletzt ein Übergang in andere Formen rational nicht begründeter Freiheitsbeschränkung[6]. Dieser Übergang ist mit Fluchtmechanismen, die aus „Furcht vor der Freiheit" von festen Bindungen und damit eindeutigen Orientierungen resultieren, erklärt worden[7].

Wenn wir demnach Ordnung als soziale Tatsache anerkennen, bestreiten wir aber keineswegs, daß die Ordnungsformen und -inhalte einem Wandel unterliegen. Um so dringender fragen wir nach der Legitimation jeweiliger Ordnungsinhalte gemessen am Maßstab sozial gleicher und möglicher Freiheit.

Im Hinblick auf die folgenden Ausführungen zur Rechtsordnung und die spätere Beurteilung von Rechtsbrüchen läßt sich eine erste Grundannahme wie folgt formulieren: Die Bildung sozialer Verhaltensregelmäßigkeiten infolge von Gebarenskoordination und damit eine relative stabile soziale Ordnung resultiert zwangsläufig aus der Tatsache sozialer Interdependenz der in Gesellschaft lebenden Menschen.

Die Bedeutung, die hierfür dem Recht als Normensystem zukommt, ist in der Folge gesondert zu besprechen.

[5] Albert Camus beschreibt selbst die Revolte des Menschen, mit der das Sein zerbrochen werde, was dem Leben ermögliche „überzufließen", als Forderung nach „*Ordnung inmitten des Chaos und (...) Einheit inmitten dessen, was flieht und verschwindet*" (A. Camus: Der Mensch in der Revolte, Reinbek b. Hamburg 1969, S. 13).

[6] Zur freiheitsbeschränkenden Vergötzung moderner Rechtsordnungen in einem rein formalen Verständnis von Rechtsstaatlichkeit siehe R. Quinney: Die Ideologie des Rechts. Über eine radikale Alternative zum legalen Zwang, in: K. Lüderssen/F. Sack: Abweichendes Verhalten I. Die selektiven Normen der Gesellschaft, Frankfurt/M. 1975, S. 80-125.

[7] Fromm unterscheidet als kulturell signifikante Fluchtmechanismen, die aus der Unsicherheit des isolierten Einzelmenschen folgen, die Flucht ins Autoritäre, ins Destruktive und — als verbreitetsten Mechanismus — die mit der Schutzfärbung gewisser Tiere vergleichbare Flucht ins Konformistische (Fromm (Anm. 2), S. 112 ff.).

II. Rechtsordnung als zentraler Ordnungstypus in der kulturell differenzierten Großgesellschaft

1. Das Doppelgesicht des Rechts — statisches Ordnungsinstrument und Mittel rationaler Gesellschaftsgestaltung

Wir können Recht — mit Theodor Geiger — als Ordnungstypus besonderer Art[8] begreifen. Im Unterschied etwa zur Sitte, deren Hauptmerkmal die „tatsächliche Übung"[9] ist, greift das Gesetzesrecht potentiell im Zeitpunkt seiner Setzung als zukunftsorientierter „Gestalter" in die gesellschaftliche Wirklichkeit ein. Insofern verhielte sich Recht emanzipatorisch zur tradierten Ordnung. Der amerikanische Anthropologe S. Diamond bezeichnete das Verhältnis zwischen Sitte und Gesetz gar als „basically one of contradiction, not continuity" und folgerte:

„Law *and* order is the historical illusion; law versus order is the historical reality"[10].

An einem rechtsethischen Maßstab orientiert und als Mittel zur Verwirklichung vorbestimmter Zwecke eingesetzt, ist Recht ein Instrument rationaler Gesellschaftsgestaltung. Damit steht es in stärkstem Kontrast zum unreflektierten und systemlosen Brauch[11]. Wenn auch das Recht selbst Traditionsbestandteil wird, verkennte man die Eigenart rationaler Gesellschaftsgestaltung durch Recht, wollte man es als bloß statisches Ordnungsinstrument zur Stabilisierung tradierter Ordnung verstehen. Diese Feststellung soll nicht verschleiern, daß sich etwa selbst die Geschichte des programmatischen Verfassungsrechts in der Schweiz fast ausschließlich in konservierenden Akten erschöpfte. Diese Einschätzung teilt auch der schweizerische Bundesrat in seinem Antrag zur Totalrevision der Bundes-

---

8 T. Geiger (Anm. 1), S. 86.

9 F. Tönnies: Die Sitte, Frankfurt 1909.

10 S. Diamond: The Rule of Law versus the order of Custom, in: D. Black/M. Mileski (ed.); The social organization of Law, New York und London 1973, S. 320 ff.; ähnlich argumentierte schon R. König: Das Recht im Zusammenhang der sozialen Normensysteme, in: Sonderheft 11 (1967) der KZfSS: Studien und Materialien zur Rechtssoziologie, S. 36-53.

In dieselbe Richtung zielt auch Hans Ryffel, wenn er das Recht als revisionsbedürftige sog. „*auf*gegebene Ordnung" den überkommenen Bindungen „*vor*gegebener Ordnungen" gegenüberstellt (H. Ryffel: Rechtssoziologie. Eine systematische Orientierung, Neuwied und Berlin 1974, S. 142 und 151).

11 Ausführlich hierzu: R. König: a.a.O. Schon R. von Jhering sah im Gegensatz zu Rechtspositivisten eine dem Recht immanente Selbstbewegung im Sinne einer Kritik des Rechts durch sich selber, denn die „Idee des Rechts ist ewiges Werden" (R. von Jhering: Der Kampf ums Recht, hrsg. von Christian Rusche, Nürnberg 1965, S. 204). Ulrich Preuss bezeichnete gesellschaftlichen Wandel und Rechtsänderung als „Ratio des Legalitätssystems" (U. K. Preuss: Legalität, Loyalität, Legitimität, in: ders.: Politische Verantwortung und Bürgerloyalität, Frankfurt/M. 1984, S. 230).

verfassung, wenn er die seit 1874 erfolgten über 100 Partialrevisionen als „durchwegs (...) bloße punktuelle Anpassungen, sozusagen (...) die Festschreibung des jeweiligen Rechtszustandes" bewertet und zugesteht: „Was dabei zu wenig bedacht wurde, war die Öffnung in die Zukunft"[12].

Ebensowenig kann übersehen werden, daß insbesondere das Strafrecht und die Strafjustiz die Mauern der bestehenden Gesellschaftsverhältnisse zementieren, anstatt sie aufzubrechen.

Eine feindliche Gesinnung gegenüber dem Wandel oder ewige Verbindlichkeit ist dem Gesetzesrecht — wie auch der Justiz als seiner Sanktionsinstanz — jedoch keineswegs begriffswesentlich, wie Apologeten des Status quo mit der positivistischen Attitüde des „Gesetz ist Gesetz" suggerieren. Das Normensystem Recht ist janusköpfig. Wie der römische Gott des Torbogens steht es auf der Schwelle zwischen Vergangenheit und Zukunft und ist beiden zugewandt[13].

2. *Recht und Wertpluralismus*

Ob Recht als Ordnungsinstrument zwecks humaner Gesellschaftsgestaltung unerläßlich ist, mag offenbleiben. Maßgeblicher Ausgangspunkt bleibt für uns die tatsächliche Existenz von Rechtsordnungen in Großgesellschaften. Nebst einem relativ hohen Maß an Rationalität — wie dargestellt — charakterisieren sich diese insbesondere durch eine *Zentralmacht*, der die Normsetzung und Normanwendung obliegt. Geiger sieht darin die angemessene Ausdrucksform der sozialen Interdependenz in der Großgesellschaft:

> „Innerhalb der rechtlich geordneten Gesellschaft ist die soziale Interdependenz veranstaltlicht und monopolisiert. Sie ist in einer Zentralmacht verdichtet und wird von den Organen dieser Zentralmacht gehandhabt. Recht ist insofern: ein von einer Zentralmacht monopolisierter Ordnungsmechanismus"[14].

Das für die Rechtsordnung charakteristische Sozialmilieu, gekennzeichnet durch das Fehlen einheitlicher Wertvorstellungen und viele unpersönliche Kontakte, schafft eine Atmosphäre mangelnden Vertrauens[15], was treffend als Zustand „ungeselliger Geselligkeit" (Kant) beschrieben wird. In dieser Situation verlangt das Sicherheitsbedürfnis der Individuen nach einem gemeinsamen, übergeordneten Ordnungsmechanismus[16], der ge-

[12] BBl 1985 III 111.

[13] Vgl. zu diesem Verständnis des Rechts R. Wassermann: Die richterliche Gewalt. Macht und Verantwortung des Richters in der modernen Gesellschaft, Heidelberg 1985.

[14] T. Geiger (Anm. 1), S. 93.

[15] Ausführlicher dazu T. Geiger: a.a.O., S. 93 ff.

[16] Für Geiger weist die hierdurch garantierte *Ordnungssicherheit* zwei Komponenten auf: die Ordnungsgewißheit einerseits und die Ordnungszuversicht anderer-

wisse soziale Lebensverhältnisse verbindlich regelt. So wird Recht zu einem bedeutenden Ordnungstypus der kulturell vielfältigen Großgesellschaft[17].

Diese Ausführungen sollen nun freilich nicht darüber hinwegtäuschen, daß die Wirksamkeit und Legitimität von Rechtsnormen abhängig ist von Normen anderer Ordnungssysteme. Wo Rechtsnormen etwa allzusehr in Gegensatz geraten zu einer tatsächlichen Übung (Sitte) oder zu verbreiteten Wertvorstellungen, ist ihre Wirksamkeit wie auch ihre Legitimität äußerst fraglich. Besonders nachdrückliche Betonung verdient dieser Hinweis dort, wo das Strafrecht als *sittenbildende Kraft* angesehen wird. Ein solches Strafrechtsverständnis macht dieses leicht zum Instrument der Unterdrückung von Wertmoralen[18], die zu normabweichendem Verhalten führen. Illustratives Beispiel dafür, daß und wie das Strafrecht Ausdruck gesellschaftlichen Dissenses[19] wird, ist das Sexualstrafrecht[20]. Den Wertpluralismus akzeptieren hieße demgegenüber, den durch kulturelle Differenzierung gewonnenen Zuwachs an Freiheit[21] nicht durch ein *moralistisches* Strafrecht wieder zu verringern versuchen. Demzufolge legitimiert allein die *Sozialschädlichkeit* eines Verhaltens seine strafrechtliche Sanktionierung, während ansonsten jede und jeder nach seiner Fasson selig werden mag. Die Grenze zwischen Recht und Unrecht wird dabei jeweils im Widerstreit zwischen gesellschaftlich beanspruchten Handlungsfreiräumen und staatlichen Strafbedürfnissen bestimmt.

---

seits. Ersteres ist das Wissen um den Inhalt der Normen, an denen sich der Ordnungsmechanismus orientiert. Die Ordnungszuversicht ist demgegenüber die Vermutung, daß der Ordnungsmechanismus betätigt werde, d. h. die Rechtspflegeinstanzen aktiv werden (a.a.O., S. 64 f.).

[17] Wenn wir von Großgesellschaft sprechen, so denken wir vor allem an die Tatsache, daß sich der Mensch in der arbeitsteiligen Industriegesellschaft nicht mehr nur im intimen Familienverband bewegt, sondern in sogenannten Gruppen zweiter Ordnung, worin Kontakte eher distanziert und zweckorientiert sind, denn gefühlsmäßig. Es zählt nicht die Person als einmalige Persönlichkeit, sondern als gesellschaftlich definierter Rollenträger.

[18] Nach Geiger ist der Gegensatz von Wertmoralen zum „Strukturprinzip der Gesellschaft geworden" (T. Geiger: Demokratie ohne Dogma. Die Gesellschaft zwischen Pathos und Nüchternheit, 2. Aufl., München 1964, S. 227 f.).

[19] Vgl. F. Sack: Probleme der Kriminalsoziologie, in: R. König (Hrsg.): Handbuch der empirischen Sozialforschung, Bd. 12, Stuttgart 1978, S. 377 f.

[20] Einen umfassenden Überblick (mit vielen Literaturhinweisen) gibt R. Lautmann: Der Zwang zur Tugend. Die gesellschaftliche Kontrolle der Sexualitäten, Frankfurt/M. 1984.

[21] Mit Freiheit meinen wir in diesem Zusammenhang mit T. Geiger „nichts anderes als den Inbegriff der Möglichkeiten sozial risikoloser Disposition im Lebensvollzug" (T. Geiger (Anm. 1), S. 186).

3. *Verbindlichkeit der Rechtsnorm und Fragwürdigkeit strafrechtlicher Reaktion*

Indem der Ordnungsmechanismus Recht durch eine Zentralmacht gehandhabt wird, geht das Recht mit der Macht eine „fragwürdige Ehe"[22] ein. Eine Rechtsnorm ist nämlich insofern wirksam und damit *verbindlich*, als sie sich in der Handlungsalternative von normativ gewünschtem Verhalten oder Sanktionierung von normverletzendem Verhalten realisiert[23]. Letztere Funktion obliegt den Justiz- und Verwaltungsbehörden. Die Bindung von Recht und Macht wird darum besonders augenscheinlich, wo sich die Rechtsnorm in der Sanktionstätigkeit der staatlichen Instanzen verwirklicht.

Tritt erwünschtes Verhalten grundsätzlich eher ein, wenn abweichendes Verhalten von einer Sanktion bedroht und diese im Falle der Normverletzung auch tatsächlich durchgesetzt wird[24], sind Sanktionsdrohung und Sanktionierung dennoch nicht in jedem Falle die bedeutendsten Motive für normgemäßes Verhalten[25]. Die Kausalhypothese, wonach Sanktionen in zahlreichen Fällen für die Befolgung von Gesetzen bestimmend sind, ist zwar in bisherigen empirischen Untersuchungen weitgehend bestätigt worden, wobei in der Regel der Sanktionswahrscheinlichkeit ein stärkeres Gewicht zukommt als der Sanktionsschwere[26]. Andererseits bestätigte Diekmann in seiner empirischen Untersuchung die Hypothese, daß „der Grad der normativen Abweichung [= Ausmaß fehlender Übereinstimmung mit dem Gesetz — M.S.] als Prädiktor des abweichenden Verhaltens eine größere Rolle als die negativen Sanktionen spielt"[27]. Entsprechend faßt er die Ergebnisse seiner Untersuchung wie folgt zusammen:

> „Insgesamt gesehen kann (...) Summers schon vor Jahrzehnten vertretene Behauptung über die starke regulierende Kraft der internalisierten Normen unterstrichen werden"[28].

[22] So R. König (Anm. 10), S. 46.

[23] T. Geiger (Anm. 1), S. 30 ff.

[24] Dieses Argument ergibt sich aus nutzentheoretischen Überlegungen, vgl. hierzu Karl-D. Opp: Theorie sozialer Krisen. Apathie, Protest und kollektives Handeln, Hamburg 1978, S. 42 ff.

[25] Vgl. K.-D. Opp: Einige Bedingungen für die Befolgung von Gesetzen, in: K. Lüderssen/Sack (Anm. 6), S. 237 f. (mit Hinweisen auf verschiedene Untersuchungen).

[26] Vgl. A. Diekmann: Die Befolgung von Gesetzen, Berlin 1980, S. 122 ff., insbes. 133 f. und 144 f. Ebenso schon P. Noll: Gründe für die soziale Unwirksamkeit von Gesetzen, in: JbRR III 1972, S. 259-270.

[27] Diekmann: a.a.O., S. 133. Diekmann weist daselbst auch auf mehrere Untersuchungen hin, die die gegenüber den negativen Sanktionen stärkere Bedeutung außerlegaler und sozialer Einflüsse (Bezugsgruppen, Einkommensverteilung, Arbeitslosigkeit, Nutzen der Übertretung) betonen. Vgl. auch Noll: a.a.O., S. 265.

[28] Diekmann: a.a.O., S. 125.

Wie verinnerlichte Normen der Individuen dem Gebaren der politischen Macht Grenzen setzen, veranschaulichen Delikte (wie z. B. die Abtreibung und Straftatbestände des Sexualstrafrechts) mit enorm hohen Dunkelziffern exemplarisch: Die Rechtsnorm wird zum toten Buchstaben, wo das Gesetz sich von Sitte und/oder Moral zu weit entfernt. Nicht einmal der polizeistaatliche Ruf nach quantitativ möglichst umfassender Ahndung der Normbrüche vermöchte dem Rechtsbruch Einhalt zu gebieten, da die Bereitschaft, sich normgemäß zu verhalten, abnehmen dürfte, wenn die Sanktion ihren Ausnahmecharakter verliert[29].

Äußerst fragwürdig ist allerdings auch, insbesondere bei Straftatbeständen mit hoher Dunkelziffer, um der Sicherung der Autorität des Gesetzes willen nur einige Täter herauszugreifen und sie dadurch zu gesellschaftlich nützlichen Projektionsobjekten zwecks Entlastung der Schuldgefühle und zur Befriedigung der Strafbedürfnisse anderer zu machen[30]. Erscheint eine solche Sanktionspraxis zur Vermeidung der wenig zweckrationalen Vielstraferei und von polizeistaatlichen Entwicklungen unausweichlich, so steht doch die damit verbundene unvermeidliche Ungerechtigkeit gegenüber dem Bestraften[31] für den grundlegend problematischen Charakter des Strafrechts. Dieser Umstand und die mit jeder Strafe verknüpfte Grundrechtsbeschränkung und Stigmatisierung machen die Frage nach der *Strafwürdigkeit* eines Verhaltens vordringlich. Diese Frage hat für jede Strafrechtsnorm der Prüfung derselben unter zweckrationalen Gesichtspunkten vorauszugehen[32], auch wenn eindeutige Kriterien zur Bestimmung der Strafwürdigkeit bzw. Sozialschädlichkeit einer Verhaltensweise fehlen. Eine ethisch verantwortete Kriminalpolitik wird die Strafwürdigkeit einer Verhaltensweise (deren Kehrseite die besondere Schutzwürdigkeit eines Rechtsgutes ist) insbesondere im Bewußtsein, daß in jedem abweichend definierten Verhal-

---

[29] Vgl. K. Lüderssen: Strafrecht und „Dunkelziffer", in: ders./Sack (Anm. 6), S. 257. Zur Bedeutung der Verankerung von Institutionen und Gesetzen im Volk als Existenzbedingung von Macht vgl. grundlegend H. Arendt: Macht und Gewalt, München 1970, insbes. S. 42 ff.

[30] Zur psychoanalytischen Projektionstheorie vgl. K. Lüderssen: a. a. O., S. 259; im weiteren E. Fromm: Zur Psychologie des Verbrechers und der strafenden Gesellschaft (1931), in: ders.: Analytische Sozialpsychologie und Gesellschaftstheorie, 7. Aufl., Frankfurt/M. 1982, S. 115-144; P. Reiwald: Die Gesellschaft und ihre Verbrecher, Zürich 1948; H. Jäger: Psychologie des Strafrechts und der strafenden Gesellschaft, in: K. Lüderssen/F. Sack: Abweichendes Verhalten II. Die gesellschaftliche Reaktion auf Kriminalität, Frankfurt/M. 1975, S. 107-127. M. Killias: Muß Strafe sein?, in: M. Rehbinder (Hrsg.): Schweizerische Beiträge zur Rechtssoziologie, Berlin 1984, S. 135-158.

[31] Lüderssen (Anm. 29), S. 259.

[32] Vgl. W. Naucke: Generalprävention und Grundrechte der Person, in: Hassemer/Lüderssen/Naucke: Hauptprobleme der Generalprävention, Frankfurt/M. 1979, S. 9 ff.

ten auch eine strafrechtlich nicht erfaßbare, mehr oder weniger evidente Schuld der Gesellschaft manifest wird[33], entsprechend zurückhaltend bejahen.

Als Leitidee rechtspolitischen Handelns ist mit Blick auf das Strafrecht Karl Liebknechts berühmte Parlamentsrede gegen die preußische Klassenjustiz nach wie vor aktuell. Namentlich gibt Liebknecht mit Berufung auf den Kriminalsoziologen Franz v. Liszt zu bedenken, daß das Verbrechen „als sozialpathologische Erscheinung nicht durch Herumkurieren an Äußerlichkeiten beseitigt werden kann, sondern eben als sozial-pathologische Erscheinung durch Beseitigung der Krankhaftigkeiten und Schädlichkeiten, (...) die unserm sozialen Organismus innewohnen"[34]. Zurückhaltung gebietet sich unter diesen Bedingungen erst recht bezüglich der *Schwere der Strafe*, sofern die Strafwürdigkeit bejaht worden ist. Die feststellbare „Hypertrophie der Strafen"[35] ist schließlich angesichts der beschränkten Wirkung negativer Sanktionen auch unter zweckrationalen Gesichtspunkten zu kritisieren[36].

Unsere Ausführungen zeigen demnach: Recht, und in besonderer Weise Strafrecht, stößt sowohl an Grenzen der Wirksamkeit wie der Legitimität. Diese Erkenntnis ist das unerläßliche Fundament einer rationalen Kriminalpolitik, die sich ethisch verantworten will. Inwieweit das Strafrecht diesem Anspruch gerecht wird, entscheidet sich vorwiegend in Interessenkonflikten und Meinungskämpfen, die sich auf der politischen Bühne abspielen. Zur Beurteilung der Qualität jeweiligen Rechts ist dabei vor allem nach theoretischen und praktischen Aufklärungsdefiziten zu fragen, die ideologische Rechtsverzerrungen begünstigen[37].

---

[33] Vgl. P. Noll: Die ethische Begründung der Strafe, Tübingen 1962, S. 16. Als konsequenter Fürsprecher dieses Gedankens erweist sich schon Christian Morgenstern in folgendem Aphorismus:

> „Es gibt keine Einzelschuld, es gibt nur Gesamtschuld. Wir müssen uns durchaus gegenwärtig halten, daß die Bestrafung eines Verbrechers durch unsere Behörden nur den Schein der Gerechtigkeit für sich hat, nicht die Gerechtigkeit selbst; denn wie könnte die wahre Gerechtigkeit sich gegen einen einzelnen wenden, sie, die das ganze Gewebe des Lebens vor sich ausgebreitet sähe" (Christian Morgenstern: Gesammelte Werke, Zürich 1976, S. 407).

[34] K. Liebknecht: Gesammelte Reden und Schriften, Bd. III, Dietz Verlag Berlin 1960, S. 10.

[35] Noll: Gesetzgebungslehre, Reinbek b. Hamburg 1973, S. 113. Ebenso schon W. Maihofer: Die Reform des Besonderen Teils des Strafrechts, in: L. Reinisch (Hrsg.): Die deutsche Strafrechtsreform, München 1967, S. 72-89.

[36] Vgl. etwa Diekmann, der insbesondere den nicht-linearen Effekt der Sanktionsschwere hervorhebt:

> „Der generalpräventive Effekt einer zusätzlichen Straferhöhung ist ab einem bestimmten Schwellenwert faktisch gleich null" (Diekmann (Anm. 26), S. 145 f.).

[37] Näher hierzu Ryffel (Anm. 10), S. 361 ff.

Vor dem Hintergrund dieser Ausführungen geht es m. E. für eine aufgeklärte Rechtswissenschaft nicht an, Rechtsnormen und insbesondere Strafrechtsnormen kritiklos gesetzespositivistisch hinzunehmen. Es erscheint vielmehr angebracht, hinter die Fassade des Rechts zu leuchten und nach dem Treiben der Macht zu fragen.

Kapitel 2

Macht im Recht

I. Die Allgegenwart der Macht

Zu Beginn des ersten Kapitels hatten wir festgestellt, daß das menschliche Bedürfnis nach Sicherheit zum Streben nach Ordnung führt. Jener Eigenschaft des Individuums steht die *Gefahr*, als im organischen Leben allgegenwärtiges, das Individuum von außen real oder nur scheinbar bedrohendes Phänomen, gegenüber. Dieses ist nicht nur ein Motor der Evolution, sondern erzeugt auch den Wunsch des sich selbst erhaltenden Individuums nach Macht. Macht wird damit zu einem „Humanum" — um mit C. F. von Weizsäcker zu sprechen —, d.i. einem dem Menschen „spezifischen Verhaltensschema"[1]. Macht äußerst sich im „Hervorbringen beabsichtigter Wirkungen"[2], ist mit einer subtileren und dennoch handlichen Definition aber schon existent, wenn ein an einer Situation Beteiligter die „Chance (besitzt), gewisse Ereignisverläufe steuern zu können"[3]. An dieser Definition Theodor Geigers wollen wir uns in der Folge orientieren. Ihr zufolge ist die jeweilige Macht eines Beteiligten, bezogen auf einen Ereignisverlauf, so groß wie seine Chance, diesen steuern zu können. Entgegen Max Weber manifestiert sich Macht demgemäß nicht nur dort, wo einer Handlung Widerstand geleistet und dieser überwunden wird, sondern auch dort, wo die Handlung mit dem Einverständnis aller Beteiligten erfolgt. Da sich andererseits für jeden an einer Handlungssituation Beteiligten minimale Steuerungschancen ausmachen lassen, insofern als kaum jemand ohne Einfluß auf seine soziale Umgebung ist, gibt es keine völlige Machtlosigkeit[4]. Mit dieser Konzeption von

[1] C. F. v. Weizsäcker: Wege in der Gefahr. Eine Studie über Wirtschaft, Gesellschaft und Kriegsverhütung, München/Wien 1976, S. 148.

[2] B. Russel: Macht. Eine sozialkritische Studie, Zürich 1947, S. 29.

[3] T. Geiger: Vorstudien, S. 298. Diese Machtdefinition wird nicht verworfen, auch wenn sie mitunter als zu begrenzt und irreführend abgelehnt wird. Zur Erklärung der Wirkung von Machtfaktoren im uns interessierenden Gesetzgebungs- und Rechtsprechungsprozeß ist die gewählte Machtdefinition durchaus brauchbar.

Macht werden sowohl Konstellationen von miteinander konkurrierenden Machtgruppen erfaßt als auch Phänomene von *Gegenmacht* gegen etablierte Machtstrukturen. Macht wird dabei mit einer ihr innewohnenden Dialektik gedacht. Aus dem hier dargelegten Machtverständnis folgt zudem, daß Macht in menschlichen Gesellschaften, worin definitionsgemäß Menschen aufeinander bezogen sind, *allgegenwärtig* und zugleich a priori weder gut noch böse ist.

Selbstverständlich ist mit dieser Feststellung und der Bemerkung, daß niemand völlig machtlos ist, das Problem der Macht keineswegs gelöst. Die Frage nach den Faktoren, auf denen Macht beruht und durch deren ungleiche gesellschaftliche Bedeutung und Verteilung Machtverhältnisse ein Machtgefälle ausdrücken, wird jetzt erst recht aktuell. Auch die Frage nach der ethischen Rechtfertigung inhaltlich definierter Machtausübung stellt sich selbstverständlich nicht weniger dringlich, wenn Macht soziologisch als Humanum begriffen wird. Der politologisch begründete Vorwurf der Konturlosigkeit des hier verwendeten Machtbegriffs wird folglich ebenso relativiert wie der Verzicht darauf, Gewalt, Autorität und Einfluß als eigene, neben der Macht bestehende Kategorien zu definieren, wie dies Autoren eines engeren Machtbegriffs tun[5]. Entscheidender als die Frage einer begrifflichen Zuordnung erscheint dem Verfasser die Unterscheidung verschiedener Konstitutionsfaktoren jeweiliger Machtphänomene und die Bestimmung ihrer Relevanz[6].

II. Das Recht als Reflex von Machtverhältnissen

1. Machtfaktoren in der Politik

Die Chance, gewisse Ereignisverläufe politisch steuern zu können, d. h. die Macht, ist so groß, wie das politische Gewicht der sie konstituierenden Elemente. Wir nennen diese Elemente Machtfaktoren oder mit einem Begriff, der der politischen Soziologie entlehnt ist, Ressourcen[7]. Die Bestim-

---

4 T. Geiger betont dementsprechend ausdrücklich, daß in der Gesellschaft nicht Mächtige Ohnmächtigen gegenüberstehen, sondern bloß Mächtige weniger Mächtigen (a.a.O., S. 300).

5 Vgl. P. Bachrach/Morton S. Baratz: Macht und Armut. Eine theoretisch-empirische Untersuchung, Frankfurt/M. 1977, S. 55-74.

Zur Schwierigkeit einer gültigen Definition von Macht zwischen begrifflicher Konturlosigkeit und Verengung siehe die Einleitung von Claus Offe zur zitierten Untersuchung.

6 In dieser Ansicht wurde der Verfasser nach Abfassung der Niederschrift durch John Kenneth Galbraith's Studie zur Anatomie der Macht (München 1987) bestätigt.

7 Kriesi etwa bezeichnet als Ressource alles, was einem Akteur (Handelnden) im politischen Entscheidungsprozeß Einfluß verschafft (Hanspeter Kriesi: Entschei-

mung und Bedeutung von Ressourcen im politischen Entscheidungsprozeß ist abhängig von ihren jeweiligen gesellschaftlichen Bewertungen, wobei diese im modernen Rechtsstaat relativ stabil sind. Daß z. B. Finanzen in einer rechtlich geordneten und demokratisch regierten Industriegesellschaft einen bedeutenderen Machtfaktor darstellen als etwa die bloße Körperkraft, ist ohne weiteres einsichtig. Weitergehende Bewertungen und Klassifizierungen erweisen sich aber als schwierig. Im Gesetzgebungsprozeß, d.i. dort, wo Norminhalte festgelegt werden, konnten bisher vor allem zwei Dimensionen von Ressourcen als empirisch relevante festgestellt werden: sachliche und soziale Ressourcen[8]. *Sachliche* Ressourcen sind vor allem Finanzen, Wissen, Organisation und Rechte. Letztere verleihen ihrem Inhaber die Möglichkeit, bindende Entscheidungen zu treffen, während Organisation zur Ressource wird, wenn ein an einem Entscheidungsprozeß Beteiligter in ihr eine Position einnimmt dergestalt, daß er z. B. Macht über Untergebene besitzt oder das allgemeine Prestige der Organisation zum Tragen bringen kann[9]. Zu den *sozialen* Ressourcen gehören insbesondere das Beziehungsnetz und das soziale Ansehen des politischen Akteurs[10]. Der Einfluß eines einzelnen Akteurs im politischen Entscheidungsprozeß, d.i. seine Macht, wächst logischerweise mit der Menge und der Gewichtigkeit seiner Ressourcen. Der Idealtypus des mächtigen Akteurs läßt sich demzufolge als Persönlichkeit beschreiben, die als integer gilt, in der Partei hochangesehen ist, in der Armee den Rang eines Obersten einnimmt und von den Medien begehrter Interviewpartner ist (soziale Ressourcen). Hinzu kommen einflußreiche Positionen in verschiedenen kapitalkräftigen Unternehmen und eine große, verschiedene Problemgebiete betreffende Sachkompetenz (sachliche Ressourcen). Unter dem Gesichtspunkt der Ressourcenverteilung konnte Kriesi seine Hypothese empirisch erhärten, wonach das eidgenössische Parlament von einer ressourcenreichen *Parlamentsoligarchie* (Elite von Parlamentariern) aufgrund ihrer „Verbindung mit den außerhalb des Parlamentes etablierten Trägern von Herrschaft" kontrolliert wird[11]. Hierzu zählen vor allem Parlamentarier, „welche durch Rollenkumulation die einzelnen Subsysteme des Interessenvermittlungssystems [Verbandssystem, Parteisystem, System der Gliedstaaten — M.S.] miteinander verknüpfen"[12]. Die hieraus ent-

---

dungsstrukturen und Entscheidungsprozesse in der Schweizer Politik, Frankfurt/M. New York 1980).

[8] Da Kriesi diese erstmals von Luhmann differenzierten Dimensionen empirisch bestätigt fand, orientieren wir uns an seinem Klassifikationsansatz.

[9] Kriesi: a.a.O., S. 72 f.

[10] Kriesi: a.a O.

[11] Kriesi: a.a.O., S. 82. Sein Befund wird bestätigt von Henry Kerr: Parlement et Société en Suisse, St. Saphorin 1981. Zustimmend ebenfalls E. Gruner/H. P. Hertig: Der Stimmbürger und die „neue" Politik. Wie reagiert die Politik auf die Beschleunigung der Zeitgeschichte, Bern/Stuttgart 1983, S. 291.

wickelte Hypothese, daß die für den politischen Entscheidungsprozeß maßgebenden Ressourcen in immer stärkerem Maß an rein organisationelle Positionen (zunehmende Bedeutung des Verbandssystems) geknüpft sind, ließ sich empirisch ebenfalls stützen[13], wenn auch zugestanden wird, daß unabhängige Akteure (Experten) in der Schweiz — aufgrund der verhältnismäßigen Unterorganisation der Verwaltung und angesichts der Bedeutung der wissenschaftlichen Legitimation in der Konkordanzdemokratie — eine stärkere Stellung haben als in anderen Ländern[14]. Daß die Unabhängigkeit der Akteure in den vorparlamentarisch tätigen „Expertenkommissionen" allerdings zweifelhaft ist, ist ein offenes Geheimnis[15].

Es versteht sich von selbst, daß die Bedeutung einzelner Ressourcen und ihr effektiver Einsatz von Problembereich zu Problembereich in Abhängigkeit von tangierten Interessen variieren.

2. *Interessenvertretung bei der parlamentarischen Gesetzgebung*

Die bloß summarische, aber dennoch relativ konkrete Ortung von Machtfaktoren und -ungleichgewichten im Gesetzgebungsprozeß[16] führt zur wenig neuen, für Juristen aber bemerkenswerten Schlußfolgerung, daß gesetzgeberische Entscheidungen nicht die Resultanten unterschiedlicher Interessen sind, sondern die Interessen von Parlamentsoligarchen begünstigen. Ryffel spricht in diesem Zusammenhang von gesellschaftlich bedingten *Rechtsverzerrungen*[17], die in dem Maße unvermeidlich sind, als hinter ihnen stehende Interessengruppen die Macht besitzen, die Wirksamkeit konkreter Rechtsnormen zu vereiteln[18], sei es durch Mobilisierung massenweiser

[12] Kriesi: a.a.O., S. 82.

[13] Vgl. Kriesi: a.a.O., S. 390 ff. P. Farago: Verbände als Träger öffentlicher Politik — Aufbau und Bedeutung privater Regierungen in der Schweiz, Diss. Zürich 1987.

[14] Kriesi: a.a.O., S. 96. Zur Legitimationsfunktion des Experten, der Entscheidungsfragen „verwissenschaftlicht" und damit „entpolitisiert", womit die Kompromißfindung erleichtert wird, siehe R. Germann/A. Frutiger: Les experts et la politique, in: Schweiz. Zeitschrift für Soziologie, No. 2, 1978, S. 99-127.

[15] Die Interessenbindungen der „Experten" belegt Hans Tschäni am Beispiel der Kartellgesetzgebung besonders anschaulich: Wer regiert die Schweiz? Der Einfluß von Lobby und Verbänden, Zürich 1983, S. 47 ff. Zustimmend auch E. Gruner/H. P. Hertig (Anm. 11), S. 291 f.

[16] In rechtssoziologischen Abhandlungen der Macht finden sich zum Teil reichlich abstrakte Feststellungen, die nicht über die schon von Ferdinand Lassalle prägnant beschriebene Machtbedingtheit des Rechts hinausgehen. Ein Beispiel hierfür ist das dreibändige Lehrbuch der Rechtssoziologie von Julius Stone (Lehrbuch der Rechtssoziologie, 3 Bde., Freiburg i.Br. 1976).

[17] Ryffel: Rechtssoziologie, S. 342.

[18] Zu den Konzessionen der sogenannten Richtigkeit des Rechts an die Rechtswirksamkeit schreibt Ryffel:

Normübertretung, sei es durch Gesetzesumgehung oder durch Ergreifung systemgefährdender oder krisenerzeugender Maßnahmen. Statt eines harmonischen Interessenausgleichs konfliktfähiger Interessen stellen parlamentarische Entscheidungen vielfach nichts anderes als durch numerische Mehrheiten verschleierte Produkte der Parlamentsoligarchie dar.

Die Gesetzgebung ist dementsprechend als Manifestation einer hierarchischen Interessenstruktur der politisch organisierten Gesellschaft zu begreifen[19]. Interessen sind in der pluralistischen Gesellschaft meist Belange bloßer Teilgruppen oder -kategorien. Sie werden in dem Maße rechtlich konkretisiert, wie sie im Gesetzgebungsprozeß repräsentiert sind und sich Geltung zu schaffen vermögen. Die Links-Rechts-Dimension als Ausdruck klassenbedingter Interessenunterschiede ist hierbei ein zentraler Bestandteil des politischen Interessenspektrums[20]. In Gesellschaften mit einem staatlich regulierten Kapitalismus ist dieser Aspekt allerdings überlagert von der Tatsache, daß Problembereiche und hierin betroffene Interessengruppen, die für das Funktionieren des Staatsapparates nicht wesentlich sind, kaum politische Aufmerksamkeit finden. Die Folgen der *Interessenprivilegierung* in Verbindung mit einer sogenannten „Heterogenisierung der gesellschaftlichen Konfliktlage"[21] hat Claus Offe präzise beschrieben:

„Resultat ist die strukturelle Privilegierung derjenigen Interessengruppen und Funktionsbereiche, die zwar nicht aufgrund deklarierter gemeinsamer Interessen, so doch ihrer funktionalen Unentbehrlichkeit wegen bevorzugt in den Genuß politischer Subventionen kommen [gemeint sind vor allem die drei sogenannten *fundamentalen* Systemprobleme: ökonomische Stabilität, außenpolitische, außenwirtschaftliche und militärpolitische Beziehungen sowie Sicherung von Massenloyalität — M. S.]; Resultat ist auf der anderen Seite das strukturelle Zurückbleiben der Lebensbereiche und sozialen Gruppen und Bedürfniskategorien, die keine systmrelevanten Risiken provozieren können und deshalb einen weniger gewichtigen Anspruch auf politische Interventionen erheben können. In dieser funktionalen Gewichtung staatlicher Aktionsbereiche setzt sich das repressive Moment politischer Herrschaft fort, das darin

---

„Je vollkommener die Richtigkeit ist, im besonderen je mehr sie von gesellschaftlich bedingten Verzerrungen, wie sie die Interessen und Machtpositionen einer gegebenen Gesellschaft mit sich bringen, frei sein soll, um so schwieriger ist die Rechtswirksamkeit zu gewährleisten. (...) Diese Faktoren, die das Recht verzerren, sind zugleich Bedingungen der Wirksamkeit" (a.a.O., S. 397 ff.). Ebenso schon: T. Geiger (Anm. 3), S. 308.

[19] Vgl. R. Quinney: Ansätze zu einer Soziologie des Strafrechts, in: K. Lüderssen/F. Sack: Abweichendes Verhalten II. Die gesellschaftliche Reaktion auf Kriminalität 1, Frankfurt/M. 1975, S. 44-86. Quinney entwickelt hierin eine soziologische Interessentheorie des Rechts.

[20] Vgl. Kriesi (Anm. 7), S. 84, mit weiteren Hinweisen.

[21] So Karl Werner Brand: Die neuen sozialen Bewegungen — Entstehung, Funktion und Perspektiven neuer Protestpotentiale, Opladen 1982, S. 9.

besteht, daß bestimmte Gruppen oder Lebensbereiche von der Teilhabe an den Leistungen öffentlicher Gewalt ausgenommen sind"[22].

Die politische Repression durch Nichtberücksichtigung trifft offensichtlich Minderheiten aller Art, da diese meist keine systemrelevanten Risiken zu provozieren vermögen. Diese Feststellung ist im Hinblick auf die Bewertung der politischen Aktivitäten nonkonformistischer Minderheiten von großer Bedeutung. Auf die absichtsvolle Unterdrückung von Minderheiteninteressen durch sogenannte *Nicht-Entscheidungen* ist deshalb nachdrücklich hinzuweisen[23]. Die Unterdrückung im Gesetzgebungsprozeß erfolgt vor allem in der Initiationsphase, d.i. der Phase, in der ein bestimmtes gesellschaftliches Problem zum politischen „Geschäft" wird[24]. Die Unterdrückung kann verschiedene Formen annehmen und besitzt um so größere Erfolgschancen, je geringer die Machtfaktoren sind, um den „Gesetzgeber" zur politischen Behandlung des Anliegens zu zwingen. Hier wird deutlich, daß nebst den bereits erwähnten Ressourcen der politischen Akteure im parlamentarischen Entscheidungsprozeß der sogenannnte *„Druck von der Straße"* als Machtfaktor eine Rolle spielen kann. Da die Wirkungsweise dieses Machtfaktors auf die Gesetzgebung und Rechtsprechung das zentrale Thema dieser Arbeit ist, wird er später eingehend behandelt.

Zur Illustration der erwähnten „Repression durch Nichtberücksichtigung" soll hier der Vergleich einer außenwirtschaftspolitischen Materie mit der Militärdienstverweigererfrage genügen: Während der systemrelevante Bereich der Außenwirtschaftspolitik etwa durch die Schaffung einer Exportrisikogarantie bevorzugte Pflege genießt, ist die Schweiz bei der Militärdienstverweigererfrage, deren Beantwortung für das politische System anscheinend (noch) funktional entbehrlich ist, auch Ende der achtziger Jahre von einer haltbaren Lösung noch weit entfernt.

Nun hat etwa Scharpf in Anlehnung an Dahrendorf neben den organisierten Interessengruppen eine *„aktive Öffentlichkeit"* registriert, die sich als „Fürsprecherin (...) gerade für die am meisten vernachlässigten gesellschaftlichen Bedürfnisse und ungenutzten Möglichkeiten" engagiert[25]. Die unmit-

---

[22] C. Offe: Die Herrschaftsfunktionen des Staatsapparates, in: M. Jänicke (Hrsg.): Politische Systemkrisen, Köln 1973, S. 241 f. Zur Veranschaulichung von Offes These der ungleichen Organisationsmacht von Erwerbs- und Nichterwerbsinteressen vgl. M. Jänicke: Staatsversagen. Die Ohnmacht der Politik in der Industriegesellschaft, München 1986, S. 34 ff. Kriesis Befragungen von 20 Vertretern der politischen Elite über die wichtigsten Problembereiche von 1971 bis 1976 bestätigen Offes Befund der strukturellen Privilegierung von Interessengruppen: siehe Kriesi (Anm. 7), S. 129 ff.

[23] Vgl. Kriesi: a.a.O., S. 87; Bachrach/Baratz (Anm. 5), S. 78 ff.

[24] Kriesi: a.a.O., S. 106.

[25] Fritz W. Scharpf: Demokratietheorie zwischen Utopie und Anpassung, Kronberg 1975, S. 87 ff.

telbaren Einflußchancen dieser aktiven Öffentlichkeit auf den Gesetzgebungsprozeß sind aber angesichts der prägenden Rolle von Interessenvertretern in den (vor-)parlamentarischen Kommissionen und angesichts der sachfremden Entscheidungskriterien bei Parlamentswahlen gering zu veranschlagen.

Mit der Volksinitiative besitzen parlamentarisch nicht oder nur schwach vertretene Interessengruppen in der halb-direkten Demokratie immerhin die legale Möglichkeit zum *Problemimpuls*[26]. Gesetzgeberische Aktivität ist freilich nur im Falle eines Abstimmungserfolges garantiert[26a], wenngleich sich eine Reihe abgelehnter oder zurückgezogener Initiativen (freilich nicht zwangsläufig im Sinne der Initianten) auf die Gesetzgebung auswirkte[27]. Trotz der Erhöhung der erforderlichen Unterschriftenzahl (von 50'000 auf 100'000) und der Befristung der Unterschriftensammlung auf 18 Monate scheint die Initiative als institutionalisierter Kanal zum parlamentarischen Geschäft für Minderheiten nach wie vor geeignet, wie das Beispiel der Zivildienstinitiative zeigte und neuerdings die „Volksinitiative für eine Schweiz ohne Armee und für eine umfassende Friedenspolitik". In beiden Fällen brachten Aktionskomitees praktisch ohne parteipolitischen oder organisationellen Rückhalt die erforderliche Unterschriftenzahl zusammen[28]. Bedenkt man andererseits, daß von 89 zwischen 1891 und 1987 der Volksabstimmung unterbreiteten Volksinitiativen (Stand: August 1987) lediglich 8 angenommen wurden — seit 1949 von 52 Initiativen gar bloß 1[29] —, bewahrt man sich vor jeder Illusion bezüglich deren direkter Wirkung im politischen Entscheidungsprozeß.

[26] Zum Begriff des Problemimpulses näheres bei P. Noll: Gesetzgebungslehre, Reinbek bei Hamburg 1973, S. 72 ff. Das unverbindliche Petitionsrecht wird hier infolge seiner Wirkungslosigkeit nicht weiter berücksichtigt.

[26a] Abgesehen wird an dieser Stelle von Verfassungsaufträgen, die vom Gesetzgeber nicht (z. B. Mutterschaftsversicherung) oder nicht verfassungskonform erfüllt wurden (z. B. Preisüberwachung).

[27] Beispiele hierfür aus der jüngeren Vergangenheit sind u. a.: die Waffenausfuhrverbotsinitiative auf die Kriegsmaterialgesetzgebung, die Atomschutzinitiative von 1978 auf die Atomgesetzgebung oder die Ferieninitiative auf die Ferienregelung im revidierten OR. Vgl. demgegenüber die hoch abgelehnte „Mitenand"-Initiative für eine neue Ausländerpolitik, die von den Verfechtern einer restriktiven Ausländerpolitik im Gesetzgebungsverfahren wiederholt zu ihren Gunsten angerufen wurde. Die effektiven indirekten Wirkungen der Volksinitiativen mit friedenspolitischen Inhalten sind gemäß einer neueren Untersuchung äußerst bescheiden, vgl. R. Epple: Friedensbewegung und direkte Demokratie, Diss. im Druck.

[28] Zum spezifischen Initiativenverständnis der Initianten der Anti-Armeeinitiative siehe hinten Kap. 3 II 3. Für ein differenziertes Verständnis des Initiativrechts als Mittel zur Korrektur von Herrschaftsausübung vgl. auch R. Rhinow: Grundprobleme der schweizerischen Demokratie, in: ZSR 103 II 1984, S. 207 ff.

[29] Vgl. die Statistik in BBl 1985 III 154-159.

Nach jahrelangem Bemühen um Aufhebung der sachlich völlig ungerechtfertigten Privilegierung des Ist-Zustandes durch das Verbot des doppelten Ja bei Abstimmungen über Volksinitiativen mit Gegenvorschlag ist dieses Hindernis nach Annahme eines entsprechenden Bundesbeschlusses durch die Volksabstimmung vom 5. April 1987 immerhin endlich beseitigt worden[30].

3. Marktmechanismen im direktdemokratischen Entscheidungsverfahren

Belegen die angeführten Tatsachen die bescheidenen Chancen von Minderheiten, fehlende Ressourcen im Gesetzgebungsprozeß durch die Volksinitiatie zu kompensieren, so offenbart die Frage nach dem Zustandekommen von Entscheidungen in der *Volksabstimmung* die Machtbedingtheit von Politik und Recht (als ein Produkt derselben) gänzlich.

Auch im direktdemokratischen Entscheidungsverfahren sind Mechanismen wirksam, die es verbieten, Mehrheitsentscheidungen per se als inhaltlich richtig (d. h. sachkundig und ethisch verantwortet) zu qualifizieren. Bei der Untersuchung der Problemlösungskapazität des Stimmbürgers kamen Gruner/Hertig zu dem Schluß, daß durch Werbeanstrengungen mit griffigen Schlagwörtern verkürzte und verzerrte Sachkenntnisse die Entscheidung der Stimmenden maßgeblich bedingten. Hertig formuliert den Sachverhalt mit aller Deutlichkeit:

„Der Abstimmungsentscheid reflektiert die vom Stimmbürger weitgehend kognitiv unbewältigten Werbeanstrengungen der wichtigsten Abstimmungskontrahenten"[31].

Exemplarisch für diese These sind die Untersuchungsergebnisse zweier besonders brisanter Initiativen. So wurde ermittelt, daß bei der Atominitiative vom 18. Februar 1979 jeder siebte Nein-Stimmer gegen seine Intention entschieden hatte, weil er sein Nein zum Atom aufgrund einer oberflächlich wahrgenommenen Initiativenbezeichnung in ein Nein zur Atom*schutz*initiative ummünzte[32], und die Vox-Analyse zur Bankeninitiative der Sozialdemokratischen Partei der Schweiz vom 20. Mai 1984 ergab bei der in der Abstimmung unterlegenen Minderheit einen höheren Informationsgrad[33].

Auch im direktdemokratischen Entscheidungsverfahren stehen demzufolge als Entscheidungsfaktoren nicht Ethik und Problemkenntnis im Vor-

---

[30] Zur Abstimmungsvorlage vgl. Volksabstimmung vom 5. April 1987. Erläuterungen des Bundesrates, S. 24 ff.

[31] E. Gruner/H. P. Hertig (Anm. 11), S. 131.

[32] a.a.O., S. 25; Vox-Analyse der eidgenössischen Abstimmung vom 18. Februar 1979, S. 15 f.

[33] Vox-Analyse der eidgenössischen Abstimmung vom 20. Mai 1984, S. 12 ff.

dergrund, sondern die mit psychologischem Geschick eingesetzte Ressource Finanzen. Insbesondere wird die Möglichkeit der Änderung politischer Machtverhältnisse, durch die sich eine Demokratie qualifizierte, zunehmend theoretisch, da die ungleichen Vermögensverhältnisse und die ungleichen Chancen, Vermögen zu erwerben, die sozialökonomisch höheren Schichten im „politischen Wettbewerb" bevorteilen[34] und bestehende Machtverhältnisse festschreiben. Diese Tatsache ist nicht zuletzt eine plausible Erklärung für die politische Apathie potentiell veränderungswilliger Bevölkerungsschichten[35], worauf im folgenden Exkurs noch näher eingegangen werden soll.

Bei aller Unvollständigkeit zeigen diese Fakten, wie rechtliche Regelungen des Soziallebens durch Machtfaktoren und Marktmechanismen bedingt sind. Parlamentsoligarchie, Interessenprivilegierung und *Käuflichkeit von Abstimmungserfolgen* sind empirische Tatsachen, die es verbieten, Recht im Sinne einer pluralistischen Demokratietheorie — die von der empirisch überholten Vorstellung einer harmonischen, alle „maßgeblichen" Interessen gleichgewichtig zur Geltung bringenden Gesellschaft ausgeht[36] — als gerechte Resultante aller Interessen zu betrachten. Daß die Nichtberücksichtigung von gesellschaftlichen Interessengruppen nicht zu einer material gerechten Rechtsordnung führt, liegt auf der Hand. Damit zeigt sich aber, daß die Legitimation politischer Entscheidungen durch das Mehrheitsprinzip immer fragwürdig ist: eine Feststellung, die im Hinblick auf die Beurteilung politischer Aktivitäten nonkonformistischer Minderheiten im nichtinstitutionalisierten Politikbereich von grundlegender Bedeutung ist.

4. Exkurs: Legitimationsschwächen von Mehrheitsentscheidungen

Insofern als das direktdemokratische Entscheidungsverfahren allen rechtlich betrachtet urteilsfähigen Staatsbürgern (und Staatsbürgerinnen!) gleiches Stimmrecht gewährt (vom problematischen Ausschluß der von Abstimmungsentscheidungen betroffenen ausländischen Einwohner und der

---

[34] Vgl. C. B. Macpherson: Nachruf auf die liberale Demokratie, Frankfurt/M. 1983, S. 105. Ebenso Erich Gruner:

> „Die Demokratietheorie hat zu allen Zeiten das richtige Funktionieren der voll ausgebauten Demokratie mit gleichem Wahl- und Stimmrecht von ausgeglichenen Einkommens- und Vermögensverhältnissen abhängig gemacht" (E. Gruner: Die politische Rechtswende, in: TAM Nr. 42/86, S. 40).

[35] Ebenso Macpherson: a.a.O.

[36] Zum Pluralismus als *empirische* Demokratietheorie im Unterschied zum Pluralismus als normativer Entwurf siehe näheres bei R. Bäumlin: Lebendige oder gebändigte Demokratie? Demokratisierung, Verfassung und Verfassungsrevision, Basel 1978, S. 18 ff., und dort Zitierte. Vgl. auch Macphersons Kritik: a.a.O., Kap. IV.

urteilsfähigen Unmündigen wird hier abgesehen), ist es *formal* gerecht. Nach Ansicht des Verfassers verdient es aber angesichts der tatsächlichen Privilegierung ressourcenreicher Interessengruppen im Willensbildungsprozeß kein Gerechtigkeitssiegel[37]. Wie eine grundsätzliche und kritische Betrachtung politischer Entscheidungsprozesse zeigt, garantieren plebiszitäre Elemente keineswegs schon Gemeinwohlverwirklichung[38]. Die Erfahrungen einer erheblichen Abschirmung des demokratischen Systems in der Schweiz — insbesondere gegenüber der Volksinitiative als institutionalisierter Interessenartikulation „von unten" — zwingen dennoch nicht zur Aufgabe eines basisdemokratischen Politikverständnisses. Es ist vielmehr nach Möglichkeiten zur Reform direktdemokratischer Entscheidungsverfahren in Richtung differenzierter Berücksichtigung von Betroffenenkategorien und größerer Chancengerechtigkeit im Willensbildungsprozeß zu fragen[39].

Besondere Aufmerksamkeit verdienen auch jene Politikformen, die sich vor allem in den letzten Jahren außerhalb der herkömmlichen demokratischen Verfahrensregeln bemerkbar machten und in Zukunft weiter an Bedeutung gewinnen dürften. Sie werden namentlich vor dem Hintergrund der verschiedenen *Legitimationsschwächen* demokratischer Mehrheitsentscheidungen verständlich.

4.1. Minderheitsherrschaft durch Mehrheitsregel

Eine kritische Betrachtung von Mehrheitsentscheidungen in unserer Demokratie hat von der Tatsache auszugehen, daß politisch relevante Abstimmungsmehrheiten aufgrund der niedrigen Stimmbeteiligung nicht selten bloß 15-25 % der Gesamtheit der Stimmberechtigten bzw. etwa 10 % der

---

[37] Ähnlich R. Rhinow (Anm. 28), S. 182 ff.

[38] Vgl. Ernst W. Böckenförde: Mittelbare/repräsentative Demokratie als eigentliche Form der Demokratie, in: FS für K. Eichenberger: Staatsorganisation und Staatsfunktionen im Wandel, Basel 1982; A. Gross: Das schweizerische System der Demokratie: eine Alternative?, im Druck. Eine geistreiche Abhandlung zum Verhältnis von repräsentativer und direkter Demokratie hat Norberto Bobbio verfaßt: Democrazia rappresentativa e democrazia diretta, in: ders.: Il futuro della democrazia, Torino 1984, S. 29-55.

[39] Vgl. etwa C. Offe: Politische Legitimation durch Mehrheitsentscheidung?, in: B. Guggenberger/C. Offe: An den Grenzen der Mehrheitsdemokratie. Politik und Soziologie der Mehrheitsregel, Opladen 1984, S. 174 ff.; Ch.-A. Morand: Eine demokratische Alternative zur Totalrevision der Bundesverfassung, in: TAM Nr. 25 vom 23. Juni 1984, S. 29 ff.; Hp. Kriesi: Vorschläge zur Modifikation der Entscheidungsstrukturen in der Schweizer Politik, in: Wirtschaft und Recht, Jg. 34 (1982), S. 224 ff.; J. P. Müller: Grundrechtliche Anforderungen an Entscheidungsstrukturen. Eine Skizze, in: FS für K. Eichberger, Basel 1982, S. 169 ff. Vorschläge zur Herstellung von Waffengleichheit etwa über staatliche Finanzierungsmaßnahmen fehlen allerdings in den zitierten Werken.

Gesamtbevölkerung ausmachen[40]. Dies illustriert eindrücklich, daß Demokratie — wie es Preuß genannt hat — heute „eine Herrschaftsform aktiver Minderheiten" ist[41].

Den Meinungskampf „aktiver Minderheiten" problematisierte schon Antonio Gramsci im Zusammenhang mit Volkswahlen[42]. Die scharfsinnigsten Überlegungen und Folgerungen zu einer auf Basis der Mehrheitsregel herrschenden politisch aktiven Minderheit fand der Verfasser aber nicht bei „linken" Theoretikern.

Es war Werner Kägi, der schon 1945, nicht zuletzt vor dem Hintergrund der Erfahrungen mit der Weimarer Republik, von einem *„latenten Absolutismus des Mehrheitsentscheides"* sprach und folgerte: „Wo die 51 % glauben, kraft dieser 51 % alles tun zu dürfen, ist die Demokratie unrettbar im Niedergang"[43]. Diese Aussage gewinnt natürlich in dem Maße an Gewicht, wie im politischen Kampf obsiegende Mehrheiten bloß einen Bruchteil der politisch Stimmberechtigten bzw. der Gesamtbevölkerung repräsentieren. Einmal ist es unhaltbar, jeweiligen Abstimmungsmehrheiten die Weihe einer fingierten „Volksmehrheit" zu geben, indem der obsiegenden *politischen* Mehrheit die numerische Mehrheit der Schweigenden, d. i. die „schweigende Mehrheit", automatisch zugerechnet wird. Das Argument wider den Mythos der *Volks*mehrheit ist um so gewichtiger, als die politische Apathie häufig auf Unzufriedenheit oder Resignation zurückgeht und nicht zuletzt die kapitalistische Reduktion des Bürgers zum Konsumenten spiegelt[44]. Immer unglaubwürdiger wird es daher, die Fiktion vom „Volk, das

---

[40] Siehe die Statistik von Lütscher/Rudin, in: Rhinow (Anm. 28), S. 270 f.

[41] U. K. Preuss: Politische Verantwortung und Bürgerloyalität, Frankfurt 1984, S. 90. Vgl. in diesem Zusammenhang auch Bobbio: Die Mehrheitsregel: Grenzen und Aporien, in: B. Guggenberger/C. Offe (Anm. 39), S. 108-131, insbesondere S. 124 ff. Für Rhinow zeigt sich hiermit die Fiktion des Selbstregierungstheorems, weshalb die „Mythologisierung des Volkes als Willenssubjekt endgültig zu verabschieden" sei (Rhinow: a.a.O., S. 171 ff.). Grundlegend U. Scheuner: Das Mehrheitsprinzip in der Demokratie, Opladen 1973.

[42] A. Gramsci: Die Zahl und die Qualität in den Staatsformen auf der Grundlage von Volksvertretungen, in: ders.: Zu Politik, Geschichte und Kultur, Frankfurt/M. 1980, S. 273-275.

[43] W. Kägi: Die Verfassung als rechtliche Grundordnung des Staates, Zürich 1945, S. 184.

[44] Vgl. L. Neidhart/Jean-P. Hoby: Ursachen der gegenwärtigen Stimmabstinenz in der Schweiz, Bern 1977. Grundlegend zur „Kultur des Habens" in kapitalistischen Industriegesellschaften E. Fromm: Haben oder Sein. Die seelischen Grundlagen einer neuen Gesellschaft, Stuttgart 1976. Zum Verständnis des *Konsumismus* in der modernen Industriegesellschaft waren für den Verfasser zudem folgende Werke besonders aufschlußreich: G. Anders: Die Antiquiertheit des Menschen, 2 Bde., München 1987; P. P. Pasolini: Freibeuterschriften. Die Zerstörung der Kultur des Einzelnen durch die Konsumgesellschaft, Berlin 1978; H. Marcuse: Der eindimensionale Mensch, Darmstadt und Neuwied 1967.

entschieden hat" gegen weiterhin oppositionelle Minderheiten zu bemühen. Zudem werden Letztere, ohne sich die politischen Theorien von Carl Schmitt zu eigen zu machen, dessen erstaunlich klarsichtige Analyse der Grenzen der Mehrheitsherrschaft im Gesetzgebungsstaat auf die heutigen Verhältnisse übertragen können. Verzicht auf Widerstand außerhalb der institutionalisierten Politikfelder erscheint dann nur so lange angebracht, „als die *gleiche Chance* der Mehrheitsgewinnung *wirklich offen* bleibt und diese Voraussetzung seines Gerechtigkeitsprinzips [das des Gesetzgebungsstaates — M. S.] noch irgendwie glaubhaft ist"[45] (Hervorhebungen durch M. S.). Die gleiche Chance der Mehrheitsgewinnung bzw. deren Glaubhaftigkeit sind vor dem Hintergrund der bisherigen Ausführungen in diesem Kapitel nun aber mehr als zweifelhaft.

Der Hinweis auf die Möglichkeit des Meinungskampfes aktiver Minderheiten in modernen Demokratien erhellt ihren „polyzentrischen Charakter" (Bobbio), d. h. das Bestehen und Konkurrieren mehrerer Machtgebilde und damit die Chance von Veränderungen bestehender Machtstrukturen. Und obwohl der Hinweis vorwiegend theoretischer Natur ist, wird ein überzeugter Demokrat immerhin betonen, daß die Entscheidungs*bereitschaft* der Stimmberechtigten als „Funktionsbedingung des Mehrheitsprinzips"[46] nicht gegen die Mehrheitsregel als solche spricht, sondern lediglich ihre Abhängigkeit vom politisch *aktiven* Bürger offenbart und damit ihre unvermeidbare Anfälligkeit für Funktionsschwächen.

Dennoch: Direktdemokratische, auf der Mehrheitsregel beruhende Entscheidungsverfahren verwirklichen das Postulat einer dynamischen Demokratie noch nicht. Weder garantieren sie eine lebendige demokratische Kultur noch tatsächlichen Wandel bestehender Machtstrukturen, weder beweist der auf Mehrheitsentscheide beruhende Entscheidungsmechanismus die Beweglichkeit des politischen Systems noch die Verwirklichung eines ethischen Programms im Dienste der „größtmöglichen Zahl" und in Anerkennung von Minderheitenpositionen.

4.2. Der sachliche Geltungsbereich des Mehrheitsentscheids

Die beschriebene Funktionsweise des direktdemokratischen Entscheidungsverfahrens zeigt seinen fragwürdigen Charakter. Dieser Eindruck wird noch verstärkt durch die Tatsache, daß die Verfassungsrevision in der Schweiz keine materiellen Schranken kennt, weshalb rechtlich auch Materien zur Disposition der „Mehrheit" gestellt werden können, die weitgehend

---

[45] C. Schmitt: Legalität und Legitimität, München und Leipzig 1932, S. 34.

[46] So W. Heun: Das Mehrheitsprinzip in der Demokratie. Grundlagen — Struktur — Begrenzungen, Berlin 1983, S. 205.

die „private Sphäre" des einzelnen Bürgers betreffen. Rhinow hält die These, wonach der Geltungsbereich des Mehrheitsprinzips begrenzt sei, allerdings für unbestritten[47]. „Oasen individueller Selbstbestimmung" seien auch in unserer Demokratie infolge „geschichtlich gewachsene(r) und staatsphilosophisch begründete(r) Einsicht" anerkannt[48]. Die präzise Definition eines sachlichen Geltungsbereichs von Mehrheitsentscheidungen erweist sich jedoch als äußerst schwierig[49], ist aber auch nicht erforderlich, um das Vordringen politischer Mehrheitsentscheidungen in den „privaten Bereich" als Quelle für Anfechtungen derselben zu erkennen. Trotz der Abgrenzungsschwierigkeiten zwischen privatem und öffentlichem oder politischem Bereich lassen sich viele Entscheidungsmaterien mit guten Gründen theoretisch vorrangig einem Bereich zuweisen. Mehrheitsentscheidungen z. B. über die Zulässigkeit bestimmter Frisuren oder Kleider erschienen in einer pluralistischen Gesellschaft abwegig.

a) Gestaltung der Liebesverhältnisse: Ertrotzte „Privatsache":

Ebenso dürfte in einer Gesellschaft, worin die „Liebesehe" zum Ehe-Ideal aufgestiegen ist und kinderlose Partnerschaften immer häufiger werden[50], kaum jemand mehr ernsthaft ein öffentliches Bedürfnis nach Legalisierung und damit gesellschaftlicher Sanktionierung von sexuellen Partnerschaften geltend machen. Das Konkubinat etwa meint nichts anderes, als daß Individuen für die Gestaltung ihrer „Liebesverhältnisse" innerhalb ihres privaten Lebensraums ein staatliches Placet für unnötig, wenn nicht für anmaßend halten. Insbesondere wäre die Zuordnung dieser Materie zum öffentlichen Entscheidungsbereich in keiner Weise mit Ordnungsbedürfnissen der pluralistischen Gesellschaft rational zu begründen[51]. Diese Erkenntnis findet ihren Niederschlag in der Achtung des Privatlebens und der Wohnung als Menschenrecht in Art. 8 EMRK. Eingriffsrechte in dieses Menschenrecht u. a. „zum Schutz ... der Moral" (Art. 8 Abs. 2 EMRK) zeigen allerdings, daß die Grenze zum öffentlich Relevanten auch im Bereich der Privatsphäre fließend, von jeweils geltenden Wertvorstellungen abhängig und demnach historisch bestimmbar ist. Ganz offensichtlich sind jedoch die heute noch in mehreren Schweizer Kantonen de jure geltenden Konkubinatsverbote[52] als

---

[47] Rhinow (Anm. 28), S. 252. Vgl. schon U. Scheuner (Anm. 41).

[48] Rhinow: a.a.O., S. 253.

[49] Vgl. etwa C. Offe (Anm. 39), S. 158 f.

[50] Vgl. T. Hanf: Der Mensch im Brennpunkt gesellschaftlichen Wandels. Am Beispiel der Familie, in: ders./M. Hättich u. a.: Sozialer Wandel 2, Frankfurt/M. 1975, S. 10-33 (und dort zitierte Literatur).

[51] Ähnlich ist heute gegen viele Bestimmungen des Sexualstrafrechts zu argumentieren, siehe hierzu R. Lautmann: Der Zwang zur Tugend, Frankfurt/M. 1984.

Relikte eines autoritären, ja totalitären Demokratieverständnisses anzusehen. Die Geschichte der Übertretung dieses Verbots ist ein Beleg dafür, daß selbst Menschenrechte nicht angeboren sind, sondern im Kampf erworben werden müssen[53] und keineswegs ewig gesichert sind.

b) Gewissensfreiheit an den Grenzen der „Staatsraison":

Konfliktreich und komplexer präsentiert sich in der Schweiz das Verhältnis der persönlich beanspruchten Gewissensfreiheit zum staatlichen Anspruch auf Erfüllung der Wehrpflicht. Der Entscheid über die Statuierung einer allgemeinen Wehrpflicht anstelle einer Berufsarmee oder eines Verteidigungsverzichts ist zweifellos von öffentlichem Interesse, selbst wenn das überindividuelle Rechtsgut „staatliche Sicherheit gegen außen" richtigerweise nur als schutzwürdig angesehen wird durch seine Funktion für den Einzelnen, d. i. als mittelbarer Individualschutz von Leben und Freiheit des Individuums[54]. Obwohl sich mit guten Gründen bezweifeln läßt, daß eine Milizarmee im europäischen Kleinstaat angesichts moderner Kriegsszenarien zweckrational ist für die staatliche Sicherheit gegen außen bzw. (mittelbar) für den individuellen Schutz von Leben und Freiheit[55], ist die Frage nach der Aufrechterhaltung der Milizarmee dem öffentlichen bzw. politischen Entscheidungsbereich zuzuordnen.

Ebenso unbestritten ist andererseits, daß der als Wehrpflicht bezeichnete *Zwang* zum Kriegsdienst einen zentralen Bereich der persönlichen Identität berührt. Da sich diese in einem äußeren Verhalten kommunikativ manifestiert, ist sie bedroht, wo dem Individuum Handlungen verwehrt oder aufgezwungen werden, die für die Selbstdarstellung von „symptomatischer Bedeutung" (Luhmann) sind. Gemäß diesem funktionalen Verständnis des Gewissensbegriffs, wie es vor allem Luhmann entwickelt hat[56], wahrt das

[52] Bemerkenswert ist, daß im Kanton Glarus die Aufhebung des Konkubinatsverbotes auf Antrag von vier Bürgern noch im Jahre 1973 von der Landsgemeinde abgelehnt wurde! (Vgl. R. Frank/A. Girsberger/N. Vogt/H. U. Walder-Bohner/R. Weber: Die eheähnliche Gemeinschaft im schweizerischen Recht, Zürich 1984, S. 6). Ausführlicher zum Konkubinat: hinten Kap. 4.

[53] Dieser Gedanke liegt auch Ernst Blochs Abhandlung zum Naturrecht zugrunde, Naturrecht und menschliche Würde. 2. Aufl., Frankfurt/M. 1975.

[54] Vgl. hierzu W. Hassemer: Theorie und Soziologie des Verbrechens. Ansätze zu einer praxisorientierten Rechtsgutlehre, Frankfurt/M. 1973, S. 225 ff.

[55] Vgl. M. Spescha: Konstruktiver Umgang mit Sicherheitsbedürfnissen statt „alternative" Verteidigungskonzepte, in: Umfassende Friedenspolitik. Utopische Zeichen für eine lebenswerte Zukunft, hrsg. vom Autorenkollektiv der GSOA, Zürich 1985, S. 8-17.

[56] Näheres bei N. Luhmann: Die Gewissensfreiheit und das Gewissen, in: AöR 90 (1965), S. 257-286, insbes. 263-270. Anknüpfend an Luhmann insbesondere Ernst W.

Gewissen die persönliche Identität, indem es verhindert, daß das Individuum sich handelnd auf eine Weise darstellt, die es nicht als Darstellung der eigenen Persönlichkeit verantworten kann. Mit anderen Worten: Das Gewissen verhindert Handlungen, durch die sich das Individuum selbst zumindest tendenziell unerträglich werden müßte. Dabei ist es nicht als Ge-Wissen im Sinne einer Übereinstimmung mit gemeinsamem Wissen über ethisch richtiges Verhalten wirksam, sondern als „eine Art Eruption der Eigentlichkeit des Selbst"[57] zu begreifen. Mag diese metaphysische Ausdrucksweise nicht ungeteilte Zustimmung finden, so wird doch die darin enthaltene Anerkennung der *Individualität* des Gewissens[58] unserem Verständnis des Phänomens gerecht. Die intellektuelle Komponente des Gewissens (als Wahrer der persönlichen Identität) liefert gleichsam den kritischen, intersubjektiv ausweisbaren Maßstab, der der Beliebigkeit gewissensrelevanter Situationen Grenzen setzt. Die intersubjektiv *nicht* ausweisbare Komponente des Gewissens steht andererseits einem Gewissensverständnis entgegen, das gewissensbestimmtes Handeln nur im Einklang mit einer angenommenen objektiven Wertordnung anerkennt oder auf einen gegenständlichen Bereich von „Sittlichkeit" begrenzt[59].

Das hier vertretene Gewissensverständnis grenzt sich ab von einer Gleichsetzung desselben mit einem absoluten und objektiv gültigen Gesetz, wie dies bei Gewissenskonzepten der Fall ist, die die Herkunft eines Gewissens*rufes* aus göttlichen Sphären oder — wie beim kategorischen Imperativ — aus der Sphäre einer reinen, autonomen Vernunft[60] erwiesen haben möchten. Bei diesen Gewissensverständnissen ist die Gewissensentscheidung ebensowenig als Resultat reflektierenden Erwägens denkbar wie bei mechanistischen, biologisch inspirierten Auffassungen des Gewissens. Letztere, denen insbesondere Ernst E. Hirsch seine Aufmerksamkeit zuwandte[61], tendieren dahin, Gewissensentscheidungen als biologische (bio-chemisch

---

Böckenförde: Das Grundrecht der Gewissensfreiheit, in: ders.: Staat, Gesellschaft, Freiheit, Frankfurt/M. 1976, S. 253 ff.; R. Bäumlin: Das Grundrecht der Gewissensfreiheit, VVDStRL 28 (1970), S. 3 ff.

57 Luhmann: a.a.O., S. 260 f.

58 Grundlegend hierüber E. Spranger: Die Individualität des Gewissens und der Staat, in: Logos 22 (1933), S. 171-202.

59 Vgl. Ernst-W. Böckenförde (Anm. 56), S. 275 f.; W. Weischedel: Die Problematik des Gewissens, in: ders.: Skeptische Ethik, Frankfurt/M. 1976, S. 157 ff.; Luhmann (Anm. 56), S. 270.

60 Siehe I. Kant: Kritik der praktischen Vernunft I, §§ 7, 8 Bd. V, Berliner Akademie-Ausgabe 1910.

61 Ernst E. Hirsch: Zur juristischen Dimension des Gewissens und der Unverletzlichkeit der Gewissensfreiheit des Richters, Berlin 1979. Mit Berufung auf eine Abhandlung des Neurologen Constantin von Monakow (aus dem Jahre 1927) weist Hirsch dem „Gewissensruf" eine „im Gehirn lokalisierte Ursprungsstätte" zu, die „den

nachweisbare?) Reaktionen „auf ganz bestimmte Reize"[62] zu begreifen. Gewissenserheblich sind dann nicht rationale Reflexionen über Ethik, sondern das Vorliegen der „richtigen" Reize bzw. wohl bestimmter Erscheinungsformen des Gewissensrufes (Schlaflosigkeit, Schweißausbrüche? etc.), von denen auf die Reize geschlossen wird.

Gemäß unserem Gewissensverständnis verhindert das Gewissen also, daß sich das rational erwägende und subjektiv erlebende Individuum *handelnd* verleugnet. Dementsprechend wäre es unhaltbar, von einem Grundrecht auf Gewissensfreiheit zu sprechen und dabei bloß die „*Gedanken*freiheit in Gewissensfragen" zu meinen. Die Gewissensfreiheit als Recht verstanden hat denn auch seit jeher die gewissenskonforme Gewissens*betätigung* anvisiert[63]. Sie besitzt deshalb keinen Grundrechtscharakter, wenn man sie auf das Verbot des staatlichen Zugriffs auf innerpsychische Bereiche reduziert. Dieses Maß an „Gewissensfreiheit" kann in der Tat jeder Diktator gewähren, sofern er sich nur Orwellscher Methoden enthält[64].

Vor diesem Hintergrund ist dem schweizerischen Bundesrat Mißachtung der Gewissensfreiheit vorzuwerfen, wenn er sich in seiner „Botschaft über die Volksinitiative für einen echten Zivildienst auf der Grundlage des Tatbeweises" aus „staatspolitischen Überlegungen" genötigt sieht, den Militärverweigerern jede Gewissens*betätigung* zu versagen[65]. Wenn auch die Gewissensbetätigung dort ihre Grenze finden mag, wo elementare Zwecke des modernen Staates *unmittelbar* bedroht sind[66], erscheint die Grenzziehung hier im Lichte eines liberalen Rechtsstaatsverständnisses nicht haltbar. Zum einen aktualisiert sich der Gewissenskonflikt für den Wehrpflichtigen wie nirgends sonst, da „ein Selbsttun mit eigener Tatherrschaft"[67] gefordert ist, womit die hohe Selbstverantwortlichkeit des Kriegsdienstleistenden sichtbar wird. Deshalb hält etwa Böckenförde zu Recht Toleranz und partielle Entpflichtung gegenüber Militärdienstverweigerern am „*unbedingtesten* (...) für angebracht"[68]. Zum anderen zeigt ein Rechtsvergleich mit der BRD und

---

'Kompaß' für das als Steuerungssystem zuständige Gebilde 'Gewissen'" beherberge. Der „Gewissensruf" steht demgemäß am Ende eines Regelkreises, worin „ein Rezeptor bestimmte [welche?] Reize" aufnimmt, diese in Erregung verwandelt und zum „zuständigen Kompaß" leitet, wo die Erregungen mit einem 'Sollwert' verglichen werden. Entsprechen die Erregungen nicht dem Sollwert, so ergeht der Gewissensruf (S. 58).

62 Ernst E. Hirsch (Anm. 61), S. 58.

63 Vgl. Böckenförde (Anm. 56), S. 265.

64 Ebd.

65 BBl 1982 III, S. 15 f.

66 Böckenförde (Anm. 56), S. 269 f.

67 Ebd.

68 Ebd.

ein Studium dortiger Praxiserfahrung mit einer weitgehenden Zivildienstmöglichkeit, daß rational legitimierbare Zwecke des modernen Staates durch das Recht zur Gewissensbetätigung keineswegs bedroht werden[69]. Die Rechtsvergleichung[70] offenbart demnach die Rückständigkeit des schweizerischen Verständnisses der Gewissensfreiheit und läßt das deutsche Grundrechtsverständnis gleichsam als das bessere Recht unserer zukünftigen Wirklichkeit zumindest demjenigen erscheinen, der Rechtswissenschaft mit Werner Maihofer als *Zukunfts*wissenschaft betreibt, der es um die „Antizipation des Novum" geht[71].

Selbst Thomas Hobbes, der geistige Vater des Staatsautoritarismus, behauptete eine Gehorsamspflicht des Bürgers gegenüber der Staatsmacht nur entsprechend ihrer Fähigkeit zum Schutz von Leib und Leben des Bürgers[72]. Die Bürgerpflicht, sein Leben aufs Spiel zu setzen, erscheint folglich nur gerechtfertigt, sofern der Staat gleichzeitig in der Lage ist, dieses höchste Gut des Bürgers zu schützen. Da diese Fähigkeit angesichts der heute vorherrschenden sicherheitspolitischen Doktrinen und des waffentechnischen Entwicklungsstandes immer unglaubwürdiger wird, aktualisiert sich das *Selbstverteidigungsrecht*, das Hobbes jedem Bürger zugesteht. Die verweigerte Mitwirkung an der staatlichen Sicherheitspolitik erscheint entsprechend dieser Argumentation als Wahrnehmung dieses Selbstverteidigungsrechts, gleichsam als eine moralisch legitimierte „Nothandlung des Einzelnen im Verhältnis zum Mehrheitswillen der Gesellschaft"[73]. Auch von Kant her ist der Gehorsamsanspruch der Staatsmacht unter heutigem Blickwinkel durchaus anfechtbar:

„Denn für die Allgewalt der Natur oder vielmehr ihrer uns unerreichbaren obersten Ursache ist der Mensch nur eine Kleinigkeit. Daß ihn aber auch die Herrscher

---

[69] Praktische Gründe hierfür nennt Luhmann (Anm. 56), S. 279. Als rational legitimierbar erscheinen uns im übrigen Staatszwecke nur, soweit sie im Dienste der im Staat lebenden Menschen bei kritischer Prüfung einsichtig sind. Mit Blick auf die Armee im Kleinstaat ist dies heute durchaus zweifelhaft. Um so weniger begründet wirkt da die Negierung der Gewissensfreiheit gegenüber den Militärverweigerern.

[70] Zur Funktion der Rechtsvergleichung im Rahmen eines juristischen Realismus siehe W. Maihofer: Realistische Jurisprudenz, in: G. Jahr/ders./ Rechtstheorie — Beiträge zur Grundlagendiskussion, Frankfurt/M. 1971, S. 427-470.

[71] Maihofer: a.a.O., S. 459.

[72] Siehe T. Hobbes: Leviathan, Reinbek bei Hamburg 1965, insbesondere Kap. 21. Zur Philosophie Hobbes' und Widersprüchen hierin vgl. H. Welzel: Naturrecht und materiale Gerechtigkeit, 4. Aufl., Göttingen 1962, S. 114-123.

[73] So H. Saner: Pflicht zum Widerstand in der Demokratie, in: Rote Revue 9/84. Saner vertritt eine ethisch akzentuierte Version der Argumentation Hobbes', wonach die Unfähigkeit des Staates dem Bürger „absolut gut und gerecht" zu begegnen, dem Staat verbiete, von seinem Bürger absolute, d.i. nicht mehr rückgängig zu machende Handlungen zu verlangen. Eine solche Handlung verlangt aber die Wehrpflicht.

von seiner eigenen Gattung dafür nehmen und als eine solche behandeln, indem sie ihn teils tierisch als bloßes Werkzeug ihrer Absichten belasten, teils in ihren Streitigkeiten gegeneinander aufstellen, um sie schlachten zu lassen — das ist keine Kleinigkeit, sondern Umkehrung des Endzwecks der Schöpfung selbst"[74].

Mit diesen philosophischen Zeugnissen gegen die Machtanmaßungen der „Staatsraison"[75] allein erlangt die Gewissensfreiheit in unserem Staate allerdings ihre Würde noch nicht. Durch die Mehrheitsentscheidung gegen die Zivildienstinitiative in der Volksabstimmung vom 24./25. Februar 1984 ist sie als „Oase individueller Selbstbestimmung" gar negiert worden. Dadurch ist die „Gewissensfreiheit" von Art. 49 der schweizerischen Bundesverfassung weiterhin höchstens als Fata morgana anzusehen, da die Gewissensbetätigung gerade in jenem Fall, wo sie für die Wahrung der persönlichen Identität elementar ist, strafrechtlich verboten bleibt. Eine Änderung dieser Situation bedarf eines Problemdruckes, der für das politische System in der Schweiz nicht leicht zu verdrängen ist. Mit anderen Worten: Auch die Gewissensfreiheit ist in der Schweiz erst politisch zu erkämpfen, bis sie in den Rang eines praktisch wirksamen Grundrechts aufgestiegen sein wird.

c) *Unternehmerfreiheit jenseits demokratischer Kontrolle:*

Gerade umgekehrt präsentiert sich die Sachlage unter dem Gesichtspunkt privater oder öffentlicher (politischer) Entscheidungsmaterie bei der Wirtschaftsfreiheit in der schweizerischen Demokratie. Obwohl wirtschaftliche Tätigkeit gesamtgesellschaftlich von großer Bedeutung ist, wurde mit der verfassungsmäßigen Garantie der Handels- und Gewerbefreiheit in Art. 31 der Bundesverfassung eine verfassungsrechtlich unvergleichliche[76] Unternehmerfreiheit statuiert. Das marktwirtschaftliche System ist hierin gleichsam dogmatisch verbrieft[77]. Zwar ist auch die Unternehmerfreiheit seit ihrer Aufnahme in die Bundesverfassung von 1874 verschiedentlich durch staatliche Eingriffe begrenzt worden. Der verfassungsrechtlich geschützte Kernbe-

[74] I. Kant: Ob das menschliche Geschlecht im beständigen Fortschreiten zum Besseren sei?, aus: „Der Streit der Fakultäten", in: ders.: Politische Schriften, hrsg. von O.H. von der Gablentz, Köln und Opladen 1965, S. 161.

[75] Eine Beschreibung der „Staatsraison" als pathologisches Phänomen findet sich in der materialreichen Studie von E. Krippendorff: Staat und Krieg. Die historische Logik politischer Unvernunft, Frankfurt/M. 1985, insbes. S. 16-54. Die Studie mahnt auf überzeugende Weise zu großer Skepsis gegenüber der Beschränkung von Individualrechten im Interesse vermeintlich „höherer Staatszwecke".

[76] Vgl. J. P. Müller: Grundrechte. Besonderer Teil, Berlin 1985, S. 312.

[77] Vgl. R. Bäumlin: Lebendige oder gebändigte Demokratie. Demokratisierung, Verfassung und Verfassungsrevision, Basel 1978, insbes. S. 114f., wo er mit Justice Holmes betont, eine Verfassung sei nicht dazu da, einer bestimmten ökonomischen Theorie Ausdruck zu geben.

reich der Handels- und Gewerbefreiheit[78] steht aber nach wie vor in krassem Widerspruch zum Postulat einer „Demokratisierung der Wirtschaft"[79]:

„Das Vertrauen darauf, eine ungehinderte Realisierung egoistischer Interessen führe zu einem für alle Wirtschaftsteilnehmer harmonischen Ergebnis, prägt nach wie vor die Vorstellung der 'richtigen' Wirtschaftsordnung in der Schweiz (...) Die Grundentscheidung für die 'freie Marktwirtschaft' stellen (...) weder die Praxis der Rechtsetzung, der Rechtsprechung, noch die wissenschaftliche Lehre oder die herrschende öffentliche Meinung im Kern in Frage"[80].

Diese Deutung des marktwirtschaftlichen Systems schweizerischer Prägung wird durch die Rechtswirklichkeit zweifellos gestützt. Das Fehlen eines effktiven Kündigungsschutzes für Arbeitnehmer erscheint ebenso systemkonform wie das Fehlen einer Mitbestimmung im Betrieb und auf Unternehmensebene. Staatliche Eingriffe in die Freiheit marktmächtiger Unternehmer zur Stützung des Marktmechanismus (z. B. durch Kartellgesetzgebung oder eine gesetzliche Verankerung der Preisüberwachung) fallen derart zahm aus, daß ihnen kaum mehr als kosmetische Bedeutung zukommt[81]. Selbst die verfassungsmäßig sanktionierte Dringlichkeit ökologisch notwendiger Eingriffe in die Unternehmerfreiheit wird durch die Gesetzgebung verwässert[82]. Diese Beispiele verweisen auf Wirkungsmöglichkeiten einer umfassenden Verfassungsgerichtsbarkeit und unterstreichen, wie sehr die Wirtschaft gegenüber politischer Kontrolle abgeschottet wird.

Ist mit Bäumlin festzustellen, daß eine „sinnvoll und wirksam erlebte staatsbürgerliche Existenz" nur möglich ist „auf der Grundlage von Lebensverhältnissen in der Alltagswirklichkeit, in denen der Einzelne als zum Mitdenken und Mitentscheiden berufene Person anerkannt ist"[83], so ist eine verfassungsrechtliche Begünstigung des Entfaltungsrechts der wirtschaftlich Mächtigeren nicht länger akzeptabel.

Die Kritik richtet sich hier nicht gegen die Mehrheitsregel als Entscheidungsprinzip, sondern dagegen, daß politische Mehrheiten der Unternehmerfreiheit einen Schutzpark errichten. Der Geltungsbereich demokratischer Entscheidung wird eingeschränkt, obwohl die Wirtschaft aufgrund

---

[78] Vgl. Müller (Anm. 76), S. 323 und dortige Hinweise.

[79] Dieses Postulat hat in der schweizerischen Rechtswissenschaft Bäumlin (Anm. 77) bisher am nachdrücklichsten erhoben; zum Postulat vom Primat der Politik gegenüber der Ökonomie vgl. auch P. Saladin: Verantwortung als Staatsprinzip, Bern und Stuttgart 1984, S. 132 ff.

[80] Müller (Anm. 76), S. 314.

[81] Vgl. Tschäni (Anm. 15), S. 47 f.; Grichting: Kartellgesetz: Etappen einer Verwässerung, in: TA vom 20. 12. 85; Tschäni: Schweizer Demokratie oder eine „Schweiz AG", in: TA vom 23. 12. 85.

[82] Vgl. Tschäni (Anm. 15), S. 16 ff.

[83] Bäumlin (Anm. 77), S. 62.

ihrer gesamtgesellschaftlichen Bedeutung sachlich eine öffentliche Entscheidungsmaterie par excellence ist. Mehrheitsentscheidungen verleihen einem politischen System, das der Wirtschaft eine sachlich ungerechtfertigte Vorzugsstellung eingeräumt hat, aber weder unangefochtene Legitimation noch eine besondere Glaubwürdigkeit. Die Politik liefert sich vielmehr in beklagenswerter Weise der Wirtschaft aus, wo letztere die gesellschaftliche Entwicklung vorbestimmt und der Politik bloß noch die Sanktionierung und Verwaltung von „Sachzwängen" überläßt[84].

Das Plädoyer für die „Demokratisierung der Wirtschaft" will verhindern, „daß die politische Demokratie immer mehr untergraben wird und zu einer bloßen Attrappe herabsinkt"[85], wie Arnold Künzli befürchtet. Der Kampf gegen die Unternehmerfreiheit wird damit zum Kampf für die *„Zukunft der Demokratie"*, denn

> „wenn die natürlichen Lebensbedingungen des Menschen erhalten und Demokratie und Freiheit gesichert und ausgebaut werden sollen, so kommen wir um umfassende Eingriffe in die Unternehmerfreiheit nicht herum"[86].

4.3. Mehrheitsentscheidungen und verfassungsmäßige Legitimität

Eine Diskussion der Legitimationsschwächen von Mehrheitsentscheidungen im schweizerischen Rechtsstaat verlangt mit Blick auf den Grad an Rechtsstaatlichkeit der Rechtsordnung einen Hinweis auf die Grenzen der verfassungsmäßigen Normenkontrolle.

Art. 113 Abs. 3 der Bundesverfassung setzt der Überprüfungsbefugnis des Bundesgerichts klare Grenzen, indem er Bundesgesetze und allgemeinverbindliche Beschlüsse der Bundesversammlung sowie die von ihr genehmigten Staatsverträge auch für das Bundesgericht verbindlich erklärt. Insbesondere ist damit die bundesgerichtliche Aufhebung verfassungswidriger Erlasse des Bundesgesetzgebers ausgeschlossen. Infolge selbstauferlegter Zurückhaltung[87] der Verfassungsgerichte und ihrem historisch bedingten

---

[84] Zur Diagnose und Apologie einer technokratischen Liquidierung der Politik vgl. N. Luhmann: Positivität des Rechts als Voraussetzung einer modernen Gesellschaft, in: JbRR I, 1970; kritisch setzt sich Bäumlin hiermit auseinander: a.a.O., S. 28-32; auf die Dringlichkeit einer in die Wirtschaftsfreiheit eingreifenden Technologie-, Energie- und Umweltschutzpolitik haben verschiedenste Autoren hingewiesen: statt vieler Klaus Traube: Müssen wir umschalten?, Reinbek 1978.

[85] A. Künzli: Erstarrung bedroht die Schweiz, in: J. Altwegg/A. Schmidt: Perspektive Schweiz. Gespräche mit Zeitgenossen, Zürich/Köln 1986, S. 266.

[86] J. Strasser: Die Zukunft der Demokratie. Grenzen des Wachstums — Grenzen der Freiheit?, Reinbek 1977, S. 105.

[87] Vgl. P. Saladin: Grundrechte im Wandel, 3. Aufl., Bern 1982, S. 332 ff. und S. 381 ff.

Respekt vor der „Volksmeinung"[88] ist die Verfassungsmäßigkeit sowohl der eidgenössischen als auch der kantonalen Gesetzgebung[89] durchaus fragwürdig.

Für die verfassungsrechtlich allenfalls gebotene Korrektur parlamentarischer Mehrheitsentscheidungen insbesondere auf eidgenössischer Ebene steht kein vernunftrechtlich erwägendes Gericht zur Verfügung, sondern mit den Mitteln des obligatorischen oder fakultativen Referendums wieder nur ein Mehrheitsentscheid. Vor allem das *fakultative* Referendum erweist sich in dem Maße als „zweischneidig"[90], wie es in Form der Referendumsdrohung im Gesetzgebungsverfahren vor allem zu einem zusätzlichen Druckmittel potenter Interessengruppen wird. Die Brüchigkeit der demokratischen Legitimierung der Gesetzgebung wird überdies durch das Referendum kaum aufgefangen, weil die beschriebenen Schwächen der direktdemokratischen Entscheidungsmechanismen auch hier festzustellen sind. Dem Anspruch nach *verfassungsmäßiger* Legitimität, die den Maßstab liefert für die Rechtsstaatlichkeit einer Entscheidung, vermag das plebiszitäre Instrument des Referendums ohnehin nicht gerecht zu werden. „Zement einer zerrissenen Gesellschaft"[91], „rationale Integration der zentrifugalen Kräfte in unserem Staate"[92] vermöchte nur eine Verfassungsgerichtsbarkeit zu sein, die als *Grundrechtsjudikatur* staatlichen *und* privatwirtschaftlichen[93] Machtanmaßungen gegenüber dem Bürger effektiv entgegentreten würde.

Wer mit bloßer Berufung auf unsere rechtsstaatliche Ordnung Anfechtungen der geltenden Rechtsordnung „von unten" abweisen will, liefert angesichts der schwachen Stellung des verfassungsrechtlich tätigen Bundesgerichts noch kein schlagkräftiges Argument. Eine Verfassungsgerichtsbarkeit, die für die Verwirklichung der Grundrechte wesentliche Voraussetzung ist, macht sich nur zaghaft bemerkbar, und insofern entbehrt das von „Hütern des Rechtsstaates" berufene Recht weitgehend des verfassungsmäßigen Glanzes eines „*gerechten*" Rechts.

[88] Saladin: a.a.O., S. 384.

[89] Vgl. A. Auer: Die schweizerische Verfassungsgerichtsbarkeit, Basel und Frankfurt/M. 1984. Auer weist insbesondere auf die große Zurückhaltung kantonaler Verfassungsgerichte hin, S. 295 f. Die „Reverenz" des Bundesgerichts auch vor „dem demokratischen kantonalen Legislator" (Saladin: a.a.O., S. 383) belegen etwa die BGE 106 Ia 23, 90 I 240.

[90] Vgl. Tschäni (Anm. 15), S. 122 ff. und 183 ff.

[91] Auer (Anm. 89), S. 51.

[92] Saladin (Anm. 87), S. 385.

[93] Daß damit auf die *Drittwirkung der Grundrechte* angesprochen wird, kann hier nur angdeutet werden. Näheres siehe bei J. P. Müller: Die Grundrechte der Verfassung und der Persönlichkeitsschutz des Privatrechts, Diss. Bern 1964; Kaspar Wespi: Die Drittwirkung der Grundrechte, Diss. Zürich 1968. Zum gegenwärtigen Diskussionsstand vgl. BGE 111 II 253 ff. E. 4 b (mit einläßlichen Hinweisen auf die *neuere* Literatur).

Andreas Auer hat festgestellt, daß die Idee vom Gerechtigkeit verbürgenden Recht immer eine ideologische, aber bedeutsame, ja unabdingbare Funktion der Verfassungsgerichtsbarkeit ist[94]. Ideologie begreift er dabei als „logisches System von Ideen", also nicht als a priori pejorativ. Aber auch bei ihm ist die Ideologie der Verfassungsgerichtsbarkeit „*trügerisch*, weil sie vorgibt, daß die ganze staatliche Tätigkeit immer und notwendigerweise die Grundrechte beachtet, daß diese sozusagen nie verletzt werden"[95], obwohl — so Auer — „die Verfassung bestimmt häufiger verletzt oder mißachtet als respektiert und beachtet" wird[96]. Die Ideologie der Verfassungsgerichtsbarkeit ist zudem „*illusorisch*, weil sie denjenigen, die ein Verfahren einleiten, vorspiegelt, daß der Verfassungsrichter die erlittene Verfassungswidrigkeit tatsächlich beheben, ihre Beschwerde gutheißen und den sie unterdrückenden staatlichen Erlaß aufheben wird. Nun, der Anteil der Beschwerden, welche die Zustimmung des — kantonalen und eidgenössischen — Verfassungsrichters erlangen, ist bedeutungslos, um nicht zu sagen lächerlich"[97].

Vor diesem Hintergrund, d. i. angesichts der faktisch geringen verfassungsmäßigen Legitimierung staatlichen Handelns, erscheint die häufig zu vernehmende Berufung auf die Rechtsstaatlichkeit der geltenden Ordnung als höchst zweifelhafte Beschwörung einer kaum existenten Gerechtigkeit. Eine aufgeklärte und insofern ideologiekritische Haltung gegenüber der schweizerischen Rechtsstaatlichkeit wird deshalb die *rechtsstaatlichen* Legitimationsdefizite der geltenden Ordnung nicht leugnen können und diese bei der Beurteilung nicht-institutionalisierter Politikformen mitbedenken. Durch das Fehlen einer wirklich innovativen Grundrechtsjudikatur seitens der obersten Gerichte sind politisch aktive Minderheiten mehr noch als in der Bundesrepublik Deutschland eingeladen, sich aktiv — nicht zuletzt durch ihre politischen Aktionsformen, insbesondere ihre Grundrechtsnutzung — an der Gesetzes- und Verfassungsinterpretation zu beteiligen.

4.4. Mehrheitsdemokratie versus Betroffenendemokratie

Zwei charakteristische Kennzeichen von Mehrheitsentscheidungen im politischen Entscheidungsprozeß sind ihre „*Zeitpunkt-Bezogenheit*" und häufig eine größere *Betroffenheit* der Angehörigen der unterlegenen Minderheit[98]. Bemerkenswert ist insbesondere die Tatsache, daß im politischen Großverband der Kreis der Betroffenen nicht identisch ist mit demjenigen

[94] Auer (Anm. 89), S. 299.

[95] Auer: a.a.O., S. 300.

[96] Ebd.

[97] Auer: a.a.O., S. 301.

[98] Vgl. etwa C. Offe (Anm. 39), S. 164 ff.; W. Heun (Anm. 46), S. 202 ff.

der Entscheidenden[99]. Die Kategorie der Betroffenen ergibt sich — bei aller Schwierigkeit einer klaren Konturierung und rechtlichen Konkretisierung — durch ein „spezifisches und intensives Berührt-Sein von staatlichen oder privaten Verhaltensweisen"[100]. Eine derart spezifische Betroffenheit wird z. B. durch großtechnische Projekte mit großem Gefährdungs- oder Belastungspotential (etwa AKW bzw. radioaktiven Abfall) für einen regional bestimmbaren Kreis von Betroffenen geschaffen[101]. Haben Entscheidungen über solche Projekte zudem eine Fernwirkung in die Zukunft dergestalt, daß sie kaum mehr korrigierbar sind, werden die noch Ungeborenen zu einer spezifischen Betroffenenkategorie, welche Mehrheitsentscheide mit schwerwiegenden Folgen im Lichte einer „Zukunftsethik" als besonders fragwürdig erscheinen läßt[102]. Die Idee einer besonderen Berücksichtigung „spezifischen und intensiven Berührt-Seins" (Rhinow) einer handlungsfähigen Betroffenenkategorie fand etwa in der eidgenössischen Volksinitiative „zur Wahrung der Volksrechte und der Sicherheit beim Bau und Betrieb von Atomanlagen"[103] ihren gesetzlichen Niederschlag. Das in der Volksabstimmung abgelehnte Begehren sah in Abs. 4 folgende Regelung vor:

„Voraussetzung für eine Erteilung [der Konzession für den Bau eines AKW —M. S.] ist die Zustimmung der Stimmberechtigten von Standortgemeinde und angrenzenden Gemeinden zusammen, sowie der Stimmberechtigten jedes einzelnen Kantons, dessen Gebiet nicht mehr als 30 km von der Atomanlage entfernt liegt."

Der Verzicht auf eine derart qualifizierte Mehrheitsentscheidung führt unter Umständen dazu, daß zufallsabhängige Abstimmungsmehrheiten[104] ganzen widerwilligen Regionen und zukünftigen Generationen enorme Belastungen aufbürden. Damit wird eine besonders qualifizierte Betroffenenkategorie von einer bloßen Abstimmungsmehrheit dergestalt majorisiert, daß die Demokratie Züge einer Fremdherrschaft annimmt. Insofern als die differenzierte Berücksichtigung von Betroffenheitsintensitäten ein gültiger Gradmesser demokratischer Selbstbestimmung ist[105], zeigt sich zudem die

[99] Vgl. Rhinow (Anm. 28), S. 178.

[100] Rhinow: a.a.O., S. 175.

[101] Ebenso P. Saladin: Demokratische Sonderrechte von „Betroffenen"?, in: Mélanges A. Grisel, Neuchâtel 1983, S. 281; Offe (Anm. 39), S. 164 ff.

[102] gl. M. U. K. Preuss: Die Zukunft — Müllhalde der Gegenwart?, in: ders. (Anm. 41), S. 272-295.

[103] BBl 1977 II 377.

[104] Solche Zufallsmomente sind z. B. die Witterung am Abstimmungswochenende (vgl. G. Schmidtchen: Über die Stimmbeteiligung entscheidet die Familie, in: TA vom 26. 11. 79) oder die gerade aktuelle Stimmung im Land; im Falle der Ablehnung der erwähnten Volksinitiative dürfte die Tatsache, daß sich der Reaktorunfall von Three Mile Island in Harrisburg erst nach der Abstimmung ereignete, einen gegenteiligen Abstimmungsausgang verhindert haben. Zu Verzerrungen des Volkswillens siehe auch vorne II.3. dieses Kapitels.

[105] Vgl. Heun (Anm. 46), S. 206-209; zum „structural due process", der bereits zu Beginn einer Projektplanung einzusetzen hat, siehe J. P. Müller (Anm. 39).

demokratisch fundamentale Unzulänglichkeit der undifferenzierten Geltung des Mehrheitsprinzips[106].

Die Unangemessenheit des Entscheidungsdiktats rein numerischer Abstimmungsmehrheiten erscheint noch drastischer, wenn die meist größere Sachkompetenz der spezifisch Betroffenen im Vergleich zu jener der Mehrzahl der Entscheidungsträger mitberücksichtigt wird. Werner Heun hat allerdings darauf hingewiesen, daß gewisse Motive für eine hohe Intensität des Betroffenseins (z. B. ideologisch überhöhte Einstellungen) der Rationalität der Entscheidung abträglich sind[107], und auch Gruner/Hertig stellten in ihrer empirischen Untersuchung zum Stimmverhalten bei der Volksabstimmung über die „Atomschutzinitiative" vom 18. Februar 1979 keine signifikant hohe Sachkenntnis der Stimmenden in der besonders betroffenen Region Basel fest[108].

Diesem Befund steht aber die empirisch ebenfalls bestätigte Erfahrungstatsache gegenüber, wonach „es schwerlich einen besseren 'Lehrmeister' gibt als die persönliche Betroffenheit"[109]. Zusätzliche Plausibilität gewinnt diese Einschätzung dadurch, daß gerade die spezifisch Betroffenen ihren Standpunkt mit großer Akribie wissenschaftlich zu untermauern versuchen, um ihre politische Minderheitenstellung durch die Überzeugungskraft der besseren Argumente wettzumachen.

Diese Sachlage ruft nach einer Modifikation der geltenden Entscheidungsstrukturen. Das bedeutet, daß die qualifizierten Einwirkungsbedürfnisse Betroffener im Entscheidungsverfahren besonders berücksichtigt wer-

---

[106] Wenngleich in unserem Lande das Sprichwort vom „König Mehrheit" aufgekommen ist, fällt es schwer, dem Diktum von Leo Sapieha aus dem dramatischen Fragment „Demetrius" von Friedrich Schiller nicht einige Sympathie abzugewinnen, wenn er in den Reichstag von Krakau ruft:

> „Die Mehrheit? Was ist die Mehrheit? Mehrheit ist der Unsinn, Verstand ist stets bei wen'gen nur gewesen (...) Man soll die Stimmen wägen und nicht zählen; der Staat muß untergehn, früh oder spät, wo Mehrheit siegt und Unverstand entscheidet" (Schiller: Demetrius).

[107] Heun (Anm. 46), S. 211.

[108] E. Gruner/Hp. Hertig (Anm. 11), S. 92 ff.

[109] B. Guggenberger: Die neue Macht der Minderheit, in: ders./C. Offe (Anm. 39), S. 215. Auf empirische Befunde für diese These verweisen im Zusammenhang mit den Konflikten um die Atomenergie in Whyl und Gorleben W. Rüdig: Bürgerinitiativen im Umweltschutz. Eine Bestandsaufnahme der empirischen Befunde, in: V. Hauff (Hrsg.): Bürgerinitiativen in der Gesellschaft, Villingen 1980, S. 119 ff., und U. Kempf: Der empirische Befund, in: B. Guggenberger/U. Kempf (Hrsg.): Bürgerinitiativen und repräsentatives System, 2. Aufl., Opladen 1984.

Bezeichnend ist in diesem Zusammenhang auch, daß sich Regionen, die gegen den Bau von anderswo geplanten Atomanlagen kaum opponiert hatten, in dem Moment zu regen beginnen, wo sie als Lagerstätten für Atommülldeponien in Betracht gezogen werden (siehe WoZ Nr. 47 vom 23. 11. 84, S. 5, und die dortigen Hinweise auf eine Artikelserie zum Widerstand gegen die Probebohrungen der Nagra in der Schweiz).

den müssen. Bei Projekten, die mit großer Unsicherheit und großem Risiko in die Zukunft wirken und sich nicht oder nur mit großen gesellschaftlichen Kosten rückgängig machen lassen, erscheint es durchaus gerechtfertigt, einer allfälligen politischen Mehrheit zugunsten der technischen Innovation die Hürde einer strukturell besonders zu berücksichtigenden Betroffenenkategorie zuzumuten[110]. Wird auch diese durch die mehrheitliche Zustimmung der direkt Betroffenen genommen, ist die Vermutung bekräftigt, daß der gefällte Entscheid inhaltlich „richtig" ist. Vor allem dürfte diese Hürde den Anspruch auf plausible Begründungen erheblich erhöhen.

4.5. Nichtinstitutionalisierte Opposition als Ausdruck der Legitimationsschwäche von Mehrheitsentscheidungen

Mehrheitsentscheidungen, die weitgehend unkorrigierbare Weichenstellungen in die Zukunft bedeuten, schaffen einen Sachzwang, der die unterlegene Minderheit faktisch der Chance beraubt, als potentielle Mehrheit die einmal eingeschlagene Wegrichtung zu ändern bzw. sich des vorhandenen Belastungspotentials zu entledigen. Dadurch wird die unterlegene Minderheit sachlich aus dem politischen Gemeinwesen ausgegrenzt[111]. Diese *sachliche* Ausgrenzung kommt also zur *prozeduralen* Ausgrenzung hinzu, die — wie beschrieben — im Diktat ressourcenreicher Interessengruppen besteht und der Volksinitiative praktisch jede politische Erneuerungskraft nimmt. In dem Maße aber, wie direktdemokratische Entscheidungsmechanismen gleichzeitig zur Verschleierung und Festschreibung bestehender Machtverhältnisse führen, sehen sich veränderungswillige Minderheiten auf neue Formen politischer Betätigung verwiesen. Indem Reformen, die die Ansprüche sachlich qualifizierter Minderheiten angemessen respektierten und die Chancengerechtigkeit im Entscheidungsverfahren erhöhten, durch sich selbst befestigende Mehrheiten blockiert werden[112], verliert der politische

---

[110] Ähnlich U. K. Preuss in einem Gespräch mit O. Schily: Gewaltmonopol, Selbstbestimmung und Demokratie, in: Freibeuter 28 (1986), S. 51. Vgl. auch O. Reck: Was es braucht, ist Übereinstimmung, in: „Die Weltwoche" vom 12. Juni 1986.

[111] Vgl. Preuss (Anm. 102), S. 293.

[112] So auch C. Offe: Demokratie und „höhere Amoralität", in: Der Traum der Vernunft. Vom Elend der Aufklärung, hrsg. von der Akademie der Künste Berlin, Darmstadt und Neuwied 1986, S. 218 ff.; ebenso C. Offe (Anm. 39), S. 161; Christoph Gusy: Das Mehrheitsprinzip im demokratischen Staat, in: Guggenberger/Offe (Anm. 39), S. 72. Mutatis mutandis hat schon Carl Schmitt diesen Tatbestand mit Blick auf die Weimarer Republik ins Auge gefaßt:

> „Die herrschende Partei verfügt über das ganze Übergewicht, das *der bloße Besitz der legalen Machtmittel* in einem von dieser Art Legalität [parlamentarischer Gesetzgebungsstaat — M. S.] beherrschten Staatswesen mit sich bringt. Die Mehrheit ist jetzt plötzlich nicht mehr Partei; sie ist der Staat selbst (...) Über jede

Mehrheitswille jene Legitimationskraft, die oppositionelle Minderheiten insbesondere bei der Wahl von gewaltfreien Aktionsformen beanspruchen können. Der „Zivile Ungehorsam" als exzessivste Form einer gewaltfreien Aktion, die jeweils an die Grenze der Legalität geht und damit in öffentlich-provokativer Weise, aber verhältnismäßig an grundlegende Gerechtigkeitsvorstellungen appelliert[113], gerät als bedeutsames Phänomen einer *reifen demokratischen Kultur*[114] ins Blickfeld. Mag man von der „Kommunikations-

Normativität hinaus (bewirkt) der bloße Besitz der staatlichen Macht einen zur bloßen normativistisch-legalen Macht hinzutretenden zusätzlichen politischen *Mehrwert*, eine *über-legale Prämie auf den legalen Besitz der legalen Macht* und auf die Gewinnung der Mehrheit" (C. Schmitt (Anm. 45), S. 35; alle Hervorhebungen im Original).

Auch unter den Bedingungen einer Konkordanzdemokratie mit einer Mehrparteienregierung besitzt Schmitts Argument für oppositionelle Gruppierungen Gültigkeit. Der Hinweis auf die Rede von der „Sachgesetzlichkeit" (vgl. etwa H. Schelsky: Auf der Suche nach Wirklichkeit, Düsseldorf 1963) und der Dominanz der einmal geschaffenen sogenannten Sachzwänge mag hier genügen.

[113] Aus der überaus zahlreichen Literatur zur Definition, philosophischen Bewertung und strafrechtlichen Beurteilung des zivilen Ungehorsams siehe folgende Auswahl: J. Baumann: Freiheit des Bürgers und Gewaltmonopol des Staates, in: FS für R. Wassermann, Darmstadt und Neuwied 1985, S. 247-258; R. Dreier: Rechtsgehorsam und Widerstandsrecht, in: FS Wassermann, S. 299-316; W. Hassemer: Ziviler Ungehorsam — ein Rechtfertigungsgrund?, in: FS Wassermann, S. 325-350; Th. Ebert: Ziviler Ungehorsam, Waldkirch 1984; die Beiträge von G. Frankenberg, U. Karpen und R. Wassermann, in: JZ Nr. 6, 1984; J. Habermas: Recht und Gewalt — ein deutsches Trauma, in: ders.: Die neue Unübersichtlichkeit, Frankfurt/M. 1985, S. 100-121; E. Jahn: Gewalt in der Auseinandersetzung um die Startbahn 18 West, in: Leviathan Nr. 3, 1984; Th. Laker: Ziviler Ungehorsam — Geschichte, Begriff, Rechtfertigung, Diss. Göttingen 1985; den Sammelband von Th. Meyer/S. Miller/J. Strasser (Hrsg.): Widerstandsrecht in der Demokratie. Pro und Contra, Köln 1984; Ulrich K. Preuss: Von den Grenzen des bürgerlichen Gehorsams: Ziviler Ungehorsam und Verfassung, in: ders. (Anm. 41), S. 26-145; R. Rhinow: Widerstandsrecht im Rechtsstaat?, Berlin 1984; D. Rucht: Recht auf Widerstand? Aktualität, Legitimität und Grenzen „zivilen Ungehorsams", in: Guggenberger/Offe (Anm. 39), S. 254-282; H. Saner: Pflicht zum Widerstand in der Demokratie, in: Rote Revue 9/84; ferner die Beiträge von Dreier, Habermas und Schüler-Springorum, in: P. Glotz (Hrsg.): Ziviler Ungehorsam im Rechtsstaat, Frankfurt/M. 1983; Grundlegend zum Zivilen Ungehorsam J. Rawls: Eine Theorie der Gerechtigkeit, Frankfurt/M. 1975. Zur Gewaltfreiheit ganz allgemein Th. Ebert: Gewaltfreier Aufstand. Alternative zum Bürgerkrieg, 3. Aufl., Waldkirch 1981; H. David Thoreau: Über die Pflicht zum Ungehorsam gegen den Staat (1849), Zürich 1973.

Die Gewaltfrage kann an dieser Stelle nicht diskutiert werden. Insofern aber als der Satz, daß die Mittel den Zweck heiligen sollten, der Losung vom Zweck, der die Mittel heilige, in einer demokratischen Kultur vorzuziehen ist, ist in Anlehnung an Wolf-Dieter Narr darauf hinzuweisen, daß Widerstand in dem Maße grundrechtlich „geadelt" wird, als er auf Mittel der Gewalt verzichtet (vgl. Wolf-D. Narr: Gewaltfreier Widerstand um der Demokratie und des Friedens willen, in: S. Cobler/R. Geulen/W.-D. Narr (Hrsg.): Das Demonstrationsrecht, Reinbek bei Hamburg 1983, S. 139-170).

[114] Diese Terminologie findet sich insbesondere bei Habermas und Dreier.

form einer Gegenöffentlichkeit"[115], von einem „handelnden (nicht-diskursiven) Nachweis von Betroffenheit"[116] oder — mit Egbert Jahn — von einem gesellschaftlichen „Institut zur Kritik und möglichen Revision von Mehrheitsentscheidungen"[117] sprechen, entscheidend ist die Wahrnehmung des Zivilen Ungehorsams als *politische Manifestation* und nicht vorrangig als strafrechtliche Thematik[118]. Auf dem Spiel steht nichts weniger als die Qualität und Widerstandskraft von Demokratie, was ein Wort des antifaschistisch-demokratischen Staatsanwalts[119] Fritz Bauer bezeugt:

> „Der große Widerstand im Unrechtsstaat bleibt nur möglich, wenn der kleine Widerstand gegen das Unrecht im staatlichen Alltag geübt und wie eine kostbare Pflanze gehegt und gepflegt wird"[120].

Diesem Gedanken verschafft auch Hans Saner Nachachtung, wenn er im Widerstand gegen mannigfache Formen der Einschüchterung durch indirekte und direkte Berufsverbote und durch gesellschaftliche Marginalisierung verschiedenster Art in der jetzigen Demokratie eine „dauernde demokratische Gegenpraxis" zu einer „Demokratie im Verfall" sieht[121]. Und auch der verstorbene Strafrechtler Peter Noll erkannte:

> „Je mehr man sich anpaßt, desto mehr muß man sich anpassen, desto kleiner wird der Freiheitsraum, desto weiter breitet sich ein Klima der Intoleranz aus"[122].

Sofern demzufolge eine sensible Wahrnehmung der politisch unkonventionell vermittelten Problemimpulse für zukünftige gesellschaftliche Problemlösungen angezeigt erscheint, ja im Hinblick auf künftige soziale Kämpfe noch dringlicher werden könnte[123], steht auch die adäquate strafrechtliche Reaktion auf gewaltfreie Aktionsformen[124] in Frage. Die Berufung

[115] So O. Negt: Lebendige Arbeit, enteignete Zeit. Politische und kulturelle Dimensionen des Kampfes um die Arbeitszeit, Frankfurt/M. 1984, S. 13.

[116] D. Rucht (Anm. 113), S. 272.

[117] E. Jahn (Anm. 113), S. 334.

[118] Dies hat unter den Juristen vor allem H. Schüler-Springorum (Anm. 113), insbes. S. 93 f., unterstrichen.

[119] Bei dieser Charakterisierung von Fritz Bauer stützt sich der Verfasser auf J. Kahl: Widerstand gegen Staatsgewalt. Antigone mahnt, in: F. Neumann (Hrsg.): Politische Ethik, Baden-Baden 1985, S. 123.

[120] F. Bauer: Widerstandsrecht und Widerstandspflicht, in: A. Kaufmann (Hrsg.): Widerstandsrecht, Darmstadt 1972, S. 499.

[121] H. Saner (Anm. 113).

[122] P. Noll: Jesus und der Ungehorsam. Eine Predigt, in: ders.: Gedanken über Unruhe und Ordnung, Zürich 1985, S. 85.

[123] Lediglich für „Vorhutgefechte" hält Oskar Negt (Anm. 115) die bisherigen Bewegungen des Zivilen Ungehorsams.

[124] Die Vorschläge reichen mit Bezug auf den Zivilen Ungehorsam über eine grundrechtliche Privilegierung (vgl. insbesondere T. Blanke/D. Sterzel: Demonstrationsrecht und Demonstrationsfreiheit in der BRD, in: Komitee für Grundrechte und

auf die Imperative von Gesetz und Ordnung oder eine staatsethische Verabsolutierung des Rechtsfriedens[125] wäre einem liberalen Rechtsstaatsverständnis ebenso unangemessen, wie die Strapazierung der Toleranzforderung gegenüber ungehorsamen Minderheiten einem zukunftsoffenen Demokratieverständnis unangemessen wäre. Soll Toleranz mehr sein als ein l'art pour l'art, das auf reine Duldung des Status quo hinausläuft[126], so dürfen Minderheiten unter dem Gesichtspunkt der Toleranz nicht gleich wie die Mehrheiten auf das Mäßigungsgebot verpflichtet werden. So formuliert Guggenberger mit Hinweis auf Jellinek[127]:

„Mäßigung, Toleranz und Rechtsstaatsgebot sind primär die Hürden, die der Staat und die verfaßten Mehrheiten nicht überspringen dürfen, nicht umgekehrt"[128].

Demgegenüber wird Ordnung zum Selbstzweck, wenn insbesondere mit Blick auf Formen Zivilen Ungehorsams sofort Chaos und Bürgerkrieg beschworen werden oder mit rigoroser strafrechtlicher Verfolgung und extensiver Auslegung strafrechtlicher Normen versucht wird, politische Opponenten zu kriminalisieren. Mit guten Gründen hat zwar Winfried Hassemer insbesondere unter dem Gesichtspunkt des Legalitätsprinzips auf die Gefahr „nicht-eindeutiger" rechtlicher Reaktionen hingewiesen[129]. Dennoch ist angesichts der immer gegebenen Ermessensspielräume der Strafverfolgungsbehörden und der richterlichen Entscheidungsinstanzen Raum gegeben für Gesetzesauslegung, eventuell recht*schöpferische* Konkretisierung, oder anders ausgedrückt: angesichts des offenen Kreises der Verfassungs- und Gesetzesinterpreten[130] käme die a priori-Kriminalisierung unkonventioneller Politikformen einer unzulässigen Vorausverurteilung gleich.

Bemerkenswert ist in diesem Zusammenhang die Feststellung von Oskar Negt, wonach die übermächtige Gewichtung des Rechtsprechungsstaates auf Dauer „zu einer Erstickung aller lebendigen Regungen des demokratischen

---

Demokratie (Hrsg.): Demonstrationsrecht und gewaltfreier Widerstand, 1983, S. 71 ff.), eine Rechtfertigung durch einen speziellen Rechtfertigungsgrund (insbesondere Dreier (Anm. 113)) bis zum Verzicht auf die Einleitung der Strafverfolgung oder deren Einstellung (Frankenberg (Anm. 113)). Kritisch zum Ganzen: W. Hassemer (Anm. 113).

125 Vgl. Frankenberg: a.a.O., S. 271, der die derartig voreilige rechtliche Ablehnung Zivilen Ungehorsams kritisiert.

126 Zum Begriff der Toleranz vgl. A. Mitscherlich: Toleranz — Überprüfung eines Begriffs, Frankfurt/M. 1974, S. 7-35; lesenswert ist in diese Zusammenhang auch R. W. Wolff/B. Moore/H. Marcuse: Kritik der reinen Toleranz, Frankfurt/M. 1966.

127 Vgl. G. Jellinek: Das Recht der Minoritäten, Wien 1898.

128 Guggenberger (Anm. 39), S. 210.

129 W. Hassemer (Anm. 113), S. 345 f.

130 So P. Häberle: Die offene Gesellschaft der Verfassungsinterpreten, in: JZ 1975, S. 297 ff.

Bewußtseins und Verhaltens"[131] führte. Wird demnach etwa das Demonstrationsrecht nicht als „Magna Charta" der politisch institutionell Marginalisierten anerkannt und restriktiv gehandhabt, kann die Rede vom „autoritären Legalismus"[132] nicht erstaunen. Wenn die staatliche Obrigkeit neuerdings zunehmend Spitzel und gar agents provocateurs in die Protestszene einschleust[133], macht sie sich einer rechtsstaatlich höchst zweifelhaften und demokratisch bedauerlichen Verwilderung der Konfliktkultur schuldig.

Auf dem Boden von Demokratie und Rechtsstaat sind Minderheiten, die durch nichtinstitutionalisierte Politikformen einen bewußtseinsbildenden, Machtverhältnisse umformenden Prozeß in Gang zu bringen versuchen, vor der Neuauflage eines Hobbes'schen Staats- und Rechtsverständnisses zu verteidigen. Gegen die nicht weiter reflektierte Losung eines „maioritas non veritas facit legem" ist mit Ulrich K. Preuss an das *revolutionäre Prinzip* des demokratischen Rechtsstaates zu erinnern:

„Das revolutionäre Prinzip des demokratischen Rechtsstaates, das ihn qualitativ vom friedenssichernden Hobbes'schen Staat unterscheidet, besteht darin, daß die Subjektivität des Individuums, seine über das bloße Überleben hinausweisenden Aspirationen und Richtigkeitsansprüche nicht nur geduldet, auch nicht lediglich anerkannt, sondern geradezu zur Kraftquelle des politischen Gemeinwesens gemacht worden sind"[134].

Ein bürgerkriegsähnliches Klima, das den „Leviathan" geradezu auf den Plan rufen müßte, ist dabei in dem Maße zu vermeiden, wie die Ansprüche politisch sensibler Nonkonformisten angemessen in Entscheidungen berücksichtigt werden. Deren effektive Partizipation am politischen Entscheidungsprozeß sicherte unter der Bedingung einer aufgeklärten Teilöffentlichkeit demokratische Legitimität[135], die der Eskalation innerstaatlicher Konflikte präventiv entgegenwirkte[136].

---

[131] Negt: Gesellschaftliche Krise und Demonstrationsfreiheit, in: Cobler/Geulen/Narr (Anm. 113), S. 35. Interessante Überlegungen zu kulturpsychologischen Gründen eines übersteigerten Bedürfnisses nach stationären Zuständen stellte Peter Brückner unter dem Gesichtspunkt der „Mehrheit als Sekte" an (vgl. P. Brückner: Die Mehrheit als Sekte. Oder: Ein Alptraum, in: ders.: Vom unversöhnlichen Frieden. Aufsätze zur politischen Kultur und Moral, Berlin 1984, S. 114-127, insbes. 123 ff.).

[132] Vgl. Habermas (Anm. 113).

[133] Vgl. hierzu die Studie von R. Gössner/U. Herzog: Im Schatten des Rechts. Methoden einer neuen Geheimpolizei, Köln 1984. Als eindrücklichen Beleg für die Schweiz vgl. die Enthüllung von J. Frischknecht: Stadtpolizist Truniger alias Bewegungsaktivist Marco. Vollamtlicher Polizeispitzel als Agent provocateur bei der RSJ, in: WoZ Nr. 42 vom 17. 10. 86.

[134] Preuss (Anm. 41), S. 62 f.

[135] Vgl. Rucht (Anm. 113), S. 275.

[136] Zu Mechanismen und Ausmaß der Eskalation vgl. „Der Spiegel", Aufrüstung für den Bürgerkrieg, Nrn. 30-32, 1986. Der Hinweis, daß die Eskalation vom eigentlich

4.6. Mehrheitsregel zwischen Eliteherrschaft und Einstimmigkeitsprinzip

Mit dem Nachweis der Legitimationsschwächen von Mehrheitsentscheidungen beabsichtigte der Verfasser nicht, der Etablierung einer Expertenherrschaft oder der Herrschaft einer kulturellen Elite das Wort zu reden. Wie wir gesehen haben, werfen allerdings auch in einer Demokratie gleichen Stimmrechts einzelne meinungsbildende Eliten ihr spezifisches Gewicht in die Waagschale. Dies ändert aber nichts daran, daß der Citoyen als politische Kraft und mündiger Träger der vergesellschafteten Freiheit nach wie vor den Orientierungspunkt einer verwirklichten Demokratie bildet[137]. Dem Gedanken einer Eliteherrschaft ist schon deshalb mit äußerster Skepsis zu begegnen, als — wie wir gesehen haben — auch „Experten" nicht frei sind von Interessenbindungen. Zudem werden — worauf ebenfalls schon hingewiesen wurde — Entscheidungen in dem Maße repressionsfrei verwirklicht, wie die hiervon Betroffenen auch aktiv an der Entscheidungsfindung beteiligt waren[138].

Anfechtungen des Mehrheitsprinzips lassen auch das Einstimmigkeitsprinzip als Alternative erwägen. Dessen Schwächen sind jedoch offenkundig: Will man nämlich nicht einer Minderheit das liberum veto zugestehen und damit notwendige Entscheidungen verunmöglichen, würde ein Zeitbedarf vonnöten, dem die Zielerreichungseffizienz gänzlich zum Opfer fiele[139]. Dem Status quo wäre ein Gewicht verliehen, das er angesichts des Bedarfs an politischer Steuerung und Gestaltung der gesellschaftlichen Verhältnisse nicht verdient. Schließlich steht das Einstimmigkeitspostulat — das möglicherweise nicht mehr als eine abstrakte Utopie sein kann[140] — in einem unauflösbaren Widerspruch zur Struktur moderner Großgesellschaften. Pluralität von Interessen und Wertmoralen lassen die Herstellung einstimmiger Entscheidungen nur über Methoden totalitärer Gleichschaltung als möglich erscheinen[141]. Gesellschaftlichem Dissens müßte wohl zwangsläufig mit sub-

politischen Thema ablenkt, gehört ebenso in diesen Zusammenhang wie die Bemerkung, daß bestimmte Technologien unter dem Gesichtspunkt der Demokratieverträglichkeit kaum vertretbar sind (vgl. etwa A. Rossnagel: Bedroht die Kernenergie unsere Freiheit?, München 1983).

[137] Vgl. E. Bloch (Anm. 53), S. 203.

[138] Dieser Überlegung liegt die Hypothese zugrunde, daß die für die Befolgung von Gesetzen ebenso wie für die sogenannte Akzeptanz von Entscheidungen maßgebende normative Einstellung des Bürgers um so weniger von der inhaltlichen Entscheidung abweicht, als er an der Entscheidungsfindung beteiligt war.

[139] Vgl. Heun (Anm. 46), S. 256 ff.

[140] Vgl. Habermas: Theorie des kommunikativen Handelns, Bd. II, Frankfurt/M. 1981, insbes. S. 9f. und 163.

[141] Zur Unangemessenheit eines monokratischen Demokratieideals à la Rousseau in der pluralistischen Demokratie siehe Bobbio (Anm. 38).

tilen Manipulations- und allenfalls weniger subtilen Gehirnwäschemethoden begegnet werden. Aus der Sicht einer zukunftsoffenen Demokratie und liberalen Rechtsstaatlichkeit ist folglich auch das Einstimmigkeitsprinzip als Alternative zur Mehrheitsregel zu verwerfen.

Relativiert bleibt diese aber insofern, als die prinzipielle Gleichsetzung von Mehrheit mit Richtigkeit nicht haltbar ist. Auch die rechtspositivistische Verschleierung je gegebener Ordnungsinhalte schafft die Legitimationsschwächen von Mehrheitsentscheidungen nicht aus der Welt.

Der Schlußfolgerung, die René Rhinow aus seinen Betrachtungen des Mehrheitsprinzips in der Demokratie gezogen hat, ist zweifellos zuzustimmen:

„Ein Mehrheitsentscheid ist auch in der Demokratie nicht per se und überall gerechtfertigt, sondern nur unter bestimmten Bedingungen, die ebenfalls dem Wandel unterworfen sein können. Nicht alle Probleme sind mehrheits- (oder minderheits-) fähig; und nicht jedes Verfahren der Mehrheitsbildung sichert dem Entscheid Anerkennung"[142].

Wo demnach nonkonformistisches Verhalten a priori als Gerechtigkeitsverstoß gedeutet wird, macht sich eine repressive Ordnungspolitik zum Feind einer lebendigen demokratischen Kultur. Ihr bedeuten nonkonformistische Anfechtungen einer bloßen „Legitimation durch Verfahren"[143] nämlich prüfenswerte Widersprüche zur machtbedingten Definition von Wirklichkeit.

Die in diesem Exkurs hergeleiteten rechtspolitischen Wertungen führen uns wieder zur soziologisch zentralen Frage dieser Untersuchung zurück: Ist sozialer Wandel — verstanden als Humanisierung von Recht und Gesellschaft — von nonkonformistischen, an die Grenze der jeweiligen Legalität gehenden Anfechtungen des Status quo nicht geradezu abhängig? Dieser Frage gelten die allgemeinen Überlegungen zu den Bedingungsfaktoren sozialen Wandels am Schluß dieser theoretischen Grundlegung, und sie steht im Zentrum der Untersuchung einzelner Rechtsbereiche bzw. des hierin sichtbar werdenden Wandels im zweiten Teil dieser Arbeit.

Die Frage nach der Macht im Recht verlangt vorerst allerdings noch eine Betrachtung der Machtausübung *richterlicher* Entscheidungsinstanzen.

---

[142] Rhinow (Anm. 28), S. 267. Ebenso Guggenberger/Offe (Anm. 39), S. 12, wenn sie die Mehrheitsregel als „eine notwendige, keineswegs (...) jedoch die hinreichende Bedingung für die Demokratie" bezeichnen.

[143] Hierzu grundlegend N. Luhmann: Legitimation durch Verfahren, Neuwied 1969.

5. *Der Richterspruch*[144] *als Phänomen politischer Macht*

Die bisherigen Ausführungen zum Recht als Produkt politischer Machtverhältnisse haben es als Zerrbild von Gerechtigkeitsvorstellungen ausgewiesen. Politische Problemverarbeitung durch rechtliche Normierung der Lebensverhältnisse ist letztlich weitgehend interessengeleitete Wahl einer Entscheidungsalternative. Dahinter stehende Willen, seien sie von spezifischer Interessenwahrnehmung oder von subjektiven Gerechtigkeitsidealen gefärbt, verschmelzen bei der Rechtsetzung zu einem Willenskompromiß, worin einzelne Willensanteile sich in der Tat als kaum entwirrbare Strebungen eines Labyrinths ausnehmen mögen, wie Theodor Geiger meint[145].

5.1. Der Spielraum des Richters bei der Gesetzesauslegung

Ist der Richter bei der Entscheidung von konkreten Tatfragen dergestalt an das Gesetz gebunden, daß er den darin manifestierten „Willen des Gesetzgebers" verwirklichen soll[146], wird offensichtlich, daß er mehr ist als „la bouche qui prononce les paroles de la loi", wie Montesquieus Legende suggeriert. Es scheint nicht unangemessen, die von der Rechtswissenschaft längst abgelehnte Vorstellung vom bloß auszusprechenden Willen des Gesetzgebers mit Austin als „kindische Fiktion"[147] zu qualifizieren. Der Richter, der den Gesetzestext verstehen will, muß Begriffe auslegen, d. i. die von ihnen definierten und damit begrenzten Wirklichkeitsausschnitte bestimmen. Insofern wird der Richter zum Gesetzes*interpreten*. Daß hierbei allein mathematischer Scharfsinn hinreichte, ist bekanntlich als Illusion entlarvt worden. Sprache ist eben nicht mit mathematischer Exaktheit erfaßbar. Jeder Begriff enthält ein nicht klar begrenztes Begriffs*feld* mit Sinngehalten, die über die klar bestimmbare Konvention (Übereinkunft) hinausgehen. Die juristische Subsumtion als streng logisch ableitbares Verfahren erweist sich deshalb nur im „Kernfeld des unbezweifelbaren Gesetzestextes"[148] als tauglich.

---

[144] Die nachfolgenden Ausführungen erfolgen mit Blick auf die gerichtliche Rechtsprechung, besitzen aber auch für die *untersuchungs*richterliche Rechtsprechung weitgehend Gültigkeit sowie — mutatis mutandis — für die Verwaltungstätigkeit, wo Rechtsnormen konkretisiert werden, ohne daß „eine rechtskraftfähige Entscheidung durch Wahrheits- und Rechtsprüfung um der Gewißheit willen "(A. Arndt) getroffen wird. Zum Unterscheidungsmerkmal von Verwaltung und Rechtsprechung vgl. Rudolf Wassermann: Die richterliche Gewalt. Macht und Verantwortung des Richters in der modernen Gesellschaft, Heidelberg 1985, S. 37.

[145] Geiger (Anm. 3), S. 329.

[146] Vgl. R. Wassermann: Der politische Richter, München 1972, S. 27.

[147] J. Austin: The Province of Jurisprudence, Vol. II, London 1954, S. 265.

[148] F. Wieacker: Über strengere und unstrengere Verfahren der Rechtsfindung, in: FS für W. Weber, 1974, S. 421.

Indem wir die Legende vom Richter als einem Subsumtionsautomaten, der bloß in logischer Schlußfolgerung eine klar bestimmte Rechtsregel auf einen klar gegebenen und umschriebenen Tatbestand anwendet, verabschieden, gelangen differenziertere Vorstellungen über die richterliche Tätigkeit in unser Blickfeld. Theodor Geiger unterscheidet etwa den *Normsatz*, wie er generell-abstrakt formuliert ist, von der *subsistenten Norm*, die dem Bedeutungsumfang des Normsatzes, seiner Substanziierung im konkreten Anwendungsfall, entspreche[149]. Auslegung wird in dieser Perspektive nicht zur Feststellung von bereits Vorgegebenem, d. h. einer bestehenden, norminhärenten substantiellen Geltung. Vielmehr verleiht erst der Richter *rechtskonstruktiv* der Norm eine bestimmte Geltungssubstanz[150]. Nicht weniger pointiert brachte Thöl schon vor über einem Jahrhundert die Gestaltungsmacht des Richters bei der Gesetzesauslegung zum Ausdruck:

„Die Auslegung, sie mag eine erklärende, ausdehnende, einschränkende, ändernde sein, bringt immer einen neuen Rechtssatz hervor"[151].

Obgleich die Rechtswissenschaft die richterliche Tätigkeit an den im Gesetz „ausgedrückten" Willen bindet und zur Eruierung desselben methodische Hilfsmittel zur Verfügung stellt, fehlt bisher eine bindende Hierarchie von Auslegungsmethoden[152]. Dies eröffnet dem Richter im Prozeß der Normfindung einen erheblichen Entscheidungsspielraum.

Der Spielraum offenbart sich auch im richterlichen Auswahlverfahren bei der Tatsachenfeststellung: Nur ein Teil der den Sachverhalt betreffenden Informationen wird aufgenommen, ein noch geringerer verarbeitet und schließlich aufgrund von meist auf *Alltagstheorien* abgestützten Normhypothesen[153] rechtlich qualifiziert[154]. Exemplarisch für den richterlichen Entscheidungsspielraum bei der Tatsachenbewertung ist die „freie Beweiswürdigung" durch den Richter. Die vage, an Willkür grenzende Bewertungsmöglichkeit rechtserheblicher Tatsachen illustriert folgendes Zitat aus der Anklageschrift eines zürcherischen Bezirksanwaltes, der zugleich als Untersuchungsrichter amtet:

---

149 Geiger (Anm. 3), S. 206 f.

150 Geiger: a.a.O., S. 220.

151 H. Thöl: Einleitung in das deutsche Privatrecht, Berlin 1851, S. 144.

152 Vgl. hierzu A. Meier-Hayoz: Der Richter als Gesetzgeber, Zürich 1951; R. Dreier: Zur Problematik und Situation der Verfassungsinterpretation, in: ders./F. Schwegman (Hrsg.): Probleme der Verfassungsinterpretation, Baden-Baden 1976, S. 13 ff.; G. Schmid: Justiz, in: Handbuch Politisches System der Schweiz, Bd. 2: Strukturen und Prozesse, Bern 1984, S. 120. Kritisch zur Methodenbeliebigkeit Wassermann (Anm. 144), S. 154.

133 Vgl. Karl-D. Opp: Soziologie im Recht, Reinbek bei Hamburg 1973, insbes. S. 116 ff.; zum Begriff der Normhypothese siehe M. Kriele: Theorie der Rechtsgewinnung, Berlin 1967, insbes. S. 162 ff.

154 Vgl. Wassermann (Anm. 146), S. 26.

„Echte emotionale Regungen waren kaum spürbar. Wer unschuldig mehr als ein Jahr in Untersuchungshaft sitzt, wird sicher mehr als der Schuldige einige Male Wut und emotionale Regungen zeigen. Nichts von dem ist passiert. Nicht einmal über das Essen hat sich der Angeklagte beklagt. Sein Verhalten war immer bedacht und planmäßig. Es ist das ein Verhalten, das ernstliche Zweifel an der Wahrheit von Aussagen hervorrufen muß"[155].

In diesem Zusammenhang wirkende Mechanismen hat Enrico Altavilla in seinen Studien zur forensischen Psychologie anschaulich beschrieben:

„Jeder Mensch gibt einem Gesamt von Wahrnehmungen und Vorstellungsbildern eine unterschiedliche Ausrichtung, so daß dieselben Geschehenselemente, unterschiedlich geordnet und ausgerichtet, zu den verschiedenartigsten Überzeugungen führen können. In jedem Prozeß gibt es eine Episode, eine Meinungsäußerung eines Zeugen, Sachverständigen oder Angeklagten, kurz, irgendeinen allgemeinen Umstand, der für den Richter zum Kernpunkt wird, um den er das ganze Beweisgefüge ordnet. Dann geschieht es natürlich, daß die diesem Kernpunkt am nächsten liegenden Elemente in den Vordergrund treten, während die anderen im Halbdunkel bleiben, daß also möglicherweise wichtigste Tatsachen völlig außer Betracht gelassen werden"[156].

Richterliche Entscheidungsmöglichkeiten zeigen sich also überall. Natürlich vermindern sich diese mit der Eindeutigkeit des Gesetzeswortlautes und der Wertindifferenz einer Norm. Eindeutiges, klares Recht wird angesichts der komplexen, dynamischen Lebensverhältnisse in der modernen Großgesellschaft, insbesondere der steigenden Rollendifferenzierungen hierin, aber immer mehr von offenen Normen verdrängt, die zu konkretisieren in der Verantwortung des Richters liegt. Daß z. B. die „freie Beweiswürdigung" als Ausdruck einer Emanzipation des Rechts aus irrationalen Fixierungen richterlichen Entscheidungsspielraum begründete, zeigt, daß ein rationales Recht keineswegs das Ende menschlicher Wertentscheidungen bedeutet.

Wenngleich die Rolle subjektiven Ermessens bei der Lösung von Rechtsfragen heute zunehmend von den Juristen selbst anerkannt wird, ist die Tendenz nach wie vor verbreitet, das Gesetz als Schutzschild gegen die Inanspruchnahme eigener Verantwortlichkeit vorzuschieben[157]. Selbst das Credo eines „unpolitischen" Juristentypus dürfte noch keineswegs bloß in Annalen vergangener Zeiten zu finden sein:

„Das Gesetz erlaubt immer nur eine bestimmte Antwort, und mit Soziologie hat das nichts zu tun"[158].

---

[155] Zitiert nach „plädoyer" 1985, S. 35.

[156] E. Altavilla: Forensische Psychologie, Bd. 2: Die Psychologie der Prozeßbeteiligten, Graz/Wien/Köln (o. J.), S. 392.

[157] Vgl. A. Heldrich/G. Schmidtchen: Gerechtigkeit als Beruf. Eine Repräsentativumfrage unter jungen Juristen, München 1982, insbes. S. 138 ff.

[158] Siehe bei Wassermann (Anm. 144), S. 128.

Zusammenfassend ist nochmals festzuhalten: Der Richter verkündet nicht bloß in Gesetz gegossene politische Machtverhältnisse. Selbst im Wege bloßer Auslegung eines Rechtssatzes ist der Bedeutungsumfang der Norm nie vollkommen vorgezeichnet: „Soweit auch der Entscheidungsspielraum des Juristen eingegrenzt ist, vernunftrechtliche Erwägungen sind immer unumgänglich"[159]. Sie erfolgen mit Bezugnahme auf den Fluß der Lebensverhältnisse und führen zur *Sanktion einer Handlungsalternative*. Insofern ist die richterliche Tätigkeit *politisch* im eigentlichen Sinne des Wortes[160].

Namentlich ist der Richter der Verantwortung für seine politische Entscheidung durch den lapidaren Hinweis auf einen fingierten „Willen des Gesetzes" nicht enthoben, ganz zu schweigen von der Berufung auf eine institutionell, in der richterlichen Autorität verankerten Gerechtigkeit.

Die politische Dimension richterlichen Handelns soll nachfolgend an bestimmten Normtypen weiter veranschaulicht werden.

5.2. Der Richter als Gesetzgeber

5.2.1. Verlagerung politischer Entscheidungen auf den Richter

Wie angedeutet, läßt sich eine Delegation der politischen Problemverarbeitung im Rechtsstaat vom Gesetzgeber auf den Richter feststellen. Man mag dies begrüßen oder bedauern, angesichts des Flusses, in dem sich gesellschaftliche Leistungs- und Gerechtigkeitserwartungen befinden, scheint die Entwicklung unausweichlich zu sein. Das zeitaufwendige gesetzgeberische Regelungsverfahren ist der Geschwindigkeit gesellschaftlicher Einstellungsänderungen nicht mehr gewachsen. Da Gerechtigkeitsvorstellungen und Problemlösungserwartungen in der Gesellschaft keine statischen Größen sind, wäre es anachronistisch, auf dem Wege der ordentlichen Gesetzgebung auf Dauer gültige und gleichzeitig differenzierte Problemlösungen anbieten zu wollen. Mit Wassermann ist darum die Zeit der großen Kodifikationen, die eine Materie umfassend und abschließend regeln wollte, zu verabschieden[161].

Betrachten wir z. B. die Vielzahl der durch richterliche Rechtsfortbildung entwickelten ungeschriebenen Verfassungsrechte, bedenken wir die verfassungsrechtliche Konturierung beziehungsweise Ausdehnung des Rechts-

---

[159] Kriele (Anm. 153), S. 313.

[160] Zu diesem Verständnis des Politischen vgl. Wassermann (Anm. 144), Kap. 1.

[161] Vgl. Wassermann (Anm. 144), S. 9; G. Schmid (Anm. 152), S. 118 ff., insbes. 122 f. und dort zitierte Literatur. Zur irreversiblen „Flexibilisierung des Rechts" vgl. auch R. Dreier: Rechtsgehorsam und Widerstandsrecht, in: FS für R. Wassermann, Neuwied und Darmstadt 1985, S. 313.

gleichheitsgebotes auf der einen Seite und die ernüchternde Geschichte der Bemühungen um eine Totalrevision der Bundesverfassung auf der anderen Seite, müssen wir das Richterrecht als rechtsstaatlich unerläßliche Ergänzung des Gesetzesrechtes begrüßen. Der Bundesgerichtshof in der Bundesrepublik Deutschland hat denn auch die unumgängliche Abkehr vom Gesetzespositivismus schon vor Jahren explizit formuliert[162].

Als Alternative zu einem *kooperativen Rechtsetzungskonzept* scheint nur „totes Recht" denkbar, das von der Wirklichkeit überholt ist, bevor es überhaupt in Kraft tritt, oder eine Beschleunigung des ordentlichen Gesetzgebungsverfahrens, die mit einer Erweiterung der demokratischen Partizipationsrechte kaum vereinbar wäre.

Gewiß vermöchten Gesetzgeber und Regierung, die ihre ureigenste Funktion, politische Perspektiven zu entwickeln, wahrnähmen und sich nicht scheuten, etwa bei der Zukunftsforschung Rat zu holen, zu einer zukunftsadäquaten, zukunftsgestaltenden Gesetzgebung gelangen[163]. Ein Gesetzgeber, der für parlamentarisch nicht repräsentierte Regungen „von unten" ein waches Ohr hätte, könnte gesetzgeberischen Totgeburten vorbeugen, wie im Laufe dieser Arbeit gezeigt werden soll. Diese Hinweise können freilich die grundsätzliche Tatsache nicht aus dem Weg räumen, daß auch in einer durch Bürokratie, wirtschaftliche Konzentrationsprozesse und Kommunikationsindustrie zunehmend von Gleichschaltung bedrohten Gesellschaft ein Pluralismus von Anschauungen und Rollendifferenzierungen besteht, der der Möglichkeit differenzierter Problemlösungen durch generell-abstrakte Normen Grenzen setzt. Generalklauseln und unbestimmte Rechtsbegriffe können vor diesem Hintergrund nicht a priori als Ausdruck gesetzgeberischen Versagens gewertet werden, sondern sie spiegeln unter Umständen die Einsicht, daß richterliche Entscheidungen dem Einzelfall angemessenere, „gerechtere" Problemlösungen ermöglichen[164].

5.2.2. Richterliche Konkretisierung von unbestimmten Rechtsbegriffen und Generalklauseln

Generalklauseln und unbestimmte Rechtsbegriffe: damit sind jene dem Richter gewährten Entscheidungsspielräume benannt, die nicht nur allenfalls kleine Auslegungsnuancierungen bei der Bestimmung des Bedeutungsumfangs eines Normsatzes ermöglichen, sondern mit einem vielzitierten

---

[162] Vgl. BGHZ 2, 184; 3, 315 und 9, 164, wo es heißt: „Ein pflichtbewußter Richter kann sich der Aufgabe, das Recht notfalls fortzuentwickeln, nicht entziehen".

[163] Siehe schon W. Maihofer: Realistische Jurisprudenz, in: G. Jahr/ders.: Rechtstheorie — Beiträge zur Grundlagendiskussion, Frankfurt/M. 1971, S. 427-470.

[164] Vgl. Wassermann (Anm. 144), S. 9; R. Dreier (Anm. 161), S. 313.

Wort von Josef Esser „starting points oder Aufhänger für konkrete richterliche Normsetzung"[165] darstellen.

Art. 181 des schweizerischen StGB erfüllt, „wer jemanden durch Gewalt oder durch Androhung ernstlicher Nachteile oder durch andere Beschränkung seiner Handlungsfreiheit nötigt, etwas zu tun, zu unterlassen oder zu dulden". Dem Richter obliegt es, im konkreten Fall zu bestimmen, ob die „Handlungsfreiheit" des Individuums in einem strafrechtlich relevanten Ausmaß „beschränkt" ist. Ist es der Fall, wenn am Boden liegende Demonstranten den Besuchern einer Waffenausstellung beim Betreten des Ausstellungsgeländes zu bedenken geben: „Wer über uns geht, geht auch über Leichen"[166]? Ist der Nötigungstatbestand durch Beschränkung der Handlungsfreiheit erfüllt, wenn anläßlich einer universitären Veranstaltung der stimmkräftige X. den geladenen Redner Y. durch das nicht geplante Vorlesen eines fünf Minuten langen staatskritischen Manifestes am Beginn seines Referats hindert? Oder besteht für den staatstreu gesinnten Zuhörer Z., der im dichtbesetzten Hörsaal keine Möglichkeit sieht, ohne unerwünschtes Aufsehen den Raum zu verlassen, die Nötigung darin, daß er wider seinen Willen Zeuge werden muß von „polemischen Attacken gegen das Ungeheuer Staat" und gegen den lauten Beifall für die Brandrede des protestierenden X. sowohl stimmlich wie atmosphärisch am Gebrauch seiner Handlungsfreiheit gehindert wird? Man sieht, das ist ein weites Feld, und Juristen ist an interpretatorischen Grenzverschiebungen ins Uferlose einiges zuzutrauen, wie die Rechtspraxis lehrt.

Ein anderes Beispiel zur Illustration der politischen Entscheidungsmacht des Richters ist der Tatbestand des Landfriedensbruchs gemäß StGB Art. 260[167]. Nach geltender Rechtsprechung erfüllt das Tatbestandsmerkmal der „Zusammenrottung", wer sich anläßlich von Ausschreitungen im Zusammenhang mit einer Demonstration im Umkreis von 150 Metern vom „Herd" der Auseinandersetzungen — wo immer das sei — aufhält[168]. Mit dieser „Zirkeltheorie" schafft sich der Richter einen Entscheidungsspielraum, der den gesetzlichen Tatbestand bestenfalls noch als „Aufhänger" für seine eigene Normsetzung erscheinen läßt.

---

165 J. Esser: Grundsatz und Norm in der richterlichen Fortbildung des Privatrechts, 3. Aufl., Frankfurt/M. 1974, S. 150 f.

166 Vgl. dazu BGE 108 IV 165 und die eingehende Besprechung des Entscheides in dieser Arbeit, hinten Kap. 6 III.

167 Artikel 260 StGB Abs. 2 bestimmt:
„Wer an einer öffentlichen Zusammenrottung teilnimmt, bei der mit vereinten Kräften gegen Menschen oder Sachen Gewalttätigkeiten begangen werden, wird mit Gefängnis oder mit Buße bestraft."

168 Zur uferlosen Ausdehnung des Tatbestandes des Landfriedensbruchs durch Anwendung der sogenannten Zirkeltheorie vgl. P. Schneider: Unrecht für Ruhe und Ordnung, Zürich 1982, S. 103 f.

Nicht minder offensichtlich wird der Spielraum des Richters, wenn er generalklauselartige Verweisungsnormen wie etwa die „guten Sitten" zu konkretisieren hat oder über das Vorliegen eines „öffentlichen Ärgernisses" und dergleichen zu entscheiden berufen ist.

5.2.3. Richterrecht durch Lückenfüllung

Der Richter als Gesetzgeber i. e. S., der gemäß ZGB Art. 1 eigentliche Lücken des Gesetzes füllt, wird durch vorerwähnte Beispiele allerdings noch nicht erfaßt. Verschiedene Untersuchungen der schweizerischen Gerichtspraxis zur sogenannten richterlichen Rechtsfindung gemäß ZGB Art. 1 haben die Tendenz der Juristen, sich hinter dem Buchstaben des Gesetzes zu verbergen, deutlich zutage gefördert. Arthur Meier-Hayoz kam in seiner Studie vom „Richter als Gesetzgeber" zu dem Schluß, daß die Richter in der Praxis dazu tendieren, durch *Fiktionen* und *Konstruktionen* über die bestehende Lückenhaftigkeit des Gesetzestextes hinwegzutäuschen[169], um hinter der Fassade der Gesetzesgebundenheit ihren „Launen" zu frönen. Dieser Umstand hat etwa Rudolf Wassermann wiederholt zu einem Plädoyer für den *politischen Richter* bewogen, der seine politische Entscheidung als Wahl zwischen Entscheidungsalternativen offenlegt[170].

5.2.4. Konsequenzen aus der richterlichen Entscheidungsmacht

Der Richter als Gesetzgeber: Das ist tägliche Realität im Gerichtssaal, macht die richterliche Tätigkeit zur „politischen Aktion"[171] und führt unweigerlich zur Frage nach den Determinanten der richterlichen Rechtsfindung. Wassermann spricht von der „Multidimensionalität der richterlichen Urteilstätigkeit"[172], wobei im Zweifelsfalle jener Urteilsinhalt gewählt werde, der sich am leichtesten begründen lasse[173]. Neuere richtersoziologische Untersuchungen betonen besonders den „*Zeitgeist*" als bedeutenden entscheidungsbedingenden Faktor im Hintergrund der richterlichen Entscheidung[174]. Auch *machtorientierte Opportunität* scheint nicht selten als Lenker der richterlichen Entscheidung zu fungieren[175].

---

[169] Vgl. A. Meier-Hayoz (Anm. 152), S. 203-207.

[170] Wassermann (Anm. 146), S. 93.

[171] Wassermann (Anm. 146), S. 29; vgl. auch J. Esser: Vorverständnis und Methodenwahl in der Rechtsfindung, Frankfurt/M. 1972; R. Dreier: Verfassung und Ideologie, in: ders.: Recht — Moral — Ideologie, Frankfurt/M. 1981, Kap. 5.

[172] Wassermann (Anm. 144), S. 137.

[173] Wassermann: a.a.O., S. 142.

[174] Vgl. Heldrich/Schmidtchen (Anm. 157), S. 208; Wassermann (Anm. 144), S. 146.

[175] Vgl. Wassermann: a.a.O.

Insofern als der Richter an der Funktionsfähigkeit der rechtsstaatlichen Ordnung und ihrer Autorität interessiert ist, ja diese aufrechterhalten will und von ihr abhängt, ist *Akzeptanz* verständlicherweise auch für ihn und nicht nur für den formellen Gesetzgeber ein Faktor, den er beachtet. Die Rechtsprechung in der Schweiz ist allerdings als überaus stark traditionsorientiert und opportunistisch zu bezeichnen. „Avantgardistische" Entscheidungen, die gegen tradierte Ordnungsinhalte gefällt würden, sind selten. In der Richterschaft scheint auch heute noch jene Formel zumindest unbewußt wirksam, die Carl Schmitt schon vor über einem halben Jahrhundert zur Bestimmung der „richtigen richterlichen Entscheidung" aufstellte:

„Eine richterliche Entscheidung ist heute dann richtig, wenn anzunehmen ist, daß ein anderer Richter ebenso entschieden hätte. 'Ein anderer Richter' bedeutet hier der empirische Typus des modernen rechtsgelehrten Juristen"[176].

Zeitgeist und Opportunitätserwägungen als bestimmende Faktoren der politischen Entscheidungstätigkeit im Richterrecht; dies erhellt: Als Palladium der Gerechtigkeit ist der Richter ebensowenig anzusehen wie eine demokratische Mehrheitsentscheidung. Daran ändert nichts, daß das Bemühen um rationales Entscheiden, das Programm der objektiven Rechtsverwirklichung nach wie vor als berufliches Ideal des Richters gelten. Dieser Anspruch bildet vielmehr die Bezugsgröße für Ideologiekritik und Interessenanalyse[177].

5.3. Charakteristika einer politischen Justiz

Wie Otto Kirchheimer in seinem Standardwerk zur politischen Justiz[178] eingehend ausgeführt und belegt hat, wird die Justiz in spezifischer Weise zu einem Faktor politischer Macht, wo sich der Staat in seinen Grundfesten bedroht sieht. Gestützt auf Staatsschutzbestimmungen, die einer dehnbaren und tagespolitischen „Erfordernissen" genügenden Auslegung zugänglich sind[179], kann das Räderwerk der Justiz um politischer Ziele willen in Bewe-

---

[176] C. Schmitt: Gesetz und Urteil. Eine Untersuchung zum Problem der Rechtspraxis, 2. Aufl., München 1969, S. 71.

[177] Vgl. P. Noll: Gesetzgebungslehre, Reinbek 1973, S. 137 ff. Noll bezieht sich allerdings vornehmlich auf das Gesetzgebungsverfahren, worin weniger „ideologische Verschleierung" als Mittel zur „Durchsetzung von Interessen" eingesetzt würden, denn „Manipulation von Fakten, Pressionen, stillschweigende Absprachen, Bestechung und sonstige Machenschaften". Auch Noll betont aber die Anfälligkeit für ideologische Begründungen jener Teile und Delikte des Strafrechts, die uns hier besonders beschäftigen.

[178] Otto Kirchheimer: Politische Justiz. Verwendung juristischer Verfahrensmöglichkeiten zu politischen Zwecken, Neudruck Frankfurt/M. 1985.

[179] Kirchheimer: a.a.O., S. 71, 291; für die Staatsschutzbestimmungen im schweizerischen Strafrecht siehe die Artikel 265-278 StGB.

gung gesetzt werden. Insbesondere der Straf*prozeß* erhält hierbei eine propagandistische Funktion:

„Was (...) dem eigentlichen politischen Prozeß seine besondere Färbung und Intensität verleiht und seine besondere Problematik kennzeichnet, sind nicht die langfristigen politischen Folgen sozioökonomischer Machtkämpfe und nicht die indirekten politischen Auswirkungen der Festigung oder Schwächung persönlicher Machtpositionen, sondern die Tatsache, daß der Prozeß unmittelbar zu einem Faktor im Kampf um politische Macht wird"[180].

Die rechtliche Bekämpfung politischer Opposition, die im Zentrum der politischen Justiz i. e. S. steht, basiert meist nicht auf Größe oder Dringlichkeit des „Streitgegenstandes", sondern wird durch politisch-taktische Augenblicksbedürfnisse bestimmt[181].

Mit Blick auf die Schweiz ist man versucht, die Existenz einer politischen Justiz im beschriebenen Sinne zu verneinen, weil hier der Gerichtssaal selten zur Tribüne politischer Auseinandersetzung und demonstrativ-symbolischer Bekräftigung der staatlichen Autorität wird[182]. Wenngleich dem politischen *Prozeß* Seltenheitswert zukommt, wäre es aber kurzschlüssig, dem Thema der „Politischen Justiz" in der Schweiz jede Aktualität abzusprechen. Daß das politische Handeln oppositioneller Minderheiten zunehmend auch hierzulande gerichtlicher Überprüfung zugeführt wird und die Justiz staatliche Positionen gegenüber oppositionellen festigt[183], steht außer Zweifel[184]. Wer wollte beispielsweise bestreiten, daß die strafrechtliche Ahndung von gewaltfrei am Boden liegenden und den Zugang zu einer Waffenmesse bloß *be*hindernden Demonstranten aus *politischen* Gründen erfolgte? Hätte aus politischen und juristischen Opportunitätserwägungen nicht ebensogut auf eine Strafverfolgung verzichtet werden können[185]?

In der Tat ist bei den hier anvisierten Konfliktkonstellationen das gerichtliche Verfahren Hilfsmittel zur Erzielung einer von der Staatsmacht beabsichtigten psychologischen Wirkung, womit die zentrale Intention der „Poli-

---

180 Kirchheimer: a.a.O., S. 85.

181 Vgl. Kirchheimer: a.a.O., S. 239.

182 Die wenigen sogenannten Terroristenprozesse in der Schweiz während der letzten 2 Jahrzehnte wurden nur in begrenzter Weise zu politischen Demonstrationen der Staatsraison instrumentalisiert. Italien beispielsweise lieferte hier erheblich mehr Material („Mafia"-Prozesse, Brigate rosse, Rechtsextremismus).

183 So beschreibt auch Kirchheimer die „Funktionsweise der politischen Justiz" (siehe Kirchheimer (Anm. 178), S. 606).

184 Vgl. zum Gebaren der Zürcher Justiz anläßlich der achtziger Unruhen in Zürich P. Schneider (Anm. 168).

185 Zum Vorschlag, in Fällen politisch brisanter Fragen, die durch gewaltfreie Aktionen thematisiert werden, von der Einleitung von Strafverfahren abzusehen oder Einstellungsverfügungen zu erlassen, vgl. Günter Frankenberg: Ziviler Ungehorsam und rechtsstaatliche Demokratie, in: JZ 1984, insbes. S. 274.

tischen Justiz" erfüllt ist[186]. Nicht nur definiert das Gericht den Umfang der Meinungsäußerungsfreiheit aufgrund rein politischer Erwägungen, indem es — um bei unserem Beispiel zu bleiben — eine symbolisch bekräftigte Zugangsbehinderung zu einem Messegelände strafrechtlich als Nötigung qualifiziert. Die damit erfolgende Aussonderung bestimmter politischer Widerstandsformen zur strafrechtlichen Behandlung läßt sich darüber hinaus ohne große Mühe als ein kombiniertes Schulungs- und Einschüchterungsprogramm[187] der Staatsraison begreifen. Wo gewaltfrei demonstrierenden Pazifisten der Ausspruch „wer über uns geht, geht auch über Leichen" als nötigende Handlung ausgelegt wird, wo der Tatbestand des Landfriedensbruchs durch die bloße Präsenz im Umkreis von 150 Metern vom „Unruheherd" erfüllt wird, da wird die „Gerechtigkeit" der Staatsraison, in deren Namen die Justiz waltet, offensichtlich untergeordnet. Die Justiz macht sich damit zum Sprachrohr der politisch dominierenden Macht[188].

5.4. Richtermacht in der Gerichtsverhandlung

Die Beschreibung des Richterspruchs als Phänomen politischer Macht wäre unvollständig, würde nicht auf die prägende Wirkung des Richters im Gerichtsverfahren selbst, d. i. im Vorfeld des rechtskräftigen Machtwortes, hingewiesen.

Erinnern wir uns der eingangs gewählten Machtdefinition, wonach Macht als Chance angesehen wird, Ereignisverläufe steuern zu können, so erkennen wir leicht das Machtgefälle zwischen Richter und Angeklagtem. Auch im vom Richter dominierten Gerichtsverfahren lassen sich Macht*faktoren* bestimmen und eindeutig zuordnen. So kommt dem Gerichtsvorsitzenden kraft Prozeßrecht die formelle und materielle Prozeßleitung zu, d. h. die Bestimmung über den Ablauf des Verfahrens und insbesondere die Gesprächsführung im Verfahren: Der Richter „erteilt und entzieht das Wort, belehrt, stellt Fragen, vernimmt Angeklagte, Zeugen und gegebenenfalls auch Parteien und schließt die Verhandlung. Währung der Verhandlung kulminieren seine Machtbefugnisse in der Sitzungspolizei"[189].

Die Abhängigkeit des Angeklagten von der richterlichen Entscheidungsmacht legt sein Verhalten auf Gunsterwerb fest. Machttaktische Überlegungen fließen verständlicherweise in eine Strategie der Selbstverteidigung ein, um so mehr als der Richter bei der Urteilsfindung und Strafzumessung subjektive Tätermerkmale positivrechtlich zu berücksichtigen hat[190]. So be-

---

[186] Vgl. Kirchheimer (Anm. 178), S. 610.

[187] Vgl. Kirçhheimer: a.a.O., S. 616; P. Schneider (Anm. 168).

[188] So schon Kirchheimer: a.a.O., S. 623.

[189] Wassermann (Anm. 144), S. 191.

[190] Siehe insbesondere die Artikel 26, 63 und 64 des schweizerischen StGB.

trachtet, ist das richterliche Urteil nicht zuletzt Ausdruck taktischen Vermögens des Angeklagten.

Militärgerichtliche Verfahren gegen Militärdienstverweigerer, worin dem Angeklagten zugemutet wird, eine „ethisch oder religiös motivierte schwere Gewissensnot" nachzuweisen — wie in der Schweiz —, öffnen den Blick für die Bedeutung eines sogenannten *Professionalitätsvorsprungs*[191] und für die argumentationsleitende Gesprächsführungsmacht des Richters auf exemplarische Weise[192]. Ebenso offensichtlich wird die Bedeutung des *Verfahrenszeremoniells* im militärgerichtlichen Prozeß gegen Gewissenstäter. Die Ausleuchtung des Gewissens des Angeklagten findet ihren optischen Niederschlag in der schutzlosen Auslieferung des Angeklagten durch die Postierung in der Raummitte, womit er sich dem Richterkollegium als einem uniformierten Antagonisten gegenübersieht. Gleichzeitig personifiziert der uniformierte Kläger — in seinem Rücken postiert — als Repräsentant der Armee die Faust im Nacken. Die Uniform, die der Angeklagte aus naheliegenden Gründen entgegen der gesetzlichen Vorschrift (sofern er als Noch-Angehöriger der Armee vor Schranken steht) im Prozeß meist nicht trägt, wird zum einschüchternden Symbol militärischer Potenz. Machtlos fühlt sich der Verweigerer dem „Feind", d. h. der von ihm abgelehnten Institution ausgeliefert. Die Anfechtung der Militärjustiz als Sondergericht mit Richtern in eigener Sache[193] ist entsprechend plausibel, wird doch der Sondercharak-

[191] Zum Begriff im einzelnen vgl. Wassermann (Anm. 144), S. 192 f.

[192] Bei der Frage nach der Haltung des Militärdienstverweigerers zur „Gewaltlosigkeit" sind inquisitorische, zwangsläufig in Widersprüche verstrickende Frageketten nicht selten. Zum Beispiel: „Würden Sie ein Flugzeug abschießen, von dem Sie wissen, daß es seine Bombenlast über einer Stadt abwerfen wird? (Sehr häufig gestellte Frage!) Antworten wie: 'Ich habe keine Waffe' oder 'Ich verweigere den Kriegsdienst ja gerade, um nicht in eine solche Situation zu kommen', werden als 'Ausweichen' disqualifiziert. Geht der Ast [Antragsteller — so die Bezeichnung für den Zivildienstwilligen in der BRD — M. S.] auf die Frage ein, so läßt sich *sowohl das 'Ja' wie auch das 'Nein' gegen ihn verwerten* [Hervorhebung im Original]. Denn wie er die Frage auch beantwortet, er muß sich in jedem Falle dazu bekennen, am Tode von Menschen schuldig zu werden, entweder durch aktives Tun (Abschießen der Flugzeugbesatzung) oder durch Unterlassen (Tötung von Zivilpersonen durch den nichtverhinderten Bombenabwurf)" (Heinz Liepman (Hrsg.): Kriegsdienstverweigerung oder gilt noch das Grundgesetz?, Reinbek 1966, S. 52 f., weitere Beispiele ebendort).

Häufige Fragebeispiele aus der schweizerischen Gerichtspraxis finden sich in: ABC der Militärdienstverweigerung in der Schweiz, 3. Aufl., Basel 1985, S. 22.

[193] Bedenkt man die Tatsache, daß die Präsidenten der einzelnen Divisionsgerichte im Laufe ihres Werdegangs im militärischen Prozeß meist vorgängig als Kläger (Auditor) und damit explizite Parteivertreter auftraten, werden die Zweifel an der Unparteilichkeit besonders evident. Zur Frage der Unparteilichkeit schon kritisch Ernst Buob: Die Berechtigung der Militärgerichtsbarkeit im schweizerischen demokratischen Rechtsstaat, Diss. Zürich 1974, S. 60 ff. Siehe auch Stefan Trechsel: Gericht und Richter nach der EMRK, in: Gedächtnisschrift für Peter Noll, Zürich 1984,

ter dem Angeklagten eindeutig psychologisch vermittelt. Die Berechtigung der Kritik an der Militärjustiz wird nicht vermindert dadurch, daß sich Richter in die Lage des Angeklagten zu setzen vermeinen, indem sie sich fragen, ob sie unter gleichen Voraussetzungen wie dieser gehandelt hätten oder hätten handeln können. Angesichts der von der Sache her gegebenen tendenziellen Identifikation des Richters mit der Armee ist klar, daß derart *introspektive* Wahrnehmungsweisen des Richters[194] zu besonders fehlerhaften Folgerungen führen müssen, ja das Verständnis für den Angeklagten praktisch verunmöglichen:

„Der Bewußtseinszustand, der den Gegenstand der Untersuchung bildet, ist nämlich keineswegs der Zustand, den man in den vergangenen Stadien des eigenen geistigen Lebens durchgemacht hat. Und doch sucht man beides zu identifizieren, nur weil der Bezugspunkt ähnlich ist, ohne daß man bemerkte, wie sich mit dem Ablauf der Zeit im fließenden Bewußtseinsstrom alles radikal verändert hat und wie unmöglich es daher ist, daß der reproduzierte Bewußtseinszustand, ganz abgesehen von der so großen Verschiedenheit des 'psychischen Milieus', als Vorgang und in seiner Funktion, der damals gelebten Bewußtseinsverfassung identisch ist"[195].

Hinsichtlich der *militärgerichtlichen Gewissensprüfung* scheint das Postulat der „Vermenschlichung des Gerichtsverfahrens", das sich aus der Erkenntnis des Machtgefälles in der Gerichtsverhandlung ergibt, ohne Verwirklichungschancen. Im militärgerichtlichen Verfahren, das durch den weitgehend unmittelbar-sprachlich vom „Gewissenstäter" zu erbringenden Nachweis der „schweren Gewissensnot" ebenso gekennzeichnet wird wie durch die Symbolisierung der militärisch-richterlichen Suprematie, ist nicht zu sehen, wie eine „Vermenschlichung" durch Zurücknahme eben dieser Suprematie beziehungsweise durch die Stärkung der Stellung des Anwaltes als „Verstehensgaranten" (kompensatorische Funktion) zu bewerkstelligen wäre. Zu den Merkwürdigkeiten des Verweigererprozesses gehört zudem, daß der sprachlich wenig gewandte Angeklagte die *Erklärung* der schweren Gewissensnot gänzlich schuldig bleiben muß, während der selbstbewußt auftretende und seine Haltung rational erklärende Angeklagte am Nachweis der *schweren* Gewissens*not* vielfach mangels Leidensmiene scheitert[196].

S. 393 ff., insbes. 398 f. Bedauerlicherweise mochte sich die Europäische Menschenrechtskommission bisher nicht dazu durchringen, Klagen gegen die Militärjustiz wegen Verletzung der Unabhängigkeit, insbes. der Unparteilichkeit, im Sinne von Art. 6 Ziff. 1 EMRK zu behandeln.

[194] Grundlegend dazu E. Altavilla (Anm. 156), S. 398 ff.

[195] Altavilla: a.a.O., S. 398.

[196] Die Tendenz der Militärgerichte, das Gewissen als irrationale Wesenheit zu betrachten, steht im Gegensatz zu dem hier vertretenen funktionalen Gewissensverständnis. Indem ethisch-rationale Erwägungen als gewissensfremd klassifiziert werden, wird entweder negiert, daß das Gewissen die Funktion hat, die persönliche Identität zu wahren, oder daß die persönliche Identität auch — mehr oder weniger —

Dem Gebot der Menschlichkeit und der Rechtsgleichheit kann unter diesen Umständen wohl nur die Abschaffung dieser richterlichen Gewissensprüfung genügen. Daß sich Richtermacht durch eine „Vermenschlichung des Gerichtsverfahrens" immer bloß hemmen und nicht beseitigen läßt, ist freilich eine notwendige Konsequenz der der Richterrolle wesensgemäßen Funktion der Prozeßleitung.

5.5. Richter und politische Macht: kurze Zusammenfassung

Die Kompetenzen und Entscheidungsspielräume, die dem Richter im Gerichtsverfahren und bei der Urteilsfindung zustehen, haben ihn als Träger politischer Macht kenntlich gemacht. Im Rahmen der Gesetzesauslegung, die als rechts*konstruktiver* Vorgang beschrieben wurde, variiert der Entscheidungsspielraum in Abhängigkeit von der materialen Bedeutung der „Streitsache" und der Bestimmtheit der im Rechtssatz verwendeten sprachlichen Begriffe. Durch die zunehmende Verlagerung politischer Entscheidungen auf den Richter wird auch dieser zum politisch agierenden Gesetzgeber. Zum emphatischen Träger der politischen Macht wird er, wo die Einleitung und Durchführung von Gerichtsverfahren und das gefällte Urteil vorwiegend politischen Augenblicksbedürfnissen der jeweils dominierenden politischen Macht entsprechen und auf die Kontrolle oppositioneller Minderheiten abzielen. Schließlich ist es der Richterrolle eigen, die Gerichtsverhandlung weitgehend steuern und deren Ausgang antizipieren zu können.

III. Gerechtigkeit durch radikale Machtkritik

Parlamentarische Mehrheitsentscheidungen sind — ebenso wie direktdemokratische — *politische Machtäußerungen*. Auch die Anwendung von Rechtsnormen in der Verwaltungstätigkeit ist wie die richterliche Spruchtätigkeit immer mehr oder weniger eine politisch qualifizierte Sanktionierung einer bestimmten Entscheidungsalternative unter anderen möglichen. Indem im richterlichen Diktum politische Vorgaben des formellen Gesetzgebers mit eigenen subjektiv gefärbten Präferenzen verschmelzen, ist auch dieses in erster Linie als Phänomen der Macht zu charakterisieren.

Eine Betrachtung der Mehrheitsregel und der machtgefärbten Legalität hat Legitimationsschwächen der rechtsstaatlichen Demokratie sichtbar gemacht. Mehrheitsregel und staatliches Gewaltmonopol mit der Justiz als

---

von rationaler Reflexion gestaltet ist. Zu den Kriterien der „schweren Gewissensnot" gemäß Praxis des MKG vgl. Kurt Hauri: Kommentar zum Militärstrafgesetz, Bern 1983, Nrn. 64-81 zu MStGB Art. 81 Ziff. 2.

Instanz zur rechtskräftigen und verbindlichen Sanktionierung von Konflikten scheinen als politische Instrumente zur Regelung des gesellschaftlichen Zusammenlebens nicht mehr hinreichend. Zwar vermögen die Legitimationsschwächen angestammter Politikinstrumente noch keine ernsthafte Alternative zur rechtsstaatlichen Demokratie zu begründen. Diese erscheint nach wie vor als überzeugendste Gesamtheit von Spielregeln zur unblutigen Lösung von Konflikten. Die rechtsstaatliche Zivilisierung von Gewalt auf einem legal definierten Tummelplatz der Macht löst die Ansprüche einer um Gerechtigkeit bemühten Rechtsstaatsidee aber keineswegs ein. Namentlich degradiert eine undifferenziert angewandte Mehrheitsregel politische Minderheiten leicht zu bloßen Statisten eines demokratisch verbrämten Schauspiels der Mächtigeren. Ebenso verkommt die Justiz zu einem Werkzeug bloßer Macht, wo sie sich anschickt, expressiv manifestierten politischen Widerspruch gegen den Status quo eiligst durch repressive Sanktionen zu ersticken. Auch staatlich verhängte Berufsverbote gegen Akteure eines gemäßigt vorgetragenen Widerstandes im unzulänglichen Rechtsstaat sind keine demokratischen Gütezeichen, sondern Merkmale der *staatlichen* Bedrohung einer lebendigen Demokratie.

Insofern sich Mehrheitsentscheidungen als käuflich erweisen, in dem Maße wie der einzelne Bürger in der „Mehrheitsdemokratie" noch umfassender und nach Maßgabe seiner Betroffenheit an politischen Entscheidungen beteiligt werden kann und schließlich dort, wo sich eine politische Mehrheit den Zugriff auf Kernbereiche der Persönlichkeitssphäre erlaubt, erscheint politischer Widerstand in der Demokratie auch jenseits institutionalisierter Politikformen zumindest moralisch gerechtfertigt.

Soll „Gerechtigkeit" auch nur annäherungsweise verwirklicht werden, so ist der Stachel radikaler, d. i. am Citoyenideal orientierter Machtkritik unentbehrlich. Wo dieser in Form zivilen Ungehorsams sichtbar wird, mithin als öffentlich manifestierte, politisch-moralisch motivierte, begrenzte Regelverletzung, ist er ein machtkritisches Phänomen der reifen demokratischen Kultur. Allfällige strafrechtliche Reaktionen werden in einem entsprechend kultivierten Rechtsstaat mit spezifischer Problemsicht und selbstkritisch erfolgen. Dies verbietet, machtkritische Anfechtungen von Entscheidungen — seien sie auch rechtskräftig — durch den bloßen Hinweis auf verfahrensmäßige („Prima facie"-)Legitimität abzuweisen. Die Erkenntnis, daß weder das gesetzgeberische Entscheidungsprozedere noch die Gerichtsverhandlung je als herrschaftsfreie Diskurse angesehen werden können[197], verleiht dem Legitimitätsanspruch radikaler Machtkritik zusätzliche Plausibilität.

[197] Zur Unmöglichkeit des herrschaftsfreien Diskurses aufgrund bestimmter Entscheidungssituationen vgl. Wassermann (Anm. 144), S. 196 f. (und dort Zitierte, insbesondere Habermas).

Nur durch die Bereitschaft zur offenen Kommunikation über das, was zu einem bestimmten Zeitpunkt als rechtens erklärt worden ist, werden staatliche Institutionen zu durchlässigen Machtgebilden, die einer zukunftsoffenen Gesellschaft entsprechen. Daß der Presse und den elektronischen Medien bei der Einlösung dieses Kommunikationsanspruchs eine demokratische Funktion ersten Ranges zukommt, bedarf hier keiner weiteren Erläuterung. Kritisch mag lediglich vermerkt werden, daß diese Kommunikationsträger die erwähnte Funktion bisher unzureichend erfüllt haben, insofern, als sie den institutionell schlecht repräsentierten und dadurch zur Machtkritik besonders legitimierten Minderheiten im allgemeinen zu wenig Aufmerksamkeit schenken[198].

Der auf Konsensbereitschaft oder zumindest ein beachtliches Maß an Anerkennung angewiesene demokratische Rechtsstaat wird nicht zuletzt zur Erhaltung seiner Verwirklichungsbedingungen einen lernbereiten Kommunikationsstil seiner Institutionen mit der Öffentlichkeit anstreben. Dies hieße, die Bereitschaft zur Selbstkritik in politische Auseinandersetzungen einzubringen, statt an ihrer Stelle Polizei aufmarschieren zu lassen.

Norberto Bobbio hat die Meinung vertreten, daß die „Regierung der Gesetze" in der Demokratie ihren eigentlichen Triumph zelebriere[199]. Soll damit aber nicht der Triumphmarsch von Rechtspositivisten, die die Legitimität der Gesetze ideologisch mißbrauchen, gemeint sein, muß Machtkritik „von unten" als Quelle von Gerechtigkeit veränderungswillig angenommen werden. Gesetze wären da, wiewohl machtbegründend, dem kritischen Blick gerechtigkeitsorientierter Gesellschaftsgestaltung ausgesetzt und insofern menschlich zu beleben oder zu wandeln.

Mit Blick auf Formen zivilen Ungehorsams in der BRD im Zusammenhang mit dem Nato-Nachrüstungsbeschluß hat Heinz Zielinski die Forderung aufgestellt, daß das Land *neue Demokraten* brauche[200], um der Demokratie nicht in der Zukunft verlustig zu gehen. Daß sich der Verfasser diesem Postulat in bezug auf die Schweiz anschließt, mögen die bisherigen Ausführungen gezeigt haben. Neu sind die hier gefragten Demokraten insofern, als

---

[198] Diese Einschätzung bestätigt unter Berücksichtigung empirischen Materials G. Schmidtchen (in Zusammenarbeit mit H.-M. Ühlinger): Jugend und Staat. Übergänge von der Bürger-Aktivität zur Illegalität. Eine empirische Untersuchung zur Sozialpsychologie der Demokratie, in: U. Matz/G. Schmidtchen: Gewalt und Legitimität, Opladen 1983, insbes. S. 261. Ähnlich R. Grossenbacher: Die Medienmacher. Eine empirische Untersuchung zur Beziehung zwischen Public Relations und Medien in der Schweiz, Solothurn 1986.

[199] Norberto Bobbio: Governo degli uomini o governo delle leggi?, in: ders. (Anm. 38), S. 170.

[200] H. Zielinski: Freiheit und soziale Gerechtigkeit. Zur Ethik der Herrschaft des Volkes, in: F. Neumann (Hrsg.): Politische Ethik, Baden-Baden 1985, S. 126.

sie einer radikalen Machtkritik „von unten" nicht mit Scheuklappen oder arroganter Selbstgerechtigkeit begegnen, sondern mit der Offenheit radikaler Demokraten. Da je gegebene Herrschaftsstrukturen zur Erstarrung neigen, sind aus ihrer Sicht Politikformen weitgehend gewaltfreien Widerstands die unentbehrliche Hebamme einer lebendigen Demokratie.

So würde „Gerechtigkeit" in der politischen Auseinandersetzung materialisiert und wäre dann nicht mehr ein abstrakter, statischer Ort, sondern vor allem ein konkreter Prozeß, der als Weg zum Ziel wird. Macht würde dabei in dem Maße zum Gegenbegriff von Gewalt, wie sie sich aus kommunikativ erzeugten Überzeugungen bildete. Indem Macht aus Verständigung resultierte und diese gleichzeitig zu ihrem Selbstzweck würde, qualifizierte sich schließlich auch sie moralisch[201]. Somit wäre auch die „Macht im Recht" nicht mehr der unversöhnliche Feind der „Gerechtigkeit im Recht".

Kapitel 3

Erscheinungsweisen und Bedingungsfaktoren sozialen Wandels: Einige Hypothesen

Die bisherigen Ausführungen galten dem Recht als Phänomen der Macht. Ob die Tätigkeit der Rechtsetzung beschrieben oder ob rechtsanwendende Instanzen am Werk gesehen wurden: immer standen wir Erscheinungen politischer Macht gegenüber.

In der Folge wenden wir uns Anfechtungen dieser politischen Macht durch nonkonformistisches Verhalten zu. Vor allem interessiert uns die Frage, wieweit derartige soziale Konflikte als Triebfeder sozialen Wandels angesehen werden können. Maßgeblich ist dabei, wie sich nonkonformistisches Verhalten als politische Gegenmacht Geltung zu schaffen vermag. Den rechtlichen Reaktionsweisen der Staatsmacht auf nonkonformistisches Verhalten — von verschiedenen Formen richterlicher Bestätigung oder Flexibilisierung des Rechts bis zur Änderung von Rechtsnormen im Gesetzgebungsverfahren — schenken wir als Indikator sozialen Wandels besondere Aufmerksamkeit.

[201] Dieser normative Machtbegriff entspricht — wenn ich richtig sehe — dem von Hannah Arendt entwickelten Verständnis der Macht. Dieser geht von der Möglichkeit aus, daß die an einem politischen Konflikt Beteiligten sich vor allem an *Verständigung* orientierten und nicht (nur) am jeweils eigenen Erfolg (siehe H. Arendt: Macht und Gewalt, München 1970; H. Arendt: Über die Revolution, München 1965; vgl. auch die informative Auseinandersetzung mit Arendts Begriff der Macht bei J. Habermas: Philosophisch-politische Profile, Zürich 1985, S. 228-248).

Bevor wir die Beziehung zwischen Nonkonformismus und sozialem Wandel näher betrachten können, ist das Phänomen sozialen Wandels nochmals kurz als philosophisches Problem zu formulieren und begrifflich zu bestimmen.

I. Das Problem sozialen Wandels

Wurde eingangs dieser Arbeit die „Konflikttheorie" nach der Anerkennung der Allgegenwart von Konflikten in der Gesellschaft ohne große Umschweife zum Erklärungsansatz und Kritikinstrument gesellschaftlicher Konfliktlagen ernannt, sind jetzt Konfliktursachen und der aus Konflikten resultierende soziale Wandel etwas genauer unter die Lupe zu nehmen. Die Berufung auf die Gesellschaftsimmanenz von Konflikt, Bewegung und Veränderung mag als polemische Abgrenzung von einer nahezu krankhaft statischen Weltsicht ausreichen. Daß etwas geht, sagt aber noch nichts aus, über dessen Motive zu gehen sowie über Gangart und Richtung der Reise. Die Aussage, daß sozialer Wandel sei, verlangt darum nach klärender Differenzierung. Den Wandel als Konstante in der geschichtlichen Gesellschaft zu erkennen, heißt nicht, ihn zu entproblematisieren, wozu Dahrendorf tendiert[1]. Der Begriff des Wandels ist auch in kritischer Distanz zu einem linearen „zeitfetischistischen Fortschrittsgedanken"[2], wonach Bewegung in der Zeit per se ein Voranschreiten zum Besseren wäre, zu sehen. Die menschliche Geschichte, die sich nicht zuletzt als Kriegskultur beschreiben läßt[3], insbesondere unser Jahrhundert mit Weltkriegen, Auschwitz, der Entdeckung der Atomkraft, mit wachsendem Wohlstand in der westlichen Welt und mit Hungersnot und Umweltzerstörung und neuerdings mit dem Einstieg ins Computerzeitalter offenbart die enorme Ambivalenz des Wandels. Das „nasse neben dem heiteren Auge", das Bloch bei der „gesellschaftlichen Reifung" bemerkt hatte, ist immer offensichtlicher. Kennzeichnend nicht nur für „das ganze aufsteigende kapitalistische Wesen", sondern für die Geschichte aller modernen Industriegesellschaften ist ihr „*düster*-progressiver" Charakter[4]. Skeptischer noch sieht Adorno „die Idee hinausführenden Fort-

[1] Vgl. R. Dahrendorf: Gesellschaft und Freiheit, München 1961, S. 127. Aufschlußreich in diesem Zusammenhang ist auch die kritische Auseinandersetzung mit Dahrendorfs „Konflikttheorie" bei Michael J. Seifert: Sozialer Konflikt. Eine Analyse der Entstehungsbedingungen politischer Bewegungen, Frankfurt/M. 1978, insbes. S. 31 ff.; ebenso Th. W. Adorno/U. Jaerisch: Anmerkungen zum sozialen Konflikt heute, in: H. Maus (Hrsg.): Gesellschaft, Recht und Politik, Neuwied/Berlin 1968, S. 1-49, insbes. S. 3.

[2] E. Bloch: Differenzierungen im Begriff Fortschritt, in: Bd. 13 GA, Frankfurt/M. 1977, S. 120.

[3] Vgl. E. Krippendorff: Staat und Krieg. Die historische Logik politischer Unvernunft, Frankfurt/M. 1985.

[4] Bloch (Anm. 2), S. 118 f.

schritts (...) blockiert", weil „die subjektiven Momente der Spontaneität im geschichtlichen Prozeß zu verkümmern beginnen"[5], und Marcuse hält gar „die Unterbindung sozialen Wandels" für die „vielleicht hervorstechendste Leistung der fortgeschrittenen Industriegesellschaft"[6]. Sozialen Wandel setzt er dabei gleich mit *qualitativer* Veränderung, ohne diese konsistent umschreiben zu können.

Die Bestimmung der Qualität von Wandel bleibt Gegenstand eines philosophisch-politischen Diskurses, wobei „die geplante Nutzung der Ressourcen zur Befriedigung der Lebensbedürfnisse bei einem Minimum an harter Arbeit [wobei dieses Minimum nicht auf die westliche Welt der Industrieländer beschränkt sein darf — M. S.], die Umwandlung der Freizeit in freie Zeit, die Befriedung des Kampfes ums Dasein"[7] oder „*echte* Zukunft" mit „Heimat" ohne Entfremdung in realer Demokratie[8] auf utopische Horizonte humanen Wandels verweisen.

Ist Gesellschaft „eher ein Tun als ein Sein" und insofern eine „dynamische Kategorie"[9] und ist die Idee der Demokratie mit einer Gesellschaft mündiger Bürger emphatisch als zukunftsoffene und damit dynamische Staatsform anerkannt[10], bekommt die Frage nach der Qualität sozialen Wandels ein besonderes Erkenntnisinteresse. Der Diskurs dieser Wertfrage setzt allerdings die Wahrnehmung sozialen Wandels voraus. Dies heißt, nach Kennzeichen, insbesondere Erscheinungsweisen und Bedingungsfaktoren desselben zu fragen.

1. Kennzeichen sozialen Wandels

In der soziologischen Literatur sucht man vergeblich nach einer eindeutigen Klärung der Kategorie des sozialen Wandels[11]. Der Begriff verweist — soweit scheint man sich einig zu sein — auf Veränderungen der geschichtlichen Wirklichkeit von Gesellschaften und deutet an, daß sich das Verhältnis zwischen sozialen Gruppen wandelt.

---

[5] Th. W. Adorno: Stichworte. Kritische Modelle 2, Frankfurt/M. 1969, S. 43.

[6] H. Marcuse: Der eindimensionale Mensch. Studien zur Ideologie der fortgeschrittenen Industriegesellschaft, Darmstadt und Neuwied 1967, S. 14.

[7] Marcuse: a.a.O., S. 263.

[8] Bloch: Das Prinzip Hoffnung, Bd. 3, Frankfurt/M. 1979, S. 1628.

[9] Adorno: Bemerkungen über Dynamik und Statik in der Gesellschaft, in: KZfSS 8 (1956), S. 324.

[10] Vgl. etwa M. Hättich: Das kontroverse Demokratieverständnis, in: Th. Hanf/M. Hättich u. a.: Sozialer Wandel 2, Frankfurt/M. 1975, S. 182-194, insbes. S. 187 ff.

[11] Vgl. zur Unschärfe des Begriffs etwa J. Wege: Positives Recht und sozialer Wandel im demokratischen und sozialen Rechtsstaat, Berlin 1977. insbes. S. 57-67 und dort Zitierte.

1.1. „Modeströmung" oder Symptom sozialen Wandels?

Will man nicht jede gesellschaftliche Bewegung im Lebensfluß als sozialen Wandel verstehen, sieht man sich der schwierigen Aufgabe gegenüber, bloß kurzfristige gesellschaftliche Erscheinungen, gewissermaßen „Modeströmungen", von langfristigen, tiefgreifenden Entwicklungen und Tendenzen zu unterscheiden. Da einzelne und punktuelle Veränderungserscheinungen Symptome eines tiefgreifenden, effektiven Wandels sein können, ist dies aber ein schier aussichtsloses Unterfangen. Wann kündet z. B. eine Erscheinung die Ankunft von etwas Neuem an, wann ist sie als bloß vorübergehende Infragestellung tradierter Ordnungsinhalte anzusehen? Eine generelle Beantwortung dieser Frage scheint unmöglich, käme jedenfalls der Entdeckung einer bisher vergeblich gesuchten konsistenten Theorie des sozialen Wandels[12] gleich. Immerhin mag eine Betrachtung von sozialem Wandel im geschichtlichen Rückblick empfindliche Stellen auf dem Wege des Wandels zutage fördern. Ihre genauere Beobachtung liefert vielleicht Kriterien zur Beurteilung der Chancen von Wandel.

Auch in historischer Perspektive stößt ein Erklärungsversuch sozialen Wandels aber auf Grenzen, wenn etwa versucht werden sollte, sozialen Wandel bzw. dessen feststellbare Symptome auf eine eindeutige Ursache zurückzuführen. Dies um so mehr, als zwischen „Ursachen" und „Wirkungen" meist komplexe Wechselwirkungen bestehen dürften. Deshalb scheint die Vorstellung wechselwirkender Faktoren des Wandels der Komplexität gesellschaftlicher Geschichte auch angemessener als monokausale Erklärungsversuche[13].

1.2. Sozialer Wandel im Sog technischer Entwicklungen

Natürlich können in den Einbrüchen der Technik in den gesellschaftlichen Fluß, vom Beginn der Industrialisierung über die Nutzung der Dampfkraft, der Entdeckung der Atomkraft bis zur gegenwärtigen „mikroelektronischen Revolution", grundlegende Faktoren sozialen Wandels gesehen werden. Ohne Huldigungen an die marxistische Theorie kann festgestellt werden, daß eine drastische Zunahme der Güterproduktion die Erhöhung der gesellschaftlichen Mobilität, Energiewachstum und atomare Bedrohung sowie die Computerisierung vieler Arbeitsprozesse die gesamte Lebensgestaltung der Menschen nachhaltig geprägt und verändert haben. Auch der *technische* Wandel führt aber erst über zusätzliche gesellschaftliche Durchgangsstellen und Vermittlungen zu *sozialem* Wandel.

[12] Ebd.

[13] Ebenso Wege: a.a.O., S. 65, wo er für einen „multifaktoriellen Ansatz" plädiert.

1.3. Mikroprozesse sozialen Wandels

Die in den modernen Industriegesellschaften zu beobachtende Entwicklung von der Großfamilie zur Kleinfamilie und das Aufkommen der „Liebesehe", die sich wirtschaftlicher Hindernisse entledigt hat[14], kann wohl mit der beginnenden Industriegesellschaft und der damit verbundenen zunehmenden gesellschaftlichen Mobilität in Verbindung gebracht werden. Ebenso läßt sich z. B. ein wachsendes militärkritisches Potential in der Schweiz nach der Mitte dieses Jahrhunderts vor dem Hintergrund waffentechnologischer Entwicklungen verstehen. Mikroprozesse des Wandels in diesen gesellschaftlichen Bereichen werden aber durch einen bloßen Hinweis auf den wirtschaftlichen oder technologischen Hintergrund nicht erfaßt. Hierfür ist eine nähere Betrachtung der Mechanismen des Wandels im Einzelfall erforderlich, vorausgesetzt, solche Mechanismen lassen sich im komplexen Geflecht gesellschaftlicher Verhältnisse überhaupt eruieren. Wer z. B. erklären oder auch nur anschaulich beschreiben will, wie aus dem einst verpönten, strafrechtlich verbotenen Konkubinat eine legale und durchaus verbreitete Form intimer Lebensbeziehung werden konnte, wird sich einer eigentlichen Geschichte des Konkubinats zuwenden. Sie wird vor allem unter Berücksichtigung von sich verändernden staatlichen und gesellschaftlichen Reaktionen auf die Normverletzung zu schreiben sein. Im Vordergrund steht dabei die Frage, inwieweit die Mißachtung des Konkubinatsverbots sowohl Ausdruck sich wandelnder Vorstellungen über Sexualität, Liebe und Familie ist als auch selbst Faktor des Wandels, indem bloßen Vorstellungen handelnd zum Durchbruch verholfen wird. In gleicher Weise wird etwa auch die Entwicklung der Militärdienstverweigerung in der Schweiz sowohl als Ausdruck wie als stimulierender Faktor eines kämpferischen und um Respekt ringenden Pazifismus unter der Herrschaft eines „weltumspannenden Irrenhauses" (Fromm) zu gewichten sein. Dabei wird sich zeigen, wie weit die These eines den Wandel begünstigenden Rechtsbruchs empirisch fundiert werden kann.

2. *Änderungen in der Rechtswirklichkeit als Indikatoren sozialen Wandels*

Zur Diagnose gesellschaftlicher Entwicklungstendenzen kann die Betrachtung des sich wandelnden Rechtslebens wertvolle Daten liefern. Dies wird verständlich, wenn wir uns das Recht insbesondere als Reflex von Machtverhältnissen oder als Phänomen politischer Macht vergegenwärtigen.

---

[14] Vgl. etwa Th. Hanf: Der Mensch im Brennpunkt gesellschaftlichen Wandels. Am Beispiel Familie, in: Hanf/Hättich (Anm. 10), S. 10-33.

Die wachsende Verletzung von Rechtsnormen und ein allmählicher Sanktionsverzicht durch die hierfür zuständigen Instanzen oder eine Rechtsänderung durch den formellen Gesetzgeber wollen wir als bedeutsame Indikatoren sozialen Wandels ansehen und beschreiben. Wenn beispielsweise einst weitgehend anerkannte Rechtsnormen oder Normenkomplexe über eine gewisse Dauer hinweg zunehmend verletzt oder angefochten werden, so liegt die Vermutung nahe, daß sich im Sozialleben politisch relevanter Widerspruch gegen ein tradiertes Ordnungselement bemerkbar macht. Den beharrenden Kräften des institutionell verankerten Rechts stehen Einstellungsänderungen in der Gesellschaft gegenüber, die sich derart in Verhaltensänderungen manifestieren, daß von einem offenen sozialen Konflikt gesprochen werden kann. Vom sozialen Wandel als Ergebnis des Konfliktes[15] ist in der Folge in rechtssoziologischer Optik dann zu sprechen, wenn die angefochtenen Normen faktisch nicht mehr angewandt werden oder beseitigt worden sind oder — wo die Normverletzung als indirekte auf die Änderung anderer Normenkomplexe, insbesondere auf alternative politische Optionen abzielte — neue politische Weichenstellungen registriert werden können.

Letztlich schlägt sich sozialer Wandel demnach in konkreten politischen Folgen nieder. Diese sind gleichsam die sichtbaren Produkte an der Oberfläche der gesellschaftlichen Humusschicht. Als politisch relevante Lebensregungen in dieser Humusschicht können signifikante Anfechtungen von Rechtsnormen und politischen Optionen beobachtet werden. Zu fragen ist, wie diese zum „Sprießen neuer Früchte" beizutragen vermögen, mit anderen Worten: auf welchen Wegen und wie weit sich Widerstand gegen überkommene Ordnungsinhalte institutionell niederschlägt. Noch konkreter lautet die Frage: Wie kann sich nicht-institutionalisierte Opposition in den Zentren der politischen Macht, insbesondere im Verfahren der Gesetzgebung und in der Rechtsprechung Geltung verschaffen?

II. Zugangswege zur Gesetzgebung und Bestimmungskräfte im politischen Prozeß

In der pluralistischen Großgesellschaft gibt es bekanntlich viele Lebensbereiche, die von einer oder mehreren sozialen Gruppen oder Kategorien als problemhaltig wahrgenommen werden. Soziale Probleme werfen Fragen auf,

[15] Vgl. hierzu Wege (Anm. 11), S. 102 ff.; L. Coser: Theorie sozialer Konflikte, Neuwied 1972, insbes. S. 181; zur Intensivierung des Konflikts durch Normverletzungen vgl. B. v. A. Röling: Die Rolle des Rechts bei der Konfliktlösung, in: A. de Renck u. a. (Hrsg.): Weil wir alle überleben wollen. Der Mensch zwischen Aggression und Versöhnung, München 1970, insbes. S. 313.

die nach politischen Antworten, d. i. politischen Problemlösungen verlangen.

Die Einrichtung einer Mutterschaftsversicherung, die Herabsetzung des Schutzalters und damit frühzeitigere Legalisierung der sexuellen Beziehung unter Jugendlichen, die Abschaffung jeglicher rechtlicher Diskriminierung der Homosexualität, die Einführung eines Zivildienstes für Militärdienstverweigerer, das Verbot der Vivisektion, die Verwirklichung von Kündigungsschutz und Mitbestimmung für Arbeitnehmer, die staatliche Förderung des öffentlichen Verkehrs und die Förderung umweltfreundlicher Energiequellen etc. — dies alles sind gesellschaftliche Postulate an politische Entscheidungsinstanzen, insbesondere den „Gesetzgeber". Obwohl damit nur ein Ausschnitt aus der gesellschaftlichen Themenvielfalt von der Familie, über die Sexualität, das Verhältnis Bürgerfreiheit—Staatssicherheit, Mensch—Tier, von der Arbeitswelt bis zum Verkehr und der Energieversorgung bezeichnet ist, läßt sich ein dissonantes Stimmenkonzert vernehmen, wo bei einer Vielzahl von Sängern jeder seine eigene Partitur hat. Der „Gesetzgeber" wird nicht allen gleichzeitig dieselbe Aufmerksamkeit zuwenden können: Die Setzung von Behandlungsprioritäten ist unausweichlich. Das Gesetzgebungsverfahren liefert hierfür jedoch weder Kriterien, noch kann es garantieren, daß etwa die sozialethisch oder politisch wichtigeren Probleme prioritär behandelt werden[16]. Organisations- und Konfliktfähigkeit[17] der jeweils betroffenen Interessen sind von entscheidenderer Bedeutung als der ethische Gehalt des jeweiligen Postulates[18]. Ein Blick auf Mechanismen am Anfang eines politischen Entscheidungprozesses soll dies noch verdeutlichen.

1. *Das Erfordernis des Problemimpulses*

Ein gesellschaftliches Problem in den politischen Entscheidungsprozeß einbringen heißt, die gesetzgeberisch wirkenden Gremien zu veranlassen, normativ tätig zu werden. Alle Gründe, die zu einer solchen Aktivität Anlaß geben können, verstehen wir als *Problemimpulse*[19]. Der Problemimpuls steht am Anfang jedes politischen Prozesses und leitet deren *Initiationsphase*[20]

[16] Vgl. P. Noll: Gesetzgebungslehre, Reinbek 1973, S. 74.

[17] Zur Definition dieser Termini vgl. C. Offe: Politische Herrschaft und Klassenstrukturen. Zur Analyse spätkapitalistischer Gesellschaftssysteme, in: G. Kress/D. Senghaas: Politikwissenschaft. Eine Einführung in ihre Probleme, Frankfurt/M. 1969, insbes. S. 167 ff.

[18] Vgl. vorn die Ausführungen über die Interessenvertretung bei der parlamentarischen Gesetzgebung in Kap. 2 II 2.

[19] Vgl. hierzu Noll (Anm. 16), S. 72.

[20] Vgl. Hp. Kriesi: Entscheidungsstrukturen und Entscheidungsprozesse in der

ein. Zur Vermittlung von Problemimpulsen stehen in der Schweiz die folgenden institutionalisierten Kanäle zur Verfügung[21]:

— Die *Volksinitiative* zur Totalrevision oder Teilrevision der Bundesverfassung
— Das *Petitionsrecht* als verfassungsmäßig verankertes, unverbindliches Mitteilungsrecht
— Die *Standesinitiative* als Instrument kantonaler Meinungsäußerungen
— Die *Gesetzes- und Beschlußvorschläge des Bundesrates* an das Parlament
— Die *parlamentarische Initiative*
— Die *parlamentarische Motion* als verpflichtender Auftrag an den Bundesrat, einen Gesetzes- oder Beschlußentwurf vorzulegen
— Das *parlamentarische Postulat* als Einladung an den Bundesrat zur Prüfung eines Gesetzes- oder Beschlußentwurfes

Neben diesen institutionalisierten Kanälen zur Vermittlung von Problemimpulsen stehen nicht-institutionalisierte Formen, insbesondere *Bürgerinitiativen, Demonstrationen, gewaltfreie Aktionen*, deren Bedeutungszuwachs bereits aus den bisherigen Ausführungen ersichtlich geworden ist. Über die institutionalisierten Kanäle wird lediglich die Volksinitiative ohne eigene Vermittlungsbereitschaft der gesetzgebenden Instanzen zum politischen Geschäft. Ihre Funktionsweise ist ebenso gesondert zu behandeln wie die nicht-institutionalisierten Formen der Vermittlung von Problemimpulsen. Hier wie dort manifestiert sich ein besonderes Kritikpotential gegenüber den politischen Institutionen und deren Wirkungsweisen, die wir mit Blick auf die politische Initiationsphase nachfolgend kurz erläutern wollen.

2. *Problemselektion und Nicht-Entscheidung*

Das *Petitionsrecht* ist praktisch von derart geringer Bedeutung, daß es als Instrument zur Vermittlung von Problemimpulsen abzuschreiben ist[22]. Daran ändert auch die Tatsache nichts, daß nach der Praxis der Bundesversammlung jede Petition „behandelt" wird[23]. Der Charakter des Petitionsrechts ist so unverbindlich wie die Behandlung der Petition oberflächlich.

Schweizer Politik, Frankfurt/M. 1980, S. 106.

[21] Die Aufzählung erfolgt in Anlehnung an Kriesi: a.a.O., S. 107, wobei das Petitionsrecht hier den institutionalisierten Kanälen zur Vermittlung von Problemimpulsen zugerechnet wird.

[22] Ebenso Noll (Anm. 16), S. 75.

[23] Siehe U. Häfelin/W. Haller: Schweizerisches Bundesstaatsrecht. Ein Grundriß, Zürich 1984, Nrn. 1619-1624.

Auch die *Standesinitiative* ist in der bisherigen Geschichte des schweizerischen Bundesstaates kaum wirksam geworden, obwohl sie häufig benutzt wird[24]. Als Ausdruck spezifisch-regionaler Betroffenheit durch umweltbelastende Großprojekte könnte sie allerdings an Bedeutung gewinnen, insbesondere wo sie durch Impulse auf anderen Kanälen verstärkt wird[25]. Aber auch die Standesinitiative ist als Antrag an die Bundesversammlung gänzlich von der Aufnahmebereitschaft durch die Bundesversammlung abhängig, da diese über ihr „Schicksal" frei befindet.

Die *Gesetzes- und Beschlußvorschläge des Bundesrates* sind zum Ausgangspunkt vieler Problemimpulse geworden[26]. Zählt man zum Problemimpuls die gesetzgeberisch maßgebende *materielle Gesetzesvorbereitung* der Verwaltung[27] hinzu, so zeigt sich gar eine eindeutige Dominanz der Verwaltung im Gesetzgebungsverfahren. Der Machtgewinn von Regierung und Verwaltung gegenüber dem Parlament ist ein Phänomen, das in allen modernen Industriegesellschaften zu beobachten ist. Der Professionalitätsvorsprung von Regierung und Verwaltung[28] dürfte im schweizerischen Milizsystem allerdings besonders ins Gewicht fallen. Insofern als verbindliche Rechtsetzungsprogramme[29] nach wie vor mehr Postulat denn Realität sind, entbehrt deren politische Aktivität aber weitgehend der *rechtsstaatlichen* Legitimation[30]. Noch weniger ist hier eine seismographischue Sensibilität gegenüber basisdemokratischen Regungen festzustellen, was besonders im Zusammenhang mit der Behandlung der Militärdienstverweigererfrage im

---

24 Häfelin/Haller: a.a.O., Nrn. 179-181.

25 Bedeutendes Beispiel hierfür sind die Standesinitiativen der beiden Basel gegen den Bau weiterer Kernkraftwerke. Aus diesen Kantonen hat sich in der bisherigen Auseinandersetzung gegen die Atomenergie ein bedeutendes Protestpotential mobilisiert. Insbesondere ist hier an die gewaltfreie Besetzung des Bauplatzes des geplanten AKW Kaiseraugst zu denken. Erwähnenswert ist auch die Stellungnahme der Berner Regierung gegen das geplante AKW Graben, wo der Protest ebenfalls seit Jahren von Bürgerinitiativen getragen wird.

26 Vgl. A. Riklin: Schweizerischer Parlamentarismus im internationalen Vergleich, St. Gallen 1976; ähnlich U. Klöti: Politikformulierung, in: Handbuch Politisches System der Schweiz 2. Strukturen und Prozesse, Bern 1984, S. 313-339.

27 Siehe K. Eichenberger: Gesetzgebung im Rechtsstaat, in: VVDStRL 40, S. 8-39, insbes. S. 29 ff.

28 Zu denken ist hier vor allem an die Sachkompetenz, die Möglichkeiten zur Wahrnehmung von Regelungsnotwendigkeiten und die personelle Dotierung (Eichenberger: a.a.O.).

29 Noll (Anm. 16), S. 74 f.

30 Die Geeignetheit von Regierung und Verwaltung zur Wahrnehmung rechtsstaatlich qualifizierter Rechtsetzungsaufgaben wird m.E. von Eichenberger zu wenig skeptisch beurteilt (Eichenberger (Anm. 27), S. 30 f.). Zur Diagnose und Kritik einer gewaltigen Dominanz der Verwaltung vgl. M. Jänicke: Staatsversagen. Die Ohnmacht der Politik in der Industriegesellschaft, München 1986, S. 24-27 und 38-49.

Laufe dieser Arbeit noch belegt werden soll. Unser Thema würde freilich hinfällig, wenn die institutionalisierten Machtträger Minderheitenanliegen mit Vorliebe und Sachkenntnis in den Gesetzgebungsprozeß einbrächten. Unser Ausgangspunkt und unsere bisher illustrierte These ist ja gerade die einer repressiven Blindheit der Institutionen gegenüber den weniger organisations- oder konfliktfähigen Interessen.

Es bleiben noch die *parlamentarischen Instrumente* zur Vermittlung von Problemimpulsen: parlamentarische Initiative, Motion und Postulat. Formulierte Gesetzesentwürfe (parlamentarische Initiative) seitens der Parlamentarier sind in der Praxis selten. Demgegenüber häufen sich Motionen und Postulate[31]. Angesichts der Geschäftslast der Milizparlamentarier kann dies nicht erstaunen, um so weniger als ausgearbeitete Entwürfe spezifische rechtstheoretische und rechtsdogmatische Kenntnisse erfordern. Zudem können Motionen und Postulate durchaus Problemimpulse vermitteln. Andererseits kommen die mannigfachen Möglichkeiten von *Nicht-Entscheidung*[32] gegenüber diesen Instrumenten wirksam zum Zuge. Die Geschäftsordnung der Räte setzt Akzente, die das Einbringen von Minderheitenanliegen nicht begünstigen[33], sogar die diskussionslose Abschreibung wenig genehmer Anliegen zulassen[34]. Vorurteile gegenüber Autoren gewisser Vorstöße dürften nicht unwesentlich zur Unterdrückung unbeliebter Themen durch Nicht-Entscheidung beitragen[35]. Umgekehrt wird ein befürchteter Ressourcenverlust mögliche Initianten solcher Vorstöße von der Thematisierung durchaus sinnvoller Fragen abschrecken. Eine in unserem Zusammenhang ebenfalls wirksame Form der Nicht-Entscheidung stellt die Abblockung von Innovationen dar, indem man entsprechende Vorschläge durch zeitraubende und ritualisierte Verfahren schleust[36].

Schließlich ist an dieser Stelle erneut auf die Interessenstruktur des eidgenössischen Parlamentes hinzuweisen, die die Chancen einer „aktiven Öffentlichkeit", sich im Parlament Gehör zu verschaffen, zweifellos vermindert. Die Tendenz, sich in vor- und nebenparlamentarischen Entscheidungszentren gegenüber demokratischer Machtkontrolle und Problemmanifestationen abzuschirmen[37], scheint zudem nicht abzunehmen, sondern wird von den

[31] Siehe Riklin (Anm. 26).

[32] Näheres bei P. Bachrach/M. S. Baratz: Macht und Armut. Eine theoretisch-empirische Untersuchung, Frankfurt/M. 1977, insbes. S. 78-86.

[33] Vgl. Geschäftsreglement des Nationalrates, Art. 34 Abs. 5-7 und Art. 36; Geschäftsverkehrsgesetz, Art. 21 bis ff.

[34] Vgl. Geschäftsreglement des Nationalrates, Art. 35.

[35] Zu diesem Mechanismus vgl. Bachrach/Baratz (Anm. 32).

[36] Ebd. Mit Bezug auf das politische System der Schweiz ist hier vor allem an die Vernehmlassungspraxis zu denken.

Parlamentariern selbst noch gefördert[38]. Bezeichnenderweise wandte sich eine Mehrheit der „Volksvertreter" erfolgreich gegen eine amtliche Veröffentlichung ihrer Interessenbindungen, womit — ohne zusätzliche Recherchen von Medienorganen — Transparenz geschaffen worden wäre[39].

3. *Die Volksinitiative zwischen Diskussion und politischer Effizienz*

Die Volksinitiative[40] stellt das verbindlichste Instrument zur Mobilisierung der gesetzgeberischen Gremien dar, insofern, als sich das Parlament der Behandlung der von den Initianten aufgeworfenen Frage nicht entziehen kann und seine Arbeit in den meisten Fällen — d. h. wenn die Initiative nicht ohne Vorliegen eines Gegenvorschlages zurückgezogen wird — gewissermaßen einer Prüfung durch die Stimmbürger vorlegen muß. In der Praxis erweist sich die Prüfung für das Parlament allerdings als wenig belastend, da seine meist ablehnende Haltung zu den einzelnen Volksinitiativen durch entsprechende Abstimmungsmehrheiten bestätigt wird. In den Fällen, wo eine partielle gesetzgeberische Verwirklichung des Inhalts der Initiative in der Gesetzgebung erfolgt oder in Aussicht gestellt wird, scheint das Parlament für seine Arbeit gar mit dem Applaus einer anschließenden Abstimmungsmehrheit bedacht zu werden.

Die direkten Wirkungen der Volksinitiative im Sinne unmittelbarer Gesetzesänderungen in Richtung Initiantenanliegen sind, wie bereits ausgeführt[41], äußerst gering. Die Vorstellung, die Initiative ermögliche real politische Kursänderungen durch Interventionen „von unten", wäre darum ein empirisch durch nichts zu begründender Mythos[42]. Indirekt vermögen Initiativen zwar manchmal — wie erwähnt — auf die gesetzgeberische Aktivität Einfluß zu nehmen[43], dennoch ist dieser Einfluß schwer bestimmbar. In den

[37] Zur Forderung, die Binnenstrukturen dieser Entscheidungszentren demokratischer Machtkontrolle zu öffnen, vgl. A. Riklin/R. Kley: Stimmabstinenz und direkte Demokratie. Ursachen — Bewertungen — Konsequenzen, Bern und Stuttgart 1981, S. 128.

[38] „Ständerat sucht Vertraulichkeit", in: TA vom 25. 9. 86.

[39] Vgl. StenBull. NR 1983 79 f. / StenBull. StR 1983 483 f.

[40] An dieser Stelle beschränken wir uns auf die *eidgenössische* Volksinitiative, ohne zu übersehen, daß in einzelnen Kantonen erweiterte Initiativrechte vorhanden sind. Insbesondere ist hier an Gesetzesinitiativen und Verwaltungsinitiativen zu denken, vgl. im einzelnen Andreas Auer: Les droits politiques dans les cantons suisses, Genève 1978.

[41] Vgl. vorn Kap. 2 III.

[42] Vgl. J.-D. Delley: L'initiative populaire en Suisse, mythe et réalité de la democratie directe, Lausanne 1978, insbes. S. 133 ff.

[43] Beispiele siehe bei Delley: a.a.O. und vorn Kap. 2 Anm. 27; zu den äußerst bescheidenen Auswirkungen friedenspolitischer Volksinitiativen vgl. R. Epple: Friedensbewegung und direkte Demokratie, Diss. im Druck.

weitaus meisten Fällen sind die Wirkungen diffus. Bemerkenswert ist allerdings, daß auch in der „Volksabstimmung" abgelehnte Initiativen — anders als parlamentarische Nicht-Entscheidungen — die öffentliche Wahrnehmung eines lösungsbedürftigen und damit weiter aufgegebenen Problems nicht grundsätzlich ausschließen:

„D'une manière générale, on peut avancer que l'initiative fait émerger un objet sur la scène politique et que cet objet disparaît rarement en même temps que le retrait ou le refus de l'initiative"[44].

Diese Feststellung Delleys belegen nicht zuletzt die trotz hängiger Initiativen oder im Anschluß an abgelehnte Initiativen lancierten inhaltlich modifizierten Folgeinitiativen zum selben Thema[45]. Während diese Tatsache die Unabweisbarkeit bestimmter politischer Fragen dokumentiert, steht der dagegen nicht selten erhobene Vorwurf der Zwängerei[46] meist für ein statisches und repressives Politikverständnis, das glaubt, politische Diskussionen ein für allemal mit einem Machtspruch beenden zu können. Mit einem solchen Machtspruch läßt sich eine Abstimmungsmehrheit aber schon deshalb nicht gleichsetzen, weil sie keine statische Größe ist, sondern jährlich durch Jungbürger und sterbende Jahrgänge in ihrer Zusammensetzung verändert wird. Bedenkt man überdies, daß von der Lancierung einer Initiative bis zur Abstimmung in der Regel 4 bis 6 Jahre[47] vergehen, erweist sich der Vorwurf der Zwängerei als wenig stichhaltig. Die von Initiativen angedeuteten Alternativen zum jeweiligen Status quo sind häufig Anregungen zu zukunftsorientierten Gesprächen und *Visionen*, die mit einem Abstim-

---

[44] Delley: a.a.O., S. 134.

[45] Zum Beispiel verschwand das Thema Mieterschutz nach der Ablehnung einer entsprechenden Initiative im Jahre 1977 nicht von der politischen Traktandenliste. Der Gegenvorschlag zu einer neuen, aber zurückgezogenen Initiative fand im Jahre 1986 eine Volksmehrheit. Der neue Verfassungsartikel weist gegenüber dem Mieterschutzvorschlag von 1977 allerdings eine abgeschwächte Zielrichtung auf. Auch die Ablehnung der 1. Atomschutzinitiative in der Abstimmung vom 18. 2. 79 konnte eine Folgeinitiative nicht verhindern. Und das Reaktorunglück im russischen Tschernobyl im Frühjahr 86 regte die Lancierung einer dritten und vierten Anti-Atominitiative an. Noch vor der Volksabstimmung über die Initiative für einen zivilen Ersatzdienst für Militärdienstverweigerer vom 4. Dezember 77 lancierte ein Komitee die Volksinitiative „Für einen echten Zivildienst" mit Erfolg. In der Volksabstimmung fand allerdings auch diese Initiative keine Zustimmung. Zu den politischen Folgen in dieser Frage siehe hinten Kap. 5.

[46] Die Bemühungen um eine Einführung eines Zivildienstes in der Schweiz bezeichnet der Generalstabschef der Schweizer Armee Jörg Zumstein als Zwängerei und meint: „Wenn wir es zulassen, daß Mehrheitsbeschlüsse ständig in Frage gestellt werden, so wird dieses Land in Zwietracht und Haß versinken und die Eidgenossenschaft mit ihrem Unterordnen einzelner unter ein Ganzes verschwinden" (J. Zumstein: Die Armee als Zement des Föderalismus, in: J. Altwegg/A. Schmidt (Hrsg.): Perspektive Schweiz. Gespräche mit Zeitgenossen, Zürich/Köln 1986, S. 95).

[47] Vgl. das Bundesgesetz über die politischen Rechte und das Geschäftsverkehrsgesetz, die hierfür die gesetzliche Grundlage liefern.

mungsentscheid keineswegs erledigt sind. Insofern läßt sich die Volksinitiative mit Hans Saner wie folgt begreifen:

„Sie ist (...) keine Bitte und kein Verlangen wie eine Petition und keine normierte Erwartung wie ein Gesetz. Sie ist wirklich *nur* eine Frage, die im Kleid einer Bestimmung auftritt. Als Frage aber führt sie vorerst zum Gespräch. Das Gespräch ist sehr oft wichtiger als der Beschluß, in den es mündet"[48].

Am treffendsten charakterisiert dieses Initiativenverständnis die am 12. September 1986 mit über 110'000 Unterschriften eingereichte Volksinitiative „Für eine Schweiz ohne Armee und eine umfassende Friedenspolitik". Verkannt wird dieses historisch begründete Initiativenverständnis von all jenen, die mit Blick auf die genannte Initiative einen Mißbrauch des Initiativrechts beklagen[49]. Daß die pazifistische Initiative trotz der von den Räten verfügten und in Volksabstimmungen 1977 bestätigten Erschwerungen des Initiativrechts[50] zustandegekommen ist, legitimiert den Diskussionsanspruch der Initianten ganz besonders.

Erstaunlich ist auch, wie sich hier ein praktisch organisationsunfähiges Interesse und Bedürfnis[51] zur Geltung zu bringen vermag. Aufgewertet wird damit nicht zuletzt das Initiativrecht als Artikulationsmittel von Bedürfnissen und Interessen, die sich im politisch zunehmend dominanten Verbandssystem nicht repräsentieren lassen[52], aber gesamtgesellschaftlich höchst bedeutsam sein können.

An dieser Stelle ist allerdings anzumerken, daß sich in einer Volksinitiative nicht nur Diskussionsansprüche manifestieren, sondern auch Wünsche nach *konkreter politischer Veränderung*. Sie werden mit politischen Diskussionen allein nicht zufriedenzustellen sein. Auch die Diskussion könnte als Mythos entlarvt werden, der verbirgt, daß Politik, in Diskussion aufgelöst, die Verhältnisse läßt wie sie sind[53]. Besonders dort können Diskussionen

---

[48] H. Saner: Vom Sinn der kommenden Niederlage, in: R. Brodmann/A. Gross/M. Spescha (Hrsg.): Unterwegs zu einer Schweiz ohne Armee. Der freie Gang aus der Festung, Basel 1986, S. 444.

[49] Vgl. als überaus aufschlußreiches Dokument die *Schweizerzeit Nr.* 6 vom 22. März 1985, worin sich über 70 Parlamentarier über die „agitatorische Kampagne" (sprich Lancierung der Initiative) entrüsten. Zur Mühe der Verfechter einer statischen Demokratie mit dem „neuzeitlichen" Initiativenverständnis siehe H. Huber: Über den Initiativenbetrieb und über Ausführungsgesetze zu Volksinitiativen, in: FS für K. Eichenberger, Basel 1982, S. 341 ff.

[50] Gemeint sind die Erhöhung der erforderlichen Unterschriftenzahl von 50'000 auf 100'000 und die Begrenzung der Sammelfrist auf 18 Monate.

[51] Organisierbar sind nach Offe „nur solche Interessen, die sich als Spezialbedürfnisse einer sozialen Gruppe interpretieren lassen". Dies trifft für die *Kategorie allgemeiner Bedürfnisse*, da sie nicht klar abgrenzbaren Status- oder Funktionsgruppen zuzuordnen sind, nicht zu (Offe (Anm. 17), S. 168).

[52] Vgl. vorn Kap. 2.

allein politische Probleme nicht lösen, wo Initiativen — wie etwa in Fragen großtechnologischer Projekte wie AKW, Autobahnen etc. — klare politische Optionen durchsetzen wollen. Die politischen Grenzen der Volksinitiative treten denn auch drastisch in Erscheinung, wenn ihre politische Effizienz an numerischen Abstimmungsmehrheiten gemessen wird. Die Frustrationen der unterlegenen Initianten und der sie unterstützenden Minderheit wird man aber nicht leicht beiseite schieben können:

„Die schiere Hoffnungslosigkeit, mit legalen Mitteln auf legalem Weg zum Ziel zu kommen, ist für das demokratische Staatswesen niederschmetternd"[54].

Dieses ungeschminkt formulierte Zugeständnis eines unverdächtigen Zeitgenossen verweist zwangsläufig auf die bereits erwähnten *nicht-institutionalisierten* Politikformen, wobei sie in dieser Perspektive nicht bloß als symbolisch vermittelte Problemimpulse, sondern auch als Phänomene real gesteigerter Konfliktpotentiale zu diskutieren sind.

4. *Außerinstitutionelle Politikformen: Erscheinungsweise und Wirkung*

Außerinstitutionelle Politikformen haben, besonders in ihren unkonventionellen Varianten, in unserem Lande keine sonderlich reiche Tradition. Selbst *Demonstrationen* sind im internationalen Vergleich in der Schweiz immer noch wenig populär[55]. *Bürgerinitiativen* als Ausdruck basisdemokratischen Engagements gegen ein System, „das seine Sklerose als Stabilität zu legitimieren sucht"[56], als „Unruhe im Getriebe erstarrter Parteien, Parlamente und Verwaltungen"[57], treten in der Schweiz erst in den siebziger Jahren auffallend in Erscheinung. *Gewaltfreie Aktionen*[58] machen sich ebenfalls erst im Rahmen dieser Bürgeraktivitäten bemerkbar. Sie zentrieren sich einerseits auf die Politisierung der AKW-Frage gegen Mitte der 70er Jahre und andererseits um die Friedensfrage im Zusammenhang mit der Rüstungsrunde zu Beginn der 80er Jahre. Im Zeichen des Arbeitsfriedens zwischen

[53] Die Sentenz findet sich auch bei Dahrendorf, allerdings mit einer Spitze gegen basisdemokratische Politikansprüche, siehe R. Dahrendorf: Widersprüche der Modernität und die Zukunft der Freiheit, St. Gallen 1979, S. 13.

[54] O. Reck: Immobilismus in der Demokratie. Über das abschreckende Beispiel N4, in: „Die Weltwoche", Nr. 40 vom 2. Oktober 1986.

[55] Vgl. Hp. Kriesi (Hrsg.): Bewegung in der Schweizer Politik. Fallstudien zu politischen Mobilisierungsprozessen in der Schweiz, Frankfurt/New York 1985, Kap. XII.

[56] A. Künzli: Wir brauchen mehr rebellische Bürger, National-Zeitung am Wochenende vom 24. 1. 1976, S. 2.

[57] O. Flechtheim lt. National-Zeitung vom 30. 9. 1974, S. 19.

[58] Zum Verständnis gewaltfreier Aktionen vgl. Th. Ebert: Gewaltfreier Aufstand. Alternative zum Bürgerkrieg, 3. Aufl., Waldkirch 1981.

den Sozialpartnern sind demgegenüber *Streiks* als Mittel des Arbeitskampfes seit über 40 Jahren praktisch inexistent.

Die 68er und 80er Unruhen artikulierten wohl ein kulturelles Unbehagen in der modernen Industriegesellschaft, was auch von offizieller Seite registriert wurde[59]. Zu wesentlichen politischen Kursänderungen sah sich die herrschende Elite aber dadurch nicht veranlaßt. Unübersehbar werden jedoch Bürgerinitiativen als basisdemokratische Bewegungen seit den 70er Jahren zu bedeutsamen Konstanten der schweizerischen Politik. Dabei fungieren sie als Informations- und Organisationsträger sowie als Mobilisatoren eines fluktuierenden Protestpotentials[60]. Manifestationen von Gegenöffentlichkeit in der Friedensfrage wären ohne diese Basisbewegungen ebensowenig denkbar wie die zahlreichen außerparlamentarischen Aktivitäten gegen Atomkraftwerke. Insbesondere gewaltfreie Aktionen vermochten das herrschende politische System in seiner Selbstzufriedenheit zu stören, Konflikte zu dramatisieren und dadurch Lernprozesse zu ermöglichen, die zumindest bei einer Teilöffentlichkeit zu einem neuen Problembewußtsein führten.

4.1. Symbolische und reale Demonstration von Gegenmacht

Eine gewaltfreie Aktion hat z. B. in öffentlich-provokativer Weise das offizielle rüstungsfreundliche Verständnis schweizerischer Neutralitätspolitik in Frage gestellt: Durch einen Menschenteppich vor dem Zugang zum Gelände einer internationalen Waffenschau in Winterthur konnte die Veranstaltung zwar nicht verhindert werden, aber die gewaltfreie Provokation des Menschenteppichs dürfte die politischen Kosten für künftige Geschäfte dieser Art in der Schweiz zu einem relevanten Entscheidungsfaktor gemacht haben. Dies auch dann, wenn der Menschenteppich ohne nachträgliche rechtliche Billigung geblieben ist[61].

Über eine bloß *symbolische* Manifestation hinaus ging die Besetzung des Baugeländes für das geplante AKW in Kaiseraugst im Frühling 1975[62]. Hier wurde das schweizerische Staatssystem vor eine Zerreißprobe gestellt, die einen Bundesrat die künftige Unregierbarkeit des Landes befürchten ließ[63], obwohl das Verhalten der Besetzer in der Optik einer konse-

[59] Vgl. etwa die Thesen der eidgenössischen Jugendkommission zu den Jugendunruhen zu Beginn der achtziger Jahre.

[60] Kriesi (Anm. 55), Kap. XIII.

[61] Vgl. BGE 108 IV 165 ff. und hinten Kap. 6 III.

[62] Zur ganzen Besetzungsaktion vgl. M. Schroeren: z. B. Kaiseraugst. Der gewaltfreie Widerstand gegen das Atomkraftwerk: Vom legalen Protest zum zivilen Ungehorsam, Zürich 1977.

[63] Bundesrat Brugger lt. Protokoll der Verhandlung vom 4. Juli 1975 in Bern zwischen einer Delegation des Bundesrates für Energiefragen und Delegationen der

quent durchgeführten gewaltfreien Aktion „mangelndes Beharrungsvermögen in Prinzipienfragen signalisierte"[64].

Die Folgewirkungen dieser Herausforderung des Systems ohne Gewaltanwendung gegen Menschen und Sachen sind beeindruckend, selbst wenn wir uns bewußt bleiben, daß hier eindeutige Kausalzusammenhänge kaum nachzuweisen sind. Die Katalysatorfunktion für den Widerstand gegen das geplante AKW in Graben erscheint allerdings ebenso ausgewiesen[65], wie die in der Folge der freiwilligen Räumung des Baugeländes lancierten kantonalen und eidgenössischen Volksinitiativen gegen weitere Atomkraftwerke Tatsachen sind[66]. In beeindruckender Weise vermochte die Frage des Baus des AKW in Kaiseraugst landesweit ein beträchtliches Protestpotential zu bündeln, das vor allem in jährlich stattfindenden Ostermärschen und wiederholten Demonstrationen in Erscheinung trat. Nachdem der Baubeginn ursprünglich für Frühjahr 1974 geplant war[67], ist der Bau eines AKW Kaiseraugst gut 10 Jahre danach, trotz zweimaliger Abstimmungsmehrheiten *gegen* einen künftigen Verzicht auf die Option von Kernenergie, staatspolitisch nicht mehr verantwortbar[68]. Die Besetzungsaktion hat einen Konflikt politisch wirksam dramatisiert. Namentlich hat sie einen landesweiten Bewußtwerdungsprozeß in Gang gebracht. Auch wenn erst das große Reaktorunglück von Tschernobyl viele Bürger aufgeweckt haben mag[69], können die gewaltfreien Pioniere wider die Kernkraft immerhin für sich beanspruchen, weitere Schritte in eine Sackgasse durch Zeitgewinn verhindert zu haben. Die politisch wirksamste Aufklärung mußte aber offenbar der Katastrophe vorbehalten bleiben. Nationalrat Franz Jäger, durch seinen langjährigen engagierten Kampf für eine gesunde Umwelt und eine ihr entsprechende Wirtschaft gleichsam das „ökologische Gewissen" des Parlaments, ließ über die Lektion von Tschernobyl für die schweizerische Energiepolitik keinen Zweifel aufkommen:

Gewaltfreien Aktion Kaiseraugst (GAK) und des Nordwestschweizer Aktionskomitees gegen AKW (NWA), S. 24, zitiert nach Schroeren (Anm. 62), S. 119.

[64] Schroeren: a.a.O., S. 107.

[65] Vgl. Kriesi: AKW-Gegner in der Schweiz. Eine Fallstudie zum Aufbau des Widerstands gegen das geplante AKW in Graben, Dießenhofen 1982.

[66] Vgl. Schroeren (Anm. 62).

[67] Schroeren: a.a.O., S. 32 ff.

[68] Vgl. die Parlamentsdebatte über die Zukunft der Kernenergie in der Sondersession zu „Tschernobyl", in: StenBull. NR 1986 793-865. Ein Verzicht auf Kaiserangst wurde schließlich selbst von AKW-freundlichen Parlamentariern gefordert, vgl. „Macht des Faktischen": KKW Kaiseraugst tot, in: TA vom 3. März 1988, S. 2.

[69] Vgl. K. Traube u. a.: Nach dem Super-GAU. Tschernobyl und die Konsequenzen, Reinbek bei Hamburg 1986; M. Gambaroff/M. Mies/A. Stopczyk/C. v. Werlhof u. a.: Tschernobyl hat unser Leben verändert. Vom Ausstieg der Frauen, Reinbek bei Hamburg 1986.

„In den letzten Wochen ist uns eindrücklich bewußt geworden, daß nach Tschernobyl nichts mehr wie früher sein kann. Halten wir fest: Kaiseraugst ist gestorben. Davon bin ich überzeugt. Der energiepolitische Umstieg ist unabwendbar. Auch das steht fest"[70].

Mochte eine Mehrheit der Parlamentarierkollegen diesem Verdikt nicht explizit zustimmen, so steigerte „Tschernobyl" als Signal möglichen Grauens das öffentliche Problembewußtsein doch in signifikanter Weise[71]. Angesichts der ausführlich geschilderten Bedingungen politischer Volksentscheide muß sich freilich erst erweisen, ob sich die Volksmeinung in anstehenden Abstimmungen zur AKW-Frage, in einer entsprechenden Abstimmungsmehrheit niederschlägt.

Am Beispiel des Kampfes gegen AKW ist schließlich die Verschränkung institutioneller mit außerinstitutionellen Politikformen und deren Wirksamkeit zu beobachten. Ein Meinungswandel hat in der Folge von Tschernobyl bei der Regierung des Kantons Bern stattgefunden, die sich mittlerweile nachdrücklich gegen den Bau des geplanten AKW in Graben wendet:

„Es muß jetzt ein kantonales Energieprogramm erstellt werden, das auf der Gewißheit beruht, daß das Kernkraftwerk Graben nicht gebaut wird"[72].

Daß einer solchen Regierungserklärung die Bürgerinitiativen gegen den Bau des AKW in Graben politisch den Boden bereitet haben, wird man mit gutem Grund annehmen können[72a].

4.2. Gewaltfreie Aktionen und gesteigerte Konfliktfähigkeit

Der Legitimationszuwachs der AKW-Gegnerschaft aufgrund der oben beschriebenen Ereignisse auf der einen Seite und der Legitimationsverlust der institutionellen politischen Entscheidungsmechanismen auf der anderen Seite, lassen heute in dieser Frage gewaltfreie Aktionen als legitimer denn je

---

[70] StenBull. NR 1986 803.

[71] Gemäß einer repräsentativen Umfrage sprachen sich ein Jahr nach Tschernobyl nur noch 12 % der Bevölkerung für den Bau weiterer AKW aus. 75 % befürworteten einen Baustopp für weitere AKW, und 73 % waren für einen schrittweisen Ausstieg aus der Atomenergie, vgl. „Volks-Nein zum Atomstrom: Tschernobyl brachte die Wende", in: Sonntags-Zeitung vom 26. April 1987.

[72] Zitiert nach N. Ramseyer: Bern plant Ausstieg aus der Kernenergie. Regierungsrat wendet sich gegen das projektierte KKW Graben, in: TA vom 4./5. 10. 1986.

[72a] Dabei soll allerdings nicht übersehen werden, daß die Regierungserklärung von einer Regierung mit rot-grüner Mehrheit stammt, die im Gefolge einer „Finanzaffäre" auf Kosten bürgerlicher Vertreter zustande gekommen war (vgl. H. Däpp/F. Hänni/N. Ramseyer (Hrsg.): Finanzaffäre im Staate Bern. Vom schwierigen Umgang mit der Macht in der Demokratie, Basel 1986).

erscheinen. Die Besetzung des Baugeländes in Kaiseraugst kommentierte der Publizist Oskar Reck noch im Jahre 1975 mit wenig Verständnis:

„Da geschieht doch nichts anderes, als daß die Besetzer ihre Gegner nötigen wollen, entweder durch staatliche Gewaltanwendung zu ihrem Recht zu kommen, oder aber zu kapitulieren. Solche Nötigung indessen ist auch eine Form von Gewalt. Daran ändert nicht das mindeste, daß man sie als 'gewaltfreie Aktion' zu *tarnen* und *demokratisch* zu *salben* versucht [Hervorhebungen — M. S.]"[73].

Um einige Demokratieerfahrungen reicher kommt derselbe Autor 11 Jahre später zu dem Schluß, daß der „Immobilismus in der Demokratie" auf dem „Pfad der rechtsstaatlichen Tugend" nicht zu überwinden sei. Mit Blick auf den jahrzehntelangen Kampf um die Gründung des Kantons Jura konzediert er sogar:

„Aufsehen war eben doch nur mit höchst Unkonventionellem zu erregen, das sich mit Rechtsstaatlichkeit gelegentlich kaum vertrug"[74].

Empirische Befunde stützen die Vermutung, daß sich heute ein unvergleichlich größeres Protestpotential für und mit unkonventionellen Politikformen mobilisieren ließe[75]. Fraglich bleibt allerdings, ob die Problemverleugnung durch die politische Elite nicht der Militanz auf seiten der Protestierenden Vorschub leistet[76], was den Spielraum für gewaltfreie Aktionen verengen könnte und anstelle der lebendigen Demokratie den gewaltträchtigen Grabenkampf einer gespaltenen Gesellschaft treten ließe. „Divide et impera"-Strategien[77] des Staates gegenüber gesellschaftlichem Protest verstellen nicht nur den Blick auf das politische Sachproblem, sondern offenbaren eine staatspolitisch verheerende Verkennung der politischen Versiertheit[78] des unkonventionellen Protestes. Dieser ist mit der Kategorie „abweichenden Verhaltens" kaum zu erklären. Er weist vielmehr auf die Erstarrung des politischen Systems hin, das sich gegen jeden Versuch, bestehende Machtverhältnisse zu bewegen, vehement zur Wehr setzt.

Vor dem Hintergrund möglicher gesellschaftlicher Konfliktverläufe zwischen gewaltfreier Aktion und Eskalation der innerstaatlichen Gewalt ist auf seiten eines unkonventionell agierenden Protestpotentials eine gesteigerte gesellschaftliche *Konfliktfähigkeit* festzustellen[79]. Außerhalb des etablierten

[73] O. Reck: Gewaltfreie Gewalt, in: „Weltwoche", Nr. 14 vom 9. 4. 1975, S. 6.

[74] Reck (Anm. 54).

[75] Kriesi (Anm. 55), Kap. XII und XIII.

[76] Vgl. die Spiegel-Serie zur „Schlacht um die Kernkraft", in: Der Spiegel, Nrn. 30-32, 1986.

[77] Vgl. Kriesi (Anm. 55), Kap. XIV, insbes. S. 458 ff.

[78] Zur Hypothese einer „modernen politischen Versiertheit" vgl. S. H. Barnes/ M. Kaase et al.: Political Action. Mass Participation in Five Western Democraties, London 1979. Kriesi und seine Kollegen (Anm. 55) haben die Hypothese empirisch erhärten können, vgl. insbesondere Kap. XII.

politischen Systems hat sich eine reale gesellschaftliche Gegenmacht gebildet, die fähig ist, systemrelevante Risiken zu schaffen. Obwohl sich diese Fähigkeit nicht eindeutig bestimmen läßt und sich in Abhängigkeit von vielen Bedingungsfaktoren wandelt, sehen wir sie in der Schaffung von Konfliktkonstellationen am Werk, in denen sich staatliche Macht *gewaltsam* gegen gewaltfreien Widerstand durchsetzen müßte. Das systemrelevante Risiko ist dabei im möglichen *Verlust von Massenloyalität* oder in einer Steigerung der konfliktreichen Staatsverdrossenheit zu sehen.

Das Kriterium der Konfliktfähigkeit macht verständlich, weshalb etwa Minderheitenanliegen wie die der Militärdienstverweigerer oder der Arbeitslosen in der Schweiz wenig politische Aufmerksamkeit finden. Im Falle der Militärdienstverweigererfrage ist in den Auseinandersetzungen der letzten Jahre bezeichnenderweise wiederholt auf die niedrige Zahl von Verweigerern hingewiesen worden in der Absicht, die Frage als politisches Problem zu entwerten[80]. Ein ethisches Problem ersten Ranges wird damit aufgrund seiner politischen Irrelevanz, d. i. seiner geringen Konfliktfähigkeit gleichsam negiert. Konfliktfähig würde die Militärdienstverweigererfrage wohl erst durch eine Schärfung des öffentlichen Bewußtseins für Qualitätsansprüche einer demokratischen Kultur. Erst unter dieser Voraussetzung enthielte die Repression der Verweigerer für den Staat das Risiko eines bedeutenden Autoritätsverlustes. Die Steigerung der Konfliktfähigkeit ist demgegenüber kaum von einer signifikanten Zunahme der Verweigerungen zu erwarten, da die Bereitschaft zu diesem Rechtsbruch in der gegenwärtigen schweizerischen Gesellschaft nicht verbreitet ist, selbst dort nicht, wo die Verweigerung als legitime Handlung beurteilt wird[81].

Nur der Aufbau von Volksbewegungen zu bestimmten Sachfragen scheint somit imstande, jene Öffentlichkeit herzustellen, die konfliktfähig wird.

---

[79] Offe definiert die Konfliktfähigkeit wie folgt: „Konfliktfähigkeit beruht auf der Fähigkeit einer Organisation bzw. der ihr entsprechenden Funktionsgruppe, kollektiv die Leistung zu verweigern bzw. eine systemrelevante Leistungsverweigerung glaubhaft anzudrohen" (Offe: a.a.O., (Anm. 17), S. 169).

[80] Hannah Arendt hat darauf hingewiesen, daß die „Stimme des Gewissens" auf dem Forum der Öffentlichkeit zu einer bloßen Meinung neben anderen werde, und sie fährt fort: „Und die Macht der Meinung ist nicht vom Gewissen, sondern von der Zahl derer abhängig, die sie teilen: Die einstimmige Übereinkunft, daß 'X' ein Übel sei ... macht die Annahme glaubwürdiger, daß 'X' ein Übel ist" (H. Arendt: Ziviler Ungehorsam, in: dies.: Zur Zeit. Politische Essays, Berlin 1986, S. 132). Vgl. hinten Kap. 5.

[81] Vgl. die empirischen Daten bei Kriesi (Anm. 55), S. 34 f.

4.3. Raumbedeutsamkeit als Faktor, der Mobilisierung begünstigt

Großtechnologische Projekte wie AKW, Waffenplätze oder Autobahnen, mithin politisch kontroverse Themen, eignen sich aufgrund ihrer *Raumbedeutsamkeit*[82] besonders für die Bildung lokaler und regionaler Widerstandsbasen, von wo aus die überregionale Mobilisierung ausgehen kann. Daß bei diesem Prozeß den Medien eine wichtige Vermittlerrolle zukommt, hat der unkonventionelle Kampf gegen AKW in der Schweiz bisher eindrücklich gezeigt[83]. Was bleibt demgegenüber der Minderheit der Militärdienstverweigerer als Ausgangsbasis zur Mobilisierung von Protestpotential gegen ihre politische Repression? Kann hier die politische Phantasie symbolische Aktionen inspirieren, die Menschen außerhalb dieser Betroffenenkategorie politisch mobilisieren können, etwa Menschen im Umfeld der Kirchen, die für diese Frage sensibilisierbar erscheinen? Oder ist die Einführung eines problemadäquaten Zivildienstes außer Reichweite, solange der Mythos der eidgenössischen Wehrgemeinschaft nicht teilweise überwunden wird? Kann vermutet werden, daß insbesondere die Volksinitiative „Für eine Schweiz ohne Armee und für eine umfassende Friedenspolitik" jene aufklärerischen Diskussionen auslösen wird, die die unerläßliche Voraussetzung einer Anerkennung der Gewissensfreiheit in der Schweiz zu sein scheinen: Wird die radikalpazifistische Volksinitiative par excellence zur unkonventionellen Geburtshelferin eines Menschenrechts? Oder begünstigt schließlich „eine angeborene menschliche Neigung zu moralischer Autonomie"[84] die erstrebte Humanisierung des Rechts? Die Gültigkeit solch vager Hypothesen wird sich schwerlich theoretisch erhärten lassen. Antworten kann wohl nur eine *politische Praxis* geben, die weiß, daß „moralischer Mut trotz theoretisch harter und ungünstiger Bedingungen Wurzeln schlagen und blühen kann"[85]. Der Erfolg politischen Kampfes ist zweifellos nicht zuletzt eine Frage der *Beharrlichkeit*. Durch sie wird die verweigerte Problemlösung des politischen Systems Konfliktpotential langfristig nicht vermindern, sondern eher verstärken[86].

---

[82] Vgl. Kriesi (Anm. 55), S. 247 ff.

[83] Vgl. Schroeren (Anm. 62).

[84] B. Moore: Ungerechtigkeit. Die sozialen Ursachen von Unterordnung und Widerstand, 2. Aufl., Frankfurt/M. 1984, S. 166. Gemessen am prätentiösen Titel des Buches ist die Ausbeute für diese Arbeit allerdings eher gering ausgefallen.

[85] Ebd.

[86] Vgl. Kriesi (Anm. 55), Kap. XIII.

5. *Chancen des Wandels im politischen Prozeß*

Die allgemein feststellbare Verunsicherung der Menschen moderner Industriegesellschaften bei zentralen Lebensfragen, insbesondere hinsichtlich der Erhaltung unserer Lebensgrundlage (Ökologie), des zwischenstaatlichen Friedens und der innergesellschaftlichen Freiheit (Friedensfrage), deutet auf eine Zeitwende hin, wo „eine Gesellschaft, mit einer neuen schwanger geht, (...) der Mensch mit seiner Umwelt eine Aufgabe ist“[87], wie Bloch etwas pathetisch zu formulieren vermochte. Wenn auch die Zeitwende wandlungsorientierte Zukunftsentwürfe begünstigt, ist andererseits festzustellen, daß sich heute neokonservative Ideologien nicht in der Defensive befinden[88]. Die Unfähigkeit der Aufklärung, das Bedürfnis nach Trost zu stillen oder zum Versiegen zu bringen[89], scheint sich heute — der Zeitwende zum Trotz — in den Vermittlungsschwierigkeiten offenen utopischen Denkens zu spiegeln[90]. Neben den beschriebenen Protestpotentialen läßt sich zweifellos auch ein politisch apathischer Konsumismus beobachten. Trotzdem sind Chancen für humanen, „von unten“ induzierten sozialen Wandel vorhanden. In Rekapitulation der bisherigen Überlegungen können wir folgende Hypothesen formulieren:

1. Öffentliche Interessen und Anliegen politischer Minderheiten lassen sich auf den institutionalisierten politischen Wegen nur unzureichend zur Geltung bringen. Außerinstitutionelle Politikformen belegen deshalb vor allem die Sklerose des politischen Systems.
2. Außerinstitutionelle Politikformen können, besonders wo sie sich mit institutionellen Aktivitäten verschränken, sowohl als Ausdruck wie als Bedingung gesteigerter Konfliktpotentiale betrachtet werden. In ihnen manifestiert sich eine besondere politische Versiertheit. Die dadurch erhöhte Konfliktfähigkeit des politischen Anliegens bestimmt seine Chancen, im politischen Prozeß berücksichtigt zu werden.
3. Der *ethische* Gehalt eines Anliegens ist für seine Konfliktfähigkeit von untergeordneter Bedeutung. Von Belang ist demgegenüber etwa die Raumbedeutsamkeit einer politischen Sachfrage.

---

[87] E. Bloch: Prinzip Hoffnung, Bd. 1, Frankfurt/M. 1979, S. 133 und 135.

[88] Vgl. J. Habermas: Die Krise des Wohlfahrtsstaates und die Erschöpfung utopischer Energien, in: ders.: Die neue Unübersichtlichkeit, Frankfurt/M. 1985, S. 141-163.

[89] Habermas: Die Kulturkritik der Neokonservativen in den USA und in der Bundesrepublik, in: ders.: a.a.O., S. 52.

[90] Vgl. Habermas: a.a.O.

III. Rechtsänderung durch Sanktionsverzicht

Die Mühlen des demokratischen Entscheidungsverfahrens mahlen langsam. Entsprechend hinkt das Recht der sozialen Wirklichkeit häufig hinterher und kennzeichnet sich nicht selten durch Rückschrittlichkeit. Besonders das Strafrecht steht in Gefahr, „zur Galvanisierung einer toten Vergangenheit"[91] zu werden, indem es auf Nonkonformismus meist nicht anders als repressiv zu reagieren versteht.

Schon vor Jahrzehnten hatte eine rechtssoziologische Betrachtungsweise dem Recht ein wenig bewegliches „Temperament" diagnostiziert:

„The slow changes in law are a striking contrast to the fast changes in fashion or to the ceaseless fluctuation of public opinion"[92].

Wie wir andererseits gesehen haben, beugt sich (Richter-)Recht keineswegs besonders widerwillig opportunistischen Erwägungen oder Regungen eines wie auch immer bestimmbaren „Zeitgeistes". In solchen Akten spiegelt sich nicht selten die Erkenntnis, daß eine gewisse Beweglichkeit des Rechts unerläßliche Bedingung seiner Respektierung ist[93]. In neuerer Zeit ist in Ansehung der Störungs- und Krisenanfälligkeit politischer Systeme gar ein „peaceful change" im Sinne gewaltlosen Abbaus „struktureller Gewalt" durch *reformierendes* Recht als langfristig einzige Alternative zu Revolutionen bezeichnet worden[94].

1. Soziologische Differenz zwischen Recht und sozialer Wirklichkeit als Machtfaktor

Die These von der Unerläßlichkeit eines beweglichen Rechts gründet in der Erfahrung, daß das Sozialleben einer je gegebenen Rechtsordnung zum Trotz früher oder später seine eigenen Wege geht. Diese Tatsache schlägt sich in dem als „soziologische Differenz" bezeichneten signifikanten „Widerspruch zwischen gesellschaftlichen Verhältnissen und dem hierauf bezogenen geltenden Recht"[95] nieder. Von diesem Faktum aus ergeht angesichts der Zeitintensität von Rechtsänderungen im ordentlichen Gesetzgebungsverfahren ein politischer Appell an die staatlichen Sanktionsinstanzen. Sie, und damit insbesondere der Richter als politischer Akteur, sind zu reforme-

[91] R. Wiethölter: Rechtswissenschaft, Frankfurt/M. 1970, S. 77.

[92] Nicholas S. Timasheff: An Introduction to the Sociology of Law (Cambridge/Mass. 1939), Reprint 1974, S. 273.

[93] So schon W. Kägi: Die Verfassung als rechtliche Grundordnung des Staates, Zürich 1945, S. 83.

[94] Vgl. J. Wege (Anm. 11), S. 128 und dort Zitierte.

[95] W. Maihofer: Die gesellschaftliche Funktion des Rechts, in: JbRR, Bd. I (1970), S. 19.

rischem Handeln aufgerufen. Wo das Gesetz den Richter in seiner Rechtsprechungstätigkeit explizit auf außerjuristische, gesellschaftlich zu vermittelnde Beurteilungsmaßstäbe verweist, ist er als politisch gestaltender Richter geradezu gesetzlich beauftragt. Durch teleologische Auslegung wird aus dem vermeintlich starren „Buchstaben des Gesetzes" eine lebendige Korrespondenz mit dem Fluß des Lebens: Ein wörtlich unverändertes Gesetz kann so plötzlich als rechtens gelten lassen, was eben noch als Unrecht galt. Als klassisches Beispiel hierfür erscheint uns das Konkubinatsverbot in einer Formulierung wie folgender:

„Personen, welche miteinander im Konkubinat leben und dadurch *öffentliches Ärgernis* erregen, werden mit Haft oder Buße bestraft"[96].

Der bloßen Entrüstung einiger unseliger Moralapostel wird ein Richter in einer Welt verbreiteter Sexualaufklärung gestützt auf diesen Gesetzeswortlaut rechtsdogmatisch nur schwerlich Gehör schenken können. Ähnlich wird ein sozialwissenschaftlich orientierter und reflektierender Richter einige Bestimmungen des Sexualstrafrechts in modernen Industriegesellschaften nur sehr zurückhaltend anwenden, statt sich als soziologisch blinder Moralist in Szene zu setzen[97].

Nicht nur scheint im erwähnten Rechtsgebiet die Standfestigkeit des Rechts gegenüber dem Sozialleben unter dem Gesichtspunkt der Sozialschädlichkeit in hohem Maße begründungsbedürftig. Nicht nur würde hier ein standhaftes Recht seine weitgehende Machtlosigkeit gegenüber der „Normativität des Faktischen" verleugnen, ja gar kontraproduktiv wirken. Grundsätzlicher noch stellt sich da die Frage nach der Adäquanz des Rechts als Ordnungsinstrument in einer pluralistischen Gesellschaft vielfältiger Sexualitäten[98].

Schließlich zeigt sich an diesen Beispielen auch, daß — entgegen Luhmann — „institutionalisiertes Lernen im Recht" keineswegs bei der Legislative monopolisiert werden kann[99].

---

[96] So der Wortlaut des Konkubinatverbots im Kanton Glarus, das erst im Jahre 1985 außer Kraft gesetzt wurde.

[97] Vgl. zu den repressiven Wirkungen einer solchen Blindheit R. Lautmann: Der Zwang zur Tugend. Die gesellschaftliche Kontrolle der Sexualitäten, Frankfurt/M. 1984. Pointierte Belege zum Thema liefert auch L. A. Minelli: Obszönes vor Bundesgericht, Zürich 1981.

[98] Lautmann: a.a.O.; Minelli: a.a.O. Ähnlich ist mit Blick auf die geforderte Legalisierung des Haschisch-Konsums zu argumentieren.

[99] N. Luhmann: Positivität des Rechts als Voraussetzung einer modernen Gesellschaft, in: JbRR, Bd. I (1970), S. 191 ff.

2. Ideologische Differenz zwischen Recht und sozialer Wirklichkeit als moralischer Appell

Von der *soziologischen* Differenz unterscheiden wir die „ideologische Differenz" als Diskrepanz zwischen Rechtsvorschrift und gesellschaftlichem *Bewußtsein*[100].

Anders als bei der soziologischen Differenz wird sich der Richter um der Anerkennung der Autorität des Rechts willen durch bloße Meinungen kaum zu einer Änderung der Rechtspraxis bewegen lassen. Bloßes abweichendes *Meinen* (kognitiver Dissens) ist, anders als nonkonformes *Handeln*, keine unmittelbare Herausforderung einer Norm bzw. der hierdurch bewehrten Ordnungsinhalte. Meinungen sind vorerst vor allem moralische Appelle, die noch kaum Sanktionsverzichte auf abweichendes Verhalten veranlassen werden. Zwar mag auch die Macht einer bloßen Meinung mit der Zahl derer, die sie teilen, wachsen, aber effektiv wird sie wohl nur, wenn ihr entsprechende Taten oder mit ihr verknüpfte Konsequenzen folgen oder glaubhaft angedroht werden. Die „öffentliche Meinung" mag z. B. noch lange Militärdienstverweigerer für ehrenwerte Menschen halten, solange sie den Staat aber nicht mit öffentlichem Nachdruck und schließlich rechtsverbindlich verpflichtet, einen Zivildienst einzuführen, werden die Gewissensrichter weiterhin ihre zweifelhafte Arbeit verrichten und „ehrenwerte Menschen" zu mehrmonatigen Gefängnisstrafen verurteilen. Im Unterschied zum Sanktionsverzicht beim Konkubinat gemäß oben zitiertem Gesetzesartikel, worin die öffentliche Meinung explizit („öffentliches Ärgernis") Tatbestandsmerkmal ist, kann der Militärrichter ohne rechtsdogmatische Bedenken an der überholten Rechtspraxis festhalten.

Man wird wohl vergeblich nach jenem Richter Ausschau halten, der in Anlehnung an Gustav Radbruch einen Sanktionsverzicht durch Wahrnehmung eines moralischen Widerstandsrechts gegen „gesetzliches Unrecht"[101] zu üben wagte. Ein entsprechender Aufstand des Richters gegen positives Recht erschiene angesichts der Kriminalisierung der Gewissenstat allerdings moralisch durchaus legitimiert, wenn nicht gar (menschen)rechtlich geboten.

Realistischerweise ist immerhin zu postulieren, daß die Justiz ideologische Differenzen zwischen Recht und sozialer Wirklichkeit als moralische Appelle ernst nimmt und ins politische Strafrecht i. w. S. einfließen läßt. Eine dergestalt moralisch qualifizierte Justiz könnte dem demokratischen Rechtsstaat Züge verleihen, die ihm aufgrund der weitgehend repressiven politischen Gewalt in Gestalt der Strafjustiz gegenwärtig abgehen. Indem wir

---

[100] Maihofer (Anm. 95), S. 19 f.

[101] Siehe G. Radbruch: Gesetzliches Unrecht und übergesetzliches Recht, in: Süddeutsche Juristenzeitung 1 (1946), S. 107.

die Justiz als bloße Hüterin überkommener Gewaltstrukturen verabschieden, anerkennen wir sie als potentiell rechtsinnovierende Kraft, die fähig ist, politische Impulse „von unten" produktiv zu verwerten.

IV. Rechtsbruch und sozialer Wandel: Erstes Fazit

Die Ausführungen in diesem Kapitel wie insgesamt in diesem theoretischen Teil der vorliegenden Arbeit haben wenig allgemeingültige, von Zeit und Sachfrage unabhängige Erkenntnisse über die Chancen sozialen Wandels im demokratischen Rechtsstaat gebracht. Insofern mag die nachfolgende historische Betrachtung der Entwicklung des Konkubinatsverbots und der Militärdienstverweigerung sowie die politische Anwendung des Strafrechts im Zusammenhang mit gewaltfreien Aktionen mit unverminderter Neugier in Angriff genommen werden. Die bisherigen Überlegungen haben den Boden für die Betrachtung von Mechanismen des Wandels immerhin bereitet.

Keine Veranlassung haben kritische Staatsbürger, auf die konfliktlose Wandlungsfähigkeit des politischen Systems zu vertrauen. Aus sich heraus werden die politischen Institutionen kaum Veränderungen zeugen. Diese bedürfen vielmehr außerjuristischer Fakten, in Form autonomer Lebensgestaltung und politisch mobilisierter Bürgerbewegungen, die sich in dem Maße als konfliktfähig erweisen, wie sie dem System politische Kosten verursachen können. Diese Kosten erkennen wir in sinkender Bürgerloyalität, was sich am ausgeprägtesten in einer verbreiteten Bereitschaft zu nonkonformem Handeln zeigt. Institutionell wird sich sozialer Wandel demnach nur niederschlagen, wenn die politischen Institutionen zum Lernen gezwungen werden.

Als *Lernangebote* sind nach unseren Erkenntnissen der nonkonformistische Rechtsbruch und der Bruch mit konventionellen Politikformen zu begreifen. In diesen Normverletzungen manifestiert sich ein Nonkonformismus, der nicht bereit ist, tatenlos hinzunehmen, daß die staatlichen Gewalten gesellschaftliche Veränderungsansprüche regelmäßig ersticken und Gerechtigkeitsansprüche der Erhaltung bestehender Machtstrukturen opfern.

ZWEITER TEIL

Konkubinat, Militärdienstverweigerung und gewaltfreie Aktion im Kampf gegen Bastionen der Ordnung

Kapitel 4

Konkubinat: Von der kriminellen Tat zum Vorrang der Lust

I. Ursprung und geschichtliche Stationen

Wie angekündigt, ist dieses Kapitel dem Kampf um die „Freiheit der Liebe" gewidmet. Der Ausdruck „Freiheit der Liebe" läßt an Klarheit zweifellos zu wünschen übrig. Dies liegt aber weitgehend an der „Natur der Erscheinung", die „wissenschaftlich" kaum zu bestimmen, sondern nur durch begriffliche Verweisungen auf das bekannte Unbekannte anzunähern ist. Der Ausdruck „Freiheit der Liebe" grenzt sich sowohl von einer sittlichen Verklärung der Liebe wie von der „freien Liebe" ab, worin ein Konzept sexueller Erfüllung mitschwingt, das ideologisch allzusehr verengt ist[1].

Die Hypothese von der schöpferischen Funktion von Rechtsbrüchen wird insbesondere mit Blick auf die Behandlung des Konkubinats im schweizerischen Bundesstaat geprüft. Da wir das Konkubinatsverbot als Bestandteil einer staatlich betriebenen Sexualunterdrückung begreifen, sehen wir im Verstoß gegen das Verbot eine zumindest implizite Anfechtung staatlicher Herrschaftsansprüche. Indem dieser Rechtsbruch insofern über die bestehende Ordnung hinausweist, läßt er sich als *demonstrative* Normverletzung verstehen, auch wenn er nicht offen manifestiert wird.

Ein Blick auf die Ursprünge der sozialen Tatsache illegaler Geschlechtsverbindungen setzt bei den „alten Römern" an. Dies weniger, weil es einer verbreiteten Konvention entspricht, sondern weil es sich infolge der tatsächlichen Fundierung zeitgenössischen Rechts im römischen Recht aufdrängt.

---

[1] Zur Illustration sei hier an das im Zuge der 68er Bewegung aufgekommene Diktum „Wer zweimal mit derselben pennt, gehört schon zum Establishment" erinnert.

Insofern als das Konkubinat mit der Legalisierung der ehelichen Beziehung gleichsam erstmals negativ bestimmt wird, ist es naheliegend, seinen kulturellen Ursprung in der Zeit der beginnenden Verrechtlichung privater Verhältnisse zu suchen. So erstaunt nicht, daß der Begriff des Konkubinats im antiken Rom auftaucht und in den Ehegesetzen des Kaisers Augustus erstmals als terminus technicus verwendet wird.

Die Quellen für verbindliche Aussagen über das Liebes- und Gemeinschaftsleben von der römischen Frühzeit bis zur Neuzeit sind zu wenig gesichert, um vielfach mehr als spekulative Aussagen machen zu können. Der Verfasser hat die ihm verfügbaren, teilweise widersprüchlichen Informationen nach ihrer Plausibilität gewichtet, und er versucht, dementsprechend einen Argumentationsstrang zu knüpfen.

Neuere anthropologische Erkenntnisse[2] mahnen zur Vorsicht bei Aussagen über die Frühgeschichte des Abendlandes. Für unsere Untersuchung ist es allerdings wenig entscheidend, ob der patriarchalischen Familie in primitiven Gesellschaften die Gruppenehe voranging, mit „uneingeschränkter sexueller Freiheit (...), die wenig Platz für Eifersucht läßt", wie noch Engels annahm[3], oder ob diese Vorstellung ein unhaltbarer Mythos ist und monogame Beziehungen zwischen Mann und Frau seit jeher dominieren[4]. Unser Einstieg in die Thematik bezweckt nicht, ein einigermaßen vollständiges Bild der Einstellungsschwankungen gegenüber Sexualität, Liebe und Ehe durch die Jahrhunderte hindurch zu zeichnen. Signifikante Entwicklungstendenzen von der Antike bis zur Neuzeit sollten sich aber auch auf knappem Raum in groben Zügen darstellen lassen.

1. Das Konkubinat im antiken Rom

1.1. Frühes Rom bis zur Kaiserzeit

Erstmals scheint der Begriff des Konkubinats im Theater des römischen Komödiendichters Plautus öffentlich verwendet zu werden, in dem eine Frau als Concubina bezeichnet wird[5]. Der Begriff ist da aber noch nicht pejorativ besetzt, wie denn Plautus ganz allgemein eine freizügige Haltung gegenüber sexuellen Dingen (so z. B. auch gegenüber der Homophilie) einnimmt[6]. Die

---

[2] Siehe F. Mount: Die autonome Familie. Plädoyer für das Private. Eine Geschichte des latenten Widerstandes gegen Kirche, Staat und Ideologen, Basel 1982, S. 55 ff., und dort Zitierte.

[3] F. Engels: Der Ursprung der Familie, des Privateigentums und des Staats, 12. Aufl., 1908, S. 17.

[4] Mount (Anm. 2).

[5] Siehe G. v. Wattenwyl: Das Konkubinat im Strafrecht, Diss. Bern 1928, S. 6.

rechtsgültige Ehe war im Rom des Plautus freilich aus mehreren Gründen nicht als einzige Form geschlechtlicher Verbindung verbreitet. So konnten ursprünglich nur römische Bürger überhaupt eine rechtsgültige Ehe (iustum matrimonium) eingehen, und das nur mit der Einwilligung der Gewalthaber. Sklaven und anderen an einer rechtsgültigen Heirat Verhinderten blieb sodann nichts anderes übrig, als sich ohne formelle Rituale zu verbinden, wenn sie Lust dazu verspürten. Vor allem das Bedürfnis nach verbindlichen Kontakten scheint durchaus vorhanden gewesen zu sein und das *Pellikat* als Bezeichnung für jede geschlechtliche Verbindung, die keine rechtsgültige Ehe war, war äußerst verbreitet[7].

Ein öffentliches Bedürfnis nach Ahndung nicht-legalisierter Geschlechtsverbindungen bestand um so weniger, als der Gewalthaber eine Familienstrafgewalt als Ausfluß der patria potestas inne hatte, die bis zum Tötungsrecht der eigenen Tochter reichte, wenn er sie beim Ehebruch ertappte. Um die rechtliche Sanktionierung von Verbindungen zwischen Mann und Frau auf mehr Verhältnisse auszudehnen, wurde die *Ususehe* als erweiterte Form des iustum matrimonium legalisiert und ebenso das matrimonium ex jure gentium, das die Ehe zwischen Römern und Fremden anerkannte. Uneheliche oder außereheliche Beziehungen wurden dadurch aber keineswegs ausgemerzt, was mit dem aufsteigenden Sklaven- und Freigelassenenwesen erklärt werden mag oder ganz einfach damit, daß sich libidinöse Bedürfnisse schon damals nicht gesetzlich unterdrücken beziehungsweise auf eine bestimmte Menschenklasse und Vollzugsform eindämmen ließen. Cicero galten dabei die außerehelichen Verhältnisse der Ehemänner vor allem mit Sklavinnen als Konkubinate[8]. Von dieser begrifflichen Kennzeichnung einer bestimmten Geschlechtsverbindung zur *juristischen* Definition des Konkubinats und zur Abgrenzung desselben von anderen, rechtlich unterschiedlich behandelten Kategorien bedurfte es aber gesetzlicher Normierungen, die erst unter Kaiser Augustus erfolgten.

1.2. Augustus und das staatliche Diktat des Sittlichen

Zur Aufwertung der ehelichen Gemeinschaft und zur Klärung der erbrechtlichen Verhältnisse sowie als Stimulus für die Produktion eines „gesunden", rechtlich sanktionierten Nachwuchses schickte sich die Obrigkeit an, die sittliche Ordnung zu gestalten. Kaiser Augustus erließ im Jahre 18 v. Chr.

---

[6] Siehe P. Veyne: Homosexualität im antiken Rom, in: P. Ariès/A. Béjin (Hrsg.): Die Masken des Begehrens und die Metamorphosen der Sinnlichkeit, Frankfurt/M. 1986, S. 40-49, und dort Zitierte.

[7] Vgl. v. Wattenwyl (Anm. 5), S. 3; W. Gsell: Die Bestrafung des Konkubinats nach schweizerischem Recht, Diss. Leipzig 1920, S. 1.

[8] Cicero Marcus T.: De oratore I, 183.

die leges Juliae de adulteris coercendis et de maritandis ordinibus. Im Jahre 9 n. Chr. folgte die lex Papia Poppaea[9]. Augustus verbot namentlich außereheliche Verhältnisse unter Verheirateten. Daneben scheinen insbesondere die Blutschande und bestimmte sexuelle Vorlieben strafrechtlich bekämpft worden zu sein. Besonders verpönt waren sexuelle Praktiken, die dem römischen Soldatenbürger eine passive Rolle zuwiesen (z. B. Fellatio). „Unzucht" scheint vorerst weniger in der darin erfahrenen Lustintensität bestanden zu haben als in der für freie römische Bürger unwürdigen Passivität[10]. Derselbe römische Virilismus, dem männliche Passivität als ein Zeichen von Verweichlichung verhaßt war, verabscheute die Sexualstellung der Frau, die auf dem Mann „reitet", wie es Seneca zu bezeichnen pflegte[11]. Es ist denkbar, daß aus solchen Überlegungen heraus Eheschließungen mit Schauspielerinnen und sogenannten „schändlichen Weibern" untersagt waren[12].

Bemerkenswert ist im übrigen, daß uneheliche Verbindungen unter nicht ehefähigen Partnern rechtlich durchaus akzeptiert wurden. So erlaubte Augustus auch das Konkubinat als uneheliche Geschlechtsverbindung monogamen Charakters von Nicht-Heiratsfähigen. Er vermochte allerdings seine sittlichen Ideale nicht ungeachtet sozialer Tatsachen rechtlich durchzusetzen. Indem er insbesondere die verbreiteten unehelichen Verhältnisse der Patrons zu ihren Freigelassenen duldete, beugte sich schon der damalige Kaiser der „Normativität des Faktischen", wie wir heute sagen würden. Auch die Anerkennung des sogenannten Militärkonkubinats diktierte weniger ein sittliches Ideal als ein Erfordernis militärischer Organisation. Während der Dienstzeit war es Soldaten unmöglich, ein justum matrimonium einzugehen. Gleichzeitig stellte der Eintritt in die Armee für Ehefrauen einen Scheidungsgrund dar[13]. Wohl den Bedürfnissen nach einigermaßen konstanten Geschlechtskontakten entgegenkommend, anerkannte Augustus darum das Militärkonkubinat als Parallelinstitut zur Ehe.

Im Laufe der Kaiserzeit wurde das römische Konkubinat aber verschiedentlich angefeindet. Mit der Inthronisierung von Kaiser Konstantin, der wohl aus machtpolitischen Überlegungen der aufsteigenden christlichen Sexualmoral Zugeständnisse machte, wurde das Konkubinat bekämpft. Den Tatsachen des Soziallebens mußte sich aber auch Konstantin beugen, indem er auf strafrechtliche Repression verzichtete und stattdessen die Umwandlung von Konkubinatsverhältnissen in Ehen durch Belohnung begünstigte[14].

[9] Siehe P. Jörs: Die Ehegesetze des Augustus, Marburg 1894.

[10] Vgl. hierzu J.-L. Flandrin: Das Geschlechtsleben der Eheleute in der alten Gesellschaft; Von der kirchen Lehre zum realen Verhalten, in: P. Ariès/A. Béjin (Anm. 6), S. 147 ff.

[11] Vgl. Veyne (Anm. 6), S. 47.

[12] Vgl. v. Wattenwyl (Anm. 5), S. 8.

[13] a.a.O., S. 12.

[14] a.a.O., S. 14 ff.

Wohl verzeichnete das Konkubinat seitdem tendenziell eine Prestigeminderung, aber die gesellschaftliche und rechtliche Bewertung blieb unter den folgenden Kaisern uneinheitlich. Mit Justinian, dem fruchtbarsten römischen Gesetzgeber, erlangte das Konkubinat gar wieder eine deutliche Aufwertung, wurde doch z. B. auch die Konkubine erstmals erbberechtigt, wenn sie in monogamer und dauerhafter Geschlechtsverbindung gelebt hatte. Es dauerte bis zum Ende des 8. Jahrhunderts, ehe Kaiser Basilius die jahrhundertealte konkubinatsfeindliche Haltung der Kirche auch rechtlich durchsetzte. Er verbot das Konkubinat explizit unter Androhung körperlicher Züchtigungen. „Leo der Weise" bekräftigte die Rechtsprechung seines Vorgängers, wobei er die Konkubinatsverhältnisse zusätzlich als „Hurerei" stigmatisierte[15].

Die beschriebene Entwicklung von Augustus bis zu Leo kann nicht überraschen, wenn wir uns den jahrhundertelangen Propagandafeldzug der „christlichen" Sexualideologie vergegenwärtigen.

2. *Die Paulinische Ordnung der Sinnenlust und die Propaganda der Sexualideologen*

Unter den frühen Christen wandte sich besonders der Apostel Paulus der Sexualität und ihren Äußerungsformen zu. Dem Spezialisten in Fragen normabweichenden Verhaltens geriet auch im Bereiche der Sexualität zur Sünde, was als Ausdruck von Sinnenlust gewertet werden konnte. Paulus, der den Körper als Tempel des heiligen Geistes betrachtete[16], sah in den „Sünden des Fleisches" Delikte, die bezüglich ihrer Schwere nur noch von den Sünden gegen Gott, wozu auch Ungehorsam gegen die Obrigkeit zählte, übertroffen wurden[17].

Obgleich sich Paulus neben diesen Zeugnissen von Untertanenideologie und Sexualfeindschaft auch als „Macho" in Szene setzte und die Sünde mit der Frau in die Welt kommen ließ, richtete er sich mit seiner Sexualmoral gegen die Begierde schlechthin. Selbst die Ehe erschien ihm nur insoweit als akzeptable Verbindung von Mann und Frau, wie sie Auswüchse der Begierde zu hemmen versprach:

„Ein Mann tut gut daran , keine Frau zu berühren. Um aber Unzuchtssünden zu vermeiden, soll jeder Mann seine eigene Ehefrau und jede Frau ihren eigenen Ehemann haben. Der Mann leiste seiner Frau die schuldige Pflicht, ebenso aber auch die Frau dem Manne. Die Frau hat kein Verfügungsrecht über ihren Leib, sondern der

---

15 a.a.O., S. 21.

16 1. Kor. 6,19.

17 1. Kor, 6,9-10; 1 Tim. 1,9-10; vgl. auch das Essay von P. Ariès: Paulus und das Fleisch, in: ders./A. Béjin (Anm. 6), S. 51 ff.

Mann. Ebensowenig hat der Mann ein Verfügungsrecht über seinen Leib, sondern die Frau"[18].

Zwar erstaunt im ersten Augenblick vielleicht, daß Paulus die Frau dem Mann hinsichtlich der ehelichen Pflichten gleichstellt. Andererseits handelt es sich eben nur um eine *formale* Gleichstellung der Geschlechter, die die eklatante weibliche Ungleichheit bzw. Ungleichbehandlung von der Biologie bis zur Stellung im öffentlichen Leben bloß verschleiert. Zudem bringt die Formulierung ein derart pflichtbelastetes Verständnis der Ehe zum Ausdruck, daß darin die Sinnenlust unweigerlich ersticken muß.

„Ich wollte lieber, alle Menschen wären, wie ich bin", sagt Paulus[19] und macht damit deutlich, daß die Ehe von ihm nur als untergeordneter Stand gegenüber der keuschen Ehelosigkeit angesehen wird. Sie ist als potentielle Ablenkung von der Liebe zu Gott nur als Konzession an die menschliche Schwäche zu billigen. Mit freier sexueller Hingabe an einen geliebten Partner hat die obligationenrechtliche Variante der „christlichen" Ehe nichts zu tun[20].

Mag eine generelle Feindseligkeit des Christentums gegenüber jeder familiären Einrichtung nicht behauptet werden, so steht doch die Vorstellung lustfeindlicher Zweckbeziehungen zwischen Mann und Frau außer Zweifel. Liebe als spannungsgeladenes Gebilde aus Freundschaft, Emotionalität und Sexualität wird von dieser Sexualideologie ebenso folgerichtig abgelehnt wie eben das Konkubinat, jene Geschlechtsverbindung, die sich dem „Dunkel der Leidenschaften" verschrieben hat. Für die Mißbilligung der sexuellen Liebesbeziehung lieferten die kirchlichen Sexualideologen immer wieder pointierte Belege[21]. Der Kirchenlehrer Hieronymus etwa trat im Anschluß an die Ära Konstantins propagandistisch in Erscheinung. Er, der des Teufels Stärke in den Lenden seßhaft glaubte, formulierte mit Berufung auf Seneca eine Auffassung, die bis lange über das Mittelalter hinaus immer wieder als christliche Position behauptet werden sollte:

"Ehebrecherisch ist auch die allzu brennende Liebe für die eigene Frau. Er [der Mann — M. S.] soll seine Leidenschaft zügeln und sich nicht zum Beischlaf hinreißen lassen. (...) Nichts ist schändlicher, als seine Frau wie eine Mätresse zu lieben. (...) Der Mann soll sich seiner Frau nicht als Geliebter, sondern als Gatte nähern"[22].

Wie wir gesehen haben, vermochten sich solche Reden gegen die Macht der Leidenschaft nicht leicht durchzusetzen, ansonsten etwa die Ausmer-

[18] 1. Kor. 7,1-4.

[19] 1. Kor. 7,7.

[20] Eine nämliche Lustfeindlichkeit findet sich allerdings schon in vorchristlicher Zeit, vgl. Platon, der den Sieg über die Lüste als erstrebenswertes Ideal schildert: Die Gesetze, 840 C ff.

[21] Paulus' geistige Vaterschaft läßt sich dabei unschwer erkennen.

[22] Hieronymus: Adversus Jovinanium I, 49, zitiert nach Flandrin (Anm. 10), S. 155.

zung des Konkubinats gelungen wäre. Nichtsdestoweniger liegt hier die Grundlage für die folgenschwere moralische Ächtung der Sinnenlust und für staatliche Verbote des Konkubinats. Basilius errichtete gegen das Konkubinat mit dem Argument, es „beflecke den Staat"[23], eine Bastion des Sittlichen. So betrachtet, mögen das Konkubinat und selbst die Ehe, wo sie leidenschaftliche Phasen durchlebt, historisch als latent widerständige Einrichtungen gegen Kirche, Staat und Ideologie angesehen werden[24].

3. *Das Konkubinat im Recht der frühen Germanen*

Die alten Germanen vor der Zeit der ersten Stammesrechte scheinen ähnlich wie die frühen Römer strenge Familiensitten gekannt zu haben. Wie bei diesen schon lange vor Augustus herrschte auch bei den Germanen zu Beginn unserer Zeitrechnung eine extrem patriarchale Familienstruktur vor. Nach altgermanischer Sitte scheint gar nur das weibliche Geschlecht überhaupt sittlicher Vergehen fähig[25]. Während es einem Freien erlaubt war, mit einer Sklavin zu verkehren, wurde der Umgang einer Freien mit einem Sklaven heftig bekämpft, wobei die zulässigen Reaktionen von der Versetzung in den Sklavenstand bis hin zur Todesstrafe reichten[26]. Es ist denkbar, daß Tacitus bei seinen Berichten über die Germanen um 100 n. Chr. solche Realitäten im Auge hatte, wenn er feststellte, in Germanien würden gute Sitten mehr gelten als anderswo gute Gesetze[27]. Damit bezeugte er allerdings vor allem den kruden römischen Patriarchalismus. Möglich ist darum auch, daß das Bedürfnis, das Fremde als Utopie des Eigenen zu verklären und als moralisches Exempel den eigenen (Un)sitten entgegenzuhalten, Tacitus' Feder mehr gelenkt hat als eine kritische Vergleichung zweier Gesellschaftssysteme.

Die römisch beeinflußten Stammesrechte der Germanen und der Einfluß des katholischen Glaubens auf die Merowinger[28] scheinen die Ungleichbehandlung von Mann und Frau teilweise abgebaut zu haben[29]. Hingegen vermochten sie uneheliche Beziehungen ebensowenig auszumerzen wie ihre

[23] Siehe Eduard M. Löwenstein: Die Bekämpfung des Konkubinats in der Rechtsentwicklung, Breslau 1919, S. 8.

[24] Mount (Anm. 2) spricht in seinem „Plädoyer für das Private" von einem latenten historischen Widerstand der Familie gegen „Kirche, Staat und Ideologen".

[25] Vgl. v. Wattenwyl (Anm. 5), S. 22; Hch. Neukötter: Die Strafbarkeit des Konkubinats, Breslau 1930, S. 5.

[26] Vgl. Löwenstein (Anm. 23), S. 14, und dort Zitierte.

[27] Tacitus: Germania 19.

[28] Vgl. K. Kroeschell: Deutsche Rechtsgeschichte, Bd. 1, Reinbek b. Hamburg 1972, S. 30 f. und 64 ff.

[29] Vgl. Löwenstein (Anm. 23), S. 17; v. Wattenwyl (Anm. 5), S. 24.

römischen Zeitgenossen. Da auch die Germanen statusbedingte Ehehindernisse kannten, leisteten auch sie nicht-ehelichen Geschlechtsverbindungen Vorschub. Der Begriff des Konkubinats existierte bei ihnen allerdings nicht. Dem römischen Konkubinat scheinen aber die germanische Misheirat und die germanische Friedelehe entsprochen zu haben[30]. So bezeichnete man dauerhafte Geschlechtsverbindungen, für die Ehehindernisse bestanden oder die ohne väterliche Einwilligung eingegangen wurden. Im Unterschied zur Ehe bewirkten diese Verhältnisse keine gegenseitigen rechtlichen Ansprüche der beiden Partner.

Wie die Römer, so zollten auch die Germanen den Tatsachen des Soziallebens Tribut, indem sie nicht die strafrechtliche Unterdrückung unehelicher Beziehungen anstrebten, sondern deren nachträgliche Legalisierung begünstigten[31], was immerhin einer offiziellen Bekräftigung der Monogamie gleichkam. Demgegenüber wurden außereheliche Kontakte wie Ehebruch und „Hurerei" streng bestraft[32].

Mit dem Paulinisch fundierten Bedürfnis nach Kontrolle des Privaten schlich sich überdies der Priester zunehmend in die Zeremonie der Eheschließung ein, bis sie zum sakralen öffentlichen Akt erhoben wurde. Kontinuierlich drang die mittelalterliche Kirche auch in das „Haus, das Bett und die Seele" der Eheleute ein[33].

4. Sexuelle Beziehungen unter der Herrschaft kirchlicher Sexualmoral

Einen entscheidenden Brennpunkt für die Etablierung der sexualmoralischen Herrschaft der Kirche bildete wohl das Laterankonzil von 1215 mit der Einführung des Bußsakramentes und des Geständnisses als Ritual[34]. Die detailkundigen Ausführungen mittelalterlicher Theologen zu verschiedenen Sexualpraktiken und Fragen zur Sexualität dürften im Beichtstuhl zweifellos reichlich Stoff erhalten haben. Was Foucault mit der These von der „Diskursivierung der Sexualität" gegen die herkömmliche Repressionsthese eingewandt hat und auf den öffentlichen Umgang mit der Sexualität insbesondere

30 Löwenstein: a.a.O., S. 5.

31 Siehe zum Beispiel N. Falck: Das jütische Gesetz, Altona 1836, S. 29.

32 Wilhelm E. Wilda: Das Strafrecht der Germanen, Halle 1842, S. 315.

33 So I. Illich: Genus. Zu einer historischen Kritik der Gleichheit, Leck 1983, S. 108 (Illichs darin entwickelte Genus-Theorie ist mit großer Skepsis zu begegnen, erscheint sie im Ergebnis doch wie eine Rechtfertigung eines schwer zu verschleiernden Sexismus'); vgl. zur Sakralisierung der Ehe auch Ariès: Die unauflösliche Ehe, in: ders./Béjin (Anm. 6), S. 176 ff.

34 Vgl. M. Foucault: Sexualität und Wahrheit. Der Wille zum Wissen, Frankfurt/M. 1983, S. 75 ff.; Illich: a.a.O., S. 106 ff.

seit dem 17. und vor allem 18. Jahrhundert bezieht[35], findet bereits im mittelalterlichen Umgang der Kirche mit der Sexualität seinen Niederschlag. Die repressiven Momente des Diskurses und das Bemühen, sexuelle Normalität zu definieren, waren allerdings äußerst augenfällig.

4.1. Zur Topologie der Körper im Sexualakt

Was wir schon als Haltung der alten Römer zum rollenkonformen Sexualakt registriert hatten, finden wir auch in mittelalterlichen Ideologien wieder. Die Sexualstellung der auf dem Mann reitenden Frau (mulier super virum) galt als widernatürlich, da die Frau „von Natur aus passiv" sei, in dieser Stellung aber gerade sie aktiv handle und der Mann ihr unterlegen sei[36]. Daß die „Reitstellung" als charakteristisch empfunden wurde für das Streben der Frau nach Lust, kann nicht erstaunen, wenn wir uns an die kirchenideologische Wahrnehmung der Frau als Vehikel des Satans erinnern. Ivo von Chartres, ein führender kirchlicher Sexualideologe des 11. Jahrhunderts, verwies jede fortpflanzungsunabhängige Sexualität mit ausdrücklicher Berufung auf Hieronymus als „illicitus concubitus" ins Reich der Sünde[37].

Im Laufe der Jahrhunderte wurden diese rigiden Vorschriften unter Berücksichtigung der Unbill der „Natur" aber etwas gelockert. Die „super virum"-Stellung duldeten zum Beispiel einige Theologen des 14. Jahrhunderts, wo sie objektiv gerechtfertigt werden konnte, so etwa, wenn der Mann durch einen dicken Bauch bei der konventionellen Stellung behindert wurde. Die sittliche Wunschvorstellung beugte sich einmal mehr der Macht der Umstände.

Diese sexualtechnische Diskussion zeigt, wie sehr die Kirche ihre Einflußsphäre in den Intimbereich ihrer „Glieder" verlegte und zum Beispiel noch in Ansehung der Existenz öffentlicher Bordelle im Frankreich des 15. Jahrhunderts eine führende Rolle in Sachen Sex beanspruchte. So pochte sie auf die Einhaltung eines Verhaltenskodex' im Bordellwesen, wonach nur die üblichen Praktiken stattfinden und die Bordelle nicht zu Orten sexueller Ausschweifungen verkommen durften[38]. Ging es hier der Kirche eher um die

---

[35] Foucault sieht im Sex seit Beginn der christlichen Buße „die privilegierte Materie des Bekennens" (a.a.O., S. 79): „Es ist ein Imperativ errichtet worden, der fordert, nicht nur die gesetzwidrigen Handlungen zu berichten, sondern aus seinem gesamten Begehren einen Diskurs zu machen. Nichts soll mehr der Formulierung entgehen ..." (a.a.O., S. 31).

[36] Siehe Flandrin (Anm. 10), S. 153.

[37] Näheres zu Chartres und seiner Ideologie siehe bei G. Duby: Ritter, Frau und Priester. Die Ehe im feudalen Frankreich, Frankfurt/M. 1985, S. 187 ff.

[38] Näheres bei J. Rossiaud: Prostitution, Sexualität und Gesellschaft in den französischen Städten des 15. Jahrhunderts, in: Ariès/Béjin (Anm. 6), S. 103 f.

Erhaltung eines Einflußbereiches, versuchte sie daneben ihren angestammten Bereich der Ehe nach ihrer Fasson ideologisch zu zementieren.

4.2. Die Ehe als Sakrament

In realistischer Einschätzung des menschlichen Paarungsbedürfnisses machten sich kirchliche Sprecher wiederholt für die „christliche Ehe" stark. Der heilige Bernhard hatte im 12. Jahrhundert erkannt, daß Angriffe auf die Ehe — nicht zuletzt durch ausschließliche Propagierung keuscher Ehelosigkeit — den geschlechtlichen Ausschweifungen (oder etwa unerwünschten Sexualpraktiken wie Masturbation) „Tür und Tor öffnen ..." würden[39]. Zudem verbündeten sich ordnungspolitische Bedürfnisse mit diesen sexualmoralischen Ansprüchen. Stabile und öffentlich registrierte Eheverhältnisse sollten eine gesellschaftliche und ökonomische Stabilität garantieren. Den familialen Herrschaftsstrukturen oblag weitgehend jene Sozialisationsfunktion, die damalige geschlossene Gesellschaften verlangten[40]. Die Institutionalisierung der Ehe als gesetzliches Zwangsgefüge hatte darum vor allem die Funktion öffentlicher Kontrolle. War die legale Beziehung einmal definiert und als Sakrament überhöht und vergeistigt[41], geriet sie zur kirchlichen Bastion sittlicher Ordnung, die sich die menschlichen Triebe gefügig zu machen versucht. Ökonomische und ständische Ehehindernisse förderten gleichzeitig eine ständische Gesellschaftsstruktur und die Ehe als ökonomisch-utilitaristisch motivierte Allianz[42], die zur Errichtung einer Produktionsgemeinschaft und um der Fürsorge der Nachkommenschaft willen eingegangen wird. Emotional-erotische Momente traten bei derart arrangierten Zweckehen naheliegenderweise zurück.

Vor diesem Hintergrund mochten auch grundsätzliche Gegner jeglicher geschlechtlicher Berührung der Sakralisierung der Ehe einen Sinn abgewinnen[43]. Die Doktrin wandte sich aber — wie bereits erwähnt — gegen die trotz aller Ernüchterung der ehelichen Bindung mögliche sexuelle Leidenschaft, die als personale Bindung die (transpersonale) Liebe zu Gott konkurrenzieren könnte. Vom „heiligen Sakrament der Ehe" war folglich „mit aller Schicklichkeit und Ehrfurcht Gebrauch zu machen"[44].

---

[39] Siehe bei Ariès (Anm. 33), S. 181.

[40] Vgl. M. Mitterauer/R. Sieder: Vom Patriarchat zur Partnerschaft. Zum Strukturwandel der Familie, 3. Aufl., München 1984, S. 17.

[41] Die kirchlich erlassenen Beischlafverbote in der Ehe an Fest- und Fasttagen illustrieren die Sakralisierung.

[42] Vgl. Ariès (Anm. 33), S. 180; G. Simmel: Zur Soziologie der Familie, in: Schriften zur Philosophie und Soziologie der Geschlechter, hrsg. von H. J. Dahme und Klaus Ch. Köhnke, Frankfurt/M. 1985, S. 119 ff.

[43] Zur Kontroverse über die Sakralisierung der Ehe vgl. Duby (Anm. 37), S. 124 ff.

[44] Vgl. die Belege bei Flandrin (Anm. 10), S. 155.

Mit der Reformation und im Gegenzug zur spätmittelalterlichen „Blütezeit" der Sinnenfreuden[45] verstärkte sich die Offensive gegen die Sinnenlust, und dies natürlich vor allem dort, wo sie außerhalb der ideologisch enterotisierten Ehegeschlechtlichkeit ihre Wege ging. So kam die Lust in der Zeit der Reformation ganz allgemein wieder vermehrt in Verruf. Wo die sinnlichen Begierden über die Ufer der schicklichen Ehelichkeit traten, folgte nicht nur kirchliche Verpönung, sondern nun regte sich auch der Arm des weltlichen Rechts.

4.3. Von den Grenzen ideologischer Propaganda und den ambivalenten Normen des Sittlichen

Den Wünschen der kirchlichen Verhaltensmoral und ihren mannigfachen Kontrollmechanismen zum Trotz war aus den Köpfen der Menschen nicht auszutreiben, wonach Herz und Lenden verlangten. Und diesen war weder nach keuscher Ehelosigkeit noch nach pflichtethischer Ehebeziehung zu tun.

Setzte die Eheschließung eine selbständige wirtschaftliche Überlebensfähigkeit als Produktionsgemeinschaft voraus, die meist erst lange nach der Geschlechtsreife erlangt wurde[46], so ergab sich notwendigerweise eine „triebgeladene Durststrecke". Als Folge davon darf eine weite Verbreitung nicht-ehelicher Sexualitäten vermutet werden[47].

Die Entstehung von „fidelen Brüderschaften" und „öffentlichen Bordellen" durch staatliche Förderung vor allem im heutigen Frankreich verweist jedenfalls auf die Unabweisbarkeit des appetitus sexualis. Rossiaud spricht gar von „städtisch lizenzierter Unzucht in der grande maison [öffentliches Bordell — M. S.]", die schlimmere Exzesse der sozio-ökonomisch bedingten „Triebrebellion" verhindern sollte und so zu einem Hebel der innergesellschaftlichen Befriedigung wurde[48]. Durch die städtische Sanktionierung dieser Unzucht wurde immerhin eine gewisse öffentliche Kontrolle darüber gewahrt. Gemessen an einem Paulinisch inspirierten Ideal völlig bezähmter Lust war diese Situation allerdings recht besorgniserregend. Zudem konnte auch die Aufsicht über die eheliche Geschlechtsverbindung die Ehe nicht immer zu einem Hort obligationenrechtlicher Tauschbeziehungen ernüchtern. Wenngleich anzunehmen ist, daß sich die Trennung von Sinnenlust

[45] Vgl. Rossiaud (Anm. 38), S. 111 ff.

[46] Vgl. Mitterauer/Sieder (Anm. 40), S. 52 ff.; Simmel (Anm. 42), S. 66 ff.

[47] Diese Situation, auf die die sexualmoralische Repression reagierte, mag jene Basisbewegung von Ketzern mobilisiert haben, die offen gegen die Keuschheitsideologie opponierte und als Minderheit die Flamme der Unzufriedenheit gegen Machtanmaßungen der Mächtigen am Leben erhielt, bis die Zeit für ein weiterreichendes Feuer gekommen sein würde (vgl. hierzu auch Ernst Bloch: „Das Beste, was die Religion hervorgebracht hat, sind ihre Ketzer", in: Atheismus im Christentum, Frankfurt/M. 1980).

[48] Rossiaud (Anm. 38), S. 111.

und Ehe im Leben der mittelalterlichen Menschen durchgesetzt hat, lassen sich gegen die These, wonach sich „wahre Liebe" nur im Ehebruch realisiere, Zeugnisse von leidenschaftlichen Ehepartnern anführen[49].

Die offiziell verkündete Sexualmoral der Kirche kontrastiert schließlich auch mit einem kirchlichen Voyeurismus, wie etwa der Fall jenes Kirchengerichts von Canterbury zeigt, das zwecks Anerkennung einer scheidungsbegründenden Impotenz des Ehemannes mit bemerkenswerter Detailfreudigkeit vorging:

„Dieselbe Zeugin entblößte ihre nackte Brust und mit ihren am Kaminfeuer gewärmten Händen hielt und rieb sie den Penis des besagten John. Und sie umarmte und küßte besagten John mehrmals und erregte ihn, so weit sie vermochte, seine Männlichkeit und Potenz zu zeigen. Und sie ermahnte ihn, er solle sich schämen und sich auf der Stelle als Mann erweisen. Nach gründlicher Befragung erklärte sie, daß während der ganzen Zeit besagter Penis kaum sieben Zentimeter lang war und weder größer noch kleiner wurde"[50].

Diese Prüfung scheint der Verifizierung der Paulinischen Vertragspflicht der Ehepartner („schuldige Pflicht erfüllen"[51]) zu dienen, was nicht zuletzt zeigt, wie selbst dem sexualfeindlichen Eheverständnis eines Paulus die Sexualisierung innewohnt. Das Gebot, sich seiner Frau nicht wie einer Geliebten, sondern „schicklich" und „ehrfürchtig" zu nähern, ist vor diesem realen Hintergrund reichlich lebensfremd. Auch kann in Ansehung des kirchlichen Voyeurismus' nicht erstaunen, daß sowohl offiziell verpönte Priesterehen als auch Konkubinatsverhältnisse von Geistlichen keine Seltenheit waren.

In diesem Zusammenhang sind die zunehmenden Normierungsversuche des Sittlichen durch den weltlichen Gesetzgeber im ausgehenden Mittelalter zu sehen. Wie bereits angedeutet, setzte der Staat in seinem Kampf gegen den „Sittenzerfall" Strafnormen gegen das Konkubinat ein. Die Constitutio Criminalis Carolina, das erste umfassende Strafgesetzbuch von 1532, kannte zwar den Straftatbestand des Konkubinats nicht, jedoch bestraften zahlreiche Reichspolizeiordnungen des 16. Jahrhunderts das Konkubinat als „offentliches Laster". Wer ohne behördliche Sanktion eine Geschlechtsverbindung einging, saß „zur Unehre", wobei meist der Frau die Tatherrschaft unterstellt wurde[52]. Die Reaktionen gegen diese ordnungswidrigen Vergehen gegen die öffentliche Sittlichkeit reichten von Berufsverboten bis zur

---

[49] Vgl. die Zeugnisse bei Mount (Anm. 2), S. 74 ff.

[50] Siehe bei Mount: a.a.O., S. 90.

[51] 1. Kor. 7,3.

[52] Der Begriff „Unehre" wird synonym verwendet zu „Unehe". In diesem Zusammenhang ist meist von „leichtfertigen Weibspersonen, Buhlerinnen und Huren" die Rede (vgl. Löwenstein (Anm. 23), S. 32).

Landesverweisung[53]. In diese Strafmaße reihten sich auch bereits verschiedene Kantone der Alten Eidgenossenschaft ein.

Strafformen wie der Ausschluß von der Teilnahme an Hochzeiten und Gastmahlen bis zur Entfernung aus dem Gemeinwesen mit der Begründung, sich nicht „verunreinigen zu lassen", weisen bemerkenswerterweise auf jene Phänomene hin, die Sigmund Freud Jahrhunderte später mit der „allgemeinen Form der Gesetzgebung" identifizierte und als von Berührungsängsten charakterisierte Tabus definierte:

„Das Tabu ist ein uraltes Verbot, von außen (von einer Autorität) aufgedrängt und gegen die stärksten Gelüste der Menschen gerichtet. Die Lust, es zu übertreten, besteht in deren Unbewußten fort; die Menschen, die dem Tabu gehorchen, haben eine ambivalente Einstellung gegen das vom Tabu Betroffene. Die dem Tabu zugeschriebene Zauberkraft führt sich auf die Fähigkeit zurück, die Menschen in Versuchung zu führen; sie benimmt sich wie eine Ansteckung, weil das Beispiel ansteckend ist"[54].

Diese Ambivalenz ist es, die sich auch in den staatlichen und gesellschaftlichen Reaktionen auf das Konkubinat niederschlägt. Das Konkubinat steht da für das allgemeine Bedürfnis nach ungehemmter sexueller Hingabe. Diesem Bedürfnis werden durch die Mobilisierung der Reinheitsideologie Riegel zu schieben versucht. Die Ambivalenz des Tabus sprengt die verriegelten Türen zum Reich des Sinnlichen aber immer wieder auf.

5. *Geist der Aufklärung, Metaphysik des Sittlichen und die Normativität des Faktischen*

5.1. Der Graben zwischen Rechtsdenkern und Rechtsdogmatikern

Christian Thomasius, ein „Gelehrter ohne Misere"[55] im Kampf für Freiräume der Toleranz gegen Folter und Hexenprozesse, verfaßte im Jahre 1713 eine engagierte Schrift gegen die Moralisten wider das Konkubinat[56], obwohl er sich sonst gegenüber dem Triebhaften keineswegs besonders nachgiebig gab[57].

Was unsere bisherige Darstellung hinsichtlich der Wandelbarkeit von Rechtsnormen und sittlichen Anschauungen gezeigt hat, erkannte Thoma-

[53] Siehe die Beispiele bei Gsell (Anm. 7), S. 7, und Löwenstein (Anm. 23), S. 19ff.

[54] S. Freud: Totem und Tabu, Fischer Taschenbuch, Frankfurt/M. 1956, S. 42.

[55] Vgl. E. Bloch: Christian Thomasius, ein deutscher Gelehrter ohne Misere, Frankfurt/M. 1961.

[56] Ch. Thomasius: Schediasma Inaugurale Juridicium de concubinatu, Halae 1713.

[57] Vgl. seine Tugendlehre (Thomasius: Ausübung der Sittenlehre, Hildesheim 1968).

sius mit erstaunlicher Klarsicht. Der Augustinischen Wehklage über den „Sittenzerfall": „quando mos erat, crimen non erat" (Als Sitte [hier identisch mit Sittlichkeit — M. S.] herrschte, gab es kein Verbrechen), setzt er mit Blick auf das Konkubinat ein rechtssoziologisches Argument entgegen:

> „Concubinatus quando mos erat, crimen non erat" (Als das Konkubinat Sitte war, war es kein Verbrechen)[58].

Thomasius beobachtet die Wandelbarkeit sittlicher Anschauungen und tatsächlicher Übung und erkennt, daß sittliche Handlungen nicht per se Verbrechen sind, sondern immer in Abhängigkeit von jeweiligen Anschauungen rechtlich definiert werden. Die Kriminalisierung des Konkubinats sagt in der Betrachtungsweise des Thomasius demnach weniger aus über die ethische Qualität des unehelichen Verhältnisses als über jeweils herrschende sittliche Anschauungen und das Kriminalisierungsbedürfnis definitionsmächtiger Instanzen. Aus dieser Erkenntnis heraus hat Thomasius auch erstmals vehement für die Trennung von Recht und Moral plädiert[59].

Von der Erkenntnis des Intellektuellen zu deren politisch-juristischer Reflexion und Rezeption war der Weg aber schon zu Thomasius' Zeiten verschlungen. Trotz seines aufklärerischen Beitrages zur Geschichte des Konkubinats und zu einem aufgeklärten Rechtsverständnis wurde zum Beispiel noch im Codex iuris Bavarici von 1751 eine Strafbestimmung gegen das Konkubinat aufgenommen und als letzte größere Strafgesetzgebung des 18. Jahrhunderts bestrafte auch die Constitutio criminalis Theresiana von 1796 das Konkubinat, wenn auch milde.

Während verschiedene Rechts*denker* gegen Ende des 18. Jahrhunderts die Strafwürdigkeit menschlicher Handlungen thematisierten und sie etwa für das Konkubinat verneinten, da es keine schutzwürdigen Interessen verletze[60], widmeten sich die Rechts*dogmatiker* unbekümmert dieser Grundsatzfrage der rechtlichen Konturierung des Tatbestandes. Zunächst beschäftigte die Dogmatiker die Frage der Abgrenzung des Konkubinats vom einfachen außerehelichen Beischlaf. Dabei galt der damals herrschenden Lehre das Konkubinat als qualifizierter Tatbestand, da darin fortgesetzt illegal beigeschlafen werde und sich die Konkubinatspartner so die Annehmlichkeiten der Ehe aneigneten, ohne sich um deren Pflichten kümmern zu müssen[61]. Darüber hinaus verleitete die deformation professionelle zu

---

[58] Thomasius (Anm. 56), S. 42.

[59] Hierzu siehe etwa E. Bloch: Naturrecht und menschliche Würde, Frankfurt/M. 1961, Kap. 22.

[60] Vgl. Ernst K. Wieland: Geist der peinlichen Gesetze, Bd. II, o.O. 1784, S. 216 f.; Johann G. Fichte: Grundlagen des Naturrechts nach Principien der Wissenschaftslehre, zweiter Theil oder Angewandtes Naturrecht, Jena und Leipzig 1797, N 195 f.

[61] Vgl. Löwenstein (Anm. 23), S. 39 f.

eingehenden Erörterungen der Tatbestandsverwirklichung. Diese mußten auch Potenzstörungen nicht hindern, wenn nur „die geschlechtliche Befriedigung durch (...) geschlechtsbetonte, wenn auch abnorme Handlungen" erfolgte und diese „geschlechtliche Betätigung Grundlage des Zusammenlebens bildet"[62]. Dieses Beispiel zeigt, daß die Kriminalisierung der Sexualität nicht allein mit sozio-ökonomischen Verhältnissen erklärt werden kann, sondern auch durch ein von genuiner Sexualfeindschaft genährtes Juristenrecht zumindest begünstigt werden mußte[63].

Die „wilde Ehe" mag — so läßt sich jetzt vermuten — in zweifacher Weise als gleichbedeutend mit grenzüberschreitender Autonomie angesehen worden sein. Einerseits schert sich diese Geschlechtsverbindung nicht um staatliche Sanktionierung, entzieht sich dieser explizit, läßt sich nicht „einzäunen", ist wild. Andererseits will die *wilde Ehe* nichts wissen von einer obrigkeitlichen Normierung (sprich: Zähmung) des Sexualaktes, wie sie in der bereits beschriebenen Enterotisierung ehelicher Liebe durch kirchliche Propaganda angestrebt wird.

5.2. Die Sittlichkeit der Ehe und die Freiheit der Liebe

Das staatliche Bemühen um die Kontrolle der Sexualität hat, wie wir gesehen haben, eine lange Tradition. Eine der vielleicht abwegigsten Vorstellungen obrigkeitsstaatlicher Kontrollmacht findet sich in der von Tomaso Campanella 1623 verfaßten Utopie über den „Sonnenstaat". Darin werden Paare nach „wissenschaftlichen" Erkenntnissen zusammengeführt. Grübelnde Kopfmenschen sollen, da wenig triebhaft und darum nur zur Zeugung schwächlicher Nachkommen fähig, mit Frauen verbunden werden, die von Natur aus

„lebhaft, lebenskräftig und schön sind. Umgekehrt gibt man tatkräftigen, rührigen, zum Jähzorn geneigten Männern fette, phlegmatische Frauen"[64].

Abgesehen davon, daß solche Vorstellungen durch die Entwicklungen der Gentechnologie eine beängstigende Aktualität erhalten, spiegelt sich in ihnen wie im ganzen utopischen Entwurf Campanellas ein erschreckend totalitäres Staatsverständnis. Im derart ordnungsgebietenden, metaphysisch überhöhten Staat stirbt jede individuelle Autonomie ab.

---

[62] Siehe bei Neukötter (Anm. 25), S. 11.

[63] Zum Begriff des Juristenrechts vgl. die zwei Beiträge von Eugen Ehrlich zur „Soziologie des Rechts", in: E. Ehrlich: Gesetz und lebendes Recht. Vermischte kleinere Schriften, hrsg. von M. Rehbinder, Berlin 1986.

[64] T. Campanella: Der Sonnenstaat. Idee eines philosophischen Gemeinwesens, München 1900, S. 26.

Ohne Hegel gleich zum Fürsprecher eines derartigen Totalitarismus zu machen, scheinen uns auch in seinen Ordnungsvorstellungen des Sittlichen metaphysische Konstrukte unverkennbar. Vertrat Hegel auf der Grundlage seiner Dialektik bereits eine äußerst inhumane und irrationale Straftheorie[65], so zeigte er sich auch in Fragen von Sexualität und Ehe wenig unbefangen. Er verklärt die Ehe zur „Inkarnation" des sogenannt Sittlichen, worin das geistige Band über der Leidenschaft herausrage, wohingegen im Konkubinat der Naturtrieb dominiere. „Ehe contra Konkubinat" heißt in Hegels metaphysischer Vernebelung „Recht der Sittlichkeit" gegen das „Belieben" der Liebenden[66].

Ähnlich formulierte Michelet in seinem „Naturrecht oder Rechtsphilosophie als praktische Philosophie":

„Die Ehe ist also die in geistige Liebe umgewandelte, ebenso auch in dieser Umwandlung erhaltene Geschlechtsliebe. Das ist der Unterschied zwischen Ehe und Konkubinat"[67].

Die „große Philosophie" bewegte sich hier auf keinem anderen Boden als jene „Gesellschaft für Tugend und Weisheit in Deutschland", die im Jahre 1807 in Beantwortung einer „Preisfrage" über die Folgen des Konkubinats für Religion und Gesellschaft beklagt, „Buhler und Buhlerinnen (verzehrten) die Früchte des Augenblicks" und folgert:

„Der Staat, der aus Gründen der Moral und Religion die Ehe gebot, und den Concubinat untersagte, leidet in mehr als einer Hinsicht durch den Concubinat. Die verminderte Bevölkerung, die Sittenlosigkeit seiner Glieder, die Unordnung in den Familienverhältnisse (. . .), Hang zur Üppigkeit, zur Schwelgerei (. . .), gänzliche Abspannung moralischer Thatkraft, Missvergnügen in Familien, das seinen nachtheiligen Einfluss notwendig aufs Ganze äussern muss, sind mehr oder minder Folgen des gesetzwidrigen Zusammenlebens"[68].

Wenngleich Schopenhauer — um einen weiteren großen Namen zu konsultieren — in seiner Polemik gegen Verklärungen der ehelichen Gemeinschaft unverhüllt sexistische Vorurteile kolportierte, moralisierte er zumindest nicht die Sexualität vom Tisch[69]. Und wer in der Folge mit

[65] G.W.F. Hegel: Grundlinien der Philosophie des Rechts: §§ 90 ff., Frankfurt/M. 1976; kritisch zur darin entwickelten Straftheorie P. Noll: Strafe ohne Metaphysik, in: Mißlingt die Strafrechtsreform?, hrsg. von J. Baumann, Neuwied 1969, S. 48 ff.

[66] Hegel: a.a.O., § 163.

[67] Carl L. Michelet: Naturrecht oder Rechtsphilosophie als praktische Philosophie, Bd. I, Berlin 1866, S. 291.

[68] Johann A. von Einem: Zwei Preisfragen. Aufgestellt von der Gesellschaft pro fide et cristianismo zu Stockholm, beantwortet von der Gesellschaft für Tugend und Weisheit in Deutschland, Stendal 1807, S. 51 f.

[69] A. Schopenhauer: Aphorismen zur Lebensweisheit, Taschenbuch, Frankfurt/M. 1976, S. 73 ff.

intellektuellem Anspruch Gedanken über Sexualität und Liebe anstellte, gelangte überwiegend zu einer sachlicheren Einstellung gegenüber der unehelichen Sexualität. Hierhin gehört etwa Friedrich Engels' vehemente Ablehnung der lustfeindlichen Ehetradition und seine engagierte Fürsprache für die „individuelle Geschlechtsliebe", wo geschlechtliche Beziehungen nicht mehr von ökonomischen Interessen überlagert sind. Engels' Prophezeiung geht auf eine aufgeklärte Zukunft, wo sich Menschen in geschlechtlichen Dingen

„den Teufel darum scheren, was man heute glaubt, daß sie tun sollen; sie werden sich ihre eigne Praxis und ihre danach abgemessene öffentliche Meinung über die Praxis jedes einzelnen selbst machen — Punktum"[70].

August Forel, Psychiater und Direktor der damaligen „Irrenanstalt" in Zürich, plädierte in seinem umfangreichen Werk zur „sexuellen Frage" aus dem Jahre 1904 in bester straftheoretischer Tradition für eine klare Beschränkung strafrechtlicher Reaktionen auf *sozialschädliche* Verhaltensweisen, wovon er die sexuelle Vereinigung explizit ausnahm[71]. In wohltuender Weise befreit Forel die sexuelle Liebe aus ihrer Funktionalisierung für eine rechtliche Institution und behandelt sie als Selbstzweck[72]. Er macht das Konkubinat nicht zur problemlosen, gleichsam aseptischen Alternative zur ehelichen Bindung. So ist etwa ein allfälliger Trennungsschmerz bei der Auflösung einer Bindung nicht wesentlich mit der rechtlichen Scheidung verbunden, er kommt auch bei der Auflösung von Konkubinatsverhältnissen vor. Aber das Konkubinat ist als formell freie, *relative Monogamie* eine Alternative zur Zwangsmonogamie in Form der traditionellen, patriarchalen Ehe[73]. Mit dieser radikalen Anerkennung des Konkubinats würde nicht nur die von Forel schon damals erkannte „einfältige Sitte, ein unverheiratetes Weib anders als ein verheiratetes zu titulieren"[74], hinfällig, sondern die Sexualität wäre auch der Zwangsjacke eines „religiösen Asketismus" entledigt und auf eine Kommerzialisierung durch Prostitution und Pornographie zumindest weniger anfällig[75].

[70] Engels (Anm. 3), S. 73.

[71] A. Forel: Die sexuelle Frage, 13. Aufl., Zürich 1920, S. 433/464 ff.

[72] Forel: a.a.O., S. 433 ff.

[73] Vgl. Forel: a.a.O., S. 449.

[74] Forel: a.a.O., S. 442, wo er fortfährt: „daß man ebensosehr berechtigt wäre, unverheiratete Männer mit 'Herrlein' anzusprechen" als unverheiratete Frauen mit Fräulein:

„Ein Fräulein, das ein Kind besitzt, und dabei nicht schlimmer sich verging, als daß sie der Natur gehorchte, wird durch diesen Titel allein mit dem Stempel der Schande versehen."

[75] Vgl. die Ausführungen Forels über die sexuelle Frage in ihrem Verhältnis zum Geld: S. 346 ff.; als weiteres Beispiel eines engagierten Plädoyers für die „Freiheit der

5.3. Konkubinat im Spannungsfeld von Trieb, Eheordnung und Industrialisierung

War gegen das Konkubinat im ausgehenden Mittelalter kaum anzukommen, so noch weniger mit der beginnenden Industrialisierung und Urbanisierung. Mit der zunehmenden Bewältigung wirtschaftlicher Not und der Trennung von Wohnung und Arbeitsplatz entwickelte sich die Ehe zwar vom Status der Versorgungseinrichtung zu einer mehr emotional-affektiven Beziehung. Die schlechten Wohnbedingungen der frühen Industriearbeiterschaft erlaubten der Mehrheit der Stadtbewohner allerdings die Gründung eines eigenen Haushaltes immer noch nicht[76]. Dies setzte der Ausbreitung der ehelichen Gemeinschaft Grenzen, um so mehr als mittellosen Personen die Eingehung einer Ehe meist rechtlich verwehrt war. Der „Nachtwächterstaat" des 19. Jahrhunderts wollte vor den Versuchungen der dunklen Nächte bewahren, um sich ja nicht um das soziale Wohlergehen der Bürger und insbesondere der Bürgerinnen kümmern zu müssen. Eheliche Verbindungen von Mittellosen wurden nicht erlaubt, da daraus Kinder hervorgehen könnten, die „am Ende dem Armengut zur Last fallen"[77]. Da solche Konsequenzen auch bei unehelichen Geschlechtsverbindungen zu befürchten waren, schreckte die Obrigkeit nicht vor Wegweisungen sittlich unliebsamer Personen von ihrem Territorium zurück. Nicht selten führte diese sexualmoralisch legitimierte Herrschaftsausübung zu erschütternden menschlichen Schicksalen[78].

Andererseits dürften die Ansprüche des Lebens auch damals die Mechanismen der Repression häufig unterlaufen haben. Einem Essay von Christopher Smout zufolge sollen selbst im puritanischen Schottland des 19. Jahrhunderts die Verbote der Unzucht bei Arbeiterfrauen weitgehend unwirksam gewesen sein. So wenig die Armen durch Abschreckung von der Verwerflichkeit geringfügigen Diebstahls zu überzeugen waren, so wenig ließen sie sich durch Strafnormen von der autonomen Geschlechtsliebe abbringen[79]. Jedenfalls setzt parallel zur Entwicklung des bürgerlichen Eheideals eine intellektuell zunehmend fundierte Kritik der Ehe als staatlich sanktionierte Institution ein. Sie schlägt sich gleichzeitig in zahlreichen

---

Liebe" im Sinne eines „sozialen Individualismus" zu Beginn des 20. Jahrhunderts ist auch auf E. Key: Über Liebe und Ehe, Berlin 1904, zu verweisen.

[76] Vgl. Mitterauer/Sieder (Anm. 40), S. 143 ff.

[77] Vgl. Akten Justiz und Polizei. Verbrechen verfolgende Polizei, Concubinat, P.245.I Staatsarchiv Zürich.

[78] Vgl. auch Mount (Anm. 2), S. 150.

[79] Siehe bei Mount: a.a.O., S. 296 f. Selbstverständlich kann Autonomie in unserem Zusammenhang nicht mehr heißen als die Befreiung von *staatlichen* Vorschriften.

nicht-ehelichen Beziehungsformen in Künstler- und Intellektuellenkreisen auch praktisch nieder[79a].

Obwohl wir das Ausmaß unehelicher Kontakte im 19. Jahrhundert nur vermuten können, dürfen wir davon ausgehen, daß im Bereiche sexueller Kontakte seit jeher nichts menschlicher war, als zu überschreiten, was ist. Selbst das züchtige Preußen sah 1841 von einem Verbot des Konkubinats ab, weil es von geringem praktischen Nutzen wäre[80]. Demgegenüber hielt man aus einer Mischung von Lebensfremdheit und totalitärer Anmaßung besonders in mehreren Kantonen der schweizerischen Eidgenossenschaft an weitreichenden Strafbestimmungen fest, um über Gut und Böse in Sachen Lust und Liebe obrigkeitlich befinden zu können.

II. Das Konkubinat im schweizerischen Bundesstaat

1. Die Konkubinatsverbote des 19. und des beginnenden 20. Jahrhunderts als kantonale Sittendiktate

Mit dem Inkrafttreten der Bundesverfassung vom 12. September 1848 konstituierte sich die damalige schweizerische Eidgenossenschaft als Bundesstaat. Viele Gesetzesmaterien blieben aus historischen Gründen weiterhin in der Kompetenz der Kantone. Das schweizerische Militärwesen war dezentralisiert organisiert und ein gesamtschweizerisches Privat- und Zivilprozeßrecht gab es ebensowenig wie ein einheitliches Strafrecht. Mit der Totalrevision der Bundesverfassung von 1874 wurden vor allem weite Teile des Zivilrechts und des Militärwesens zur Bundeskompetenz, hingegen behielten die Kantone die uneingeschränkte Kompetenz im Bereiche des Strafrechts.

Grundlage für viele der bisherigen kantonalen Strafgesetzgebungen bildete das „Helvetische Peinliche Gesetzbuch" von 1799. Es war fast identisch mit dem französischen code pénal und enthielt in Übereinstimmung mit dem revolutionären Citoyen-Ideal keine Bestimmung gegen das Konkubinat. Die welschen Kantone Genf, Waadt und Neuenburg nahmen unter dem anhal-

---

[79a] Einen ausgezeichneten Überblick über normabweichende Strömungen und Tendenzen gibt Herrad Schenk: Freie Liebe — wilde Ehe. Über die allmähliche Auflösung der Ehe durch die Liebe, München 1987, S. 101 ff., und insbes. S. 123-145. Da Schenks Studie erst nach Niederschrift dieser Arbeit veröffentlicht wurde, muß sich der Verfasser mit einem Hinweis auf die detaillierte empirische Fundierung der Geschichte des Konkubinats bei Schenk begnügen. Die Aussagen und die beschriebenen Entwicklungstendenzen in diesem Kapitel werden durch Schenks Studie weitgehend bestätigt.

[80] Siehe bei Löwenstein (Anm. 23), S. 51.

tenden Geist der Aufklärung in der Folge auch kein Konkubinatsverbot in ihre Strafgesetze auf. Ebenso ließen der Kanton Aargau in seinem Strafgesetz von 1803 und der Kanton Solothurn das Konkubinat straffrei. Die Kantone Freiburg und Tessin bestraften lediglich den Ehemann, der sich eine Konkubine hielt.

Weniger aufgeschlossen gegenüber dem französischen Citoyenideal zeigten sich die übrigen Kantone. Bern, wo lange Zeit das „Helvetische Peinliche Gesetzbuch" in Kraft war, nahm in sein Strafgesetz von 1866 das Konkubinatsverbot als Straftatbestand auf. Graubünden, Luzern, Obwalden, Basel-Stadt, Schaffhausen und das Wallis verboten das Konkubinat in ihren Strafgesetzen nach der Jahrhundertmitte. St. Gallen, Nidwalden, Uri, Glarus und Zug bestraften die Wirkungen des Konkubinats oder ihm innewohnende Handlungen. In zivilrechtliche Verbote kleideten die Kantone Thurgau, Zürich und, nach Schaffung eines einheitlichen Zivilrechts zu Beginn des 20. Jahrhunderts, auch Schwyz, Basel-Land und Appenzell Innerrhoden ihre Sittendiktate.

Erhebliche Differenzen bestanden im damaligen Bundesstaat nicht nur hinsichtlich der Beurteilung der Strafwürdigkeit des Konkubinats. Auch die dogmatische Bestimmung des Tatbestandes und die Rechtsfolgen waren uneinheitlich.

2. *Vielfalt von Tatbestandsbestimmungen und Rechtsfolgen*

Von den Verbotskantonen gaben die wenigsten in ihren Gesetzen ein Kriterium zur Bestimmung des Straftatbestandes an. Die meisten setzten den Konkubinatsbegriff als bekannt voraus.

Im schaffhausischen Strafgesetz von 1859 war das Konkubinat mit der Formulierung „wie Eheleute zusammenleben" umschrieben. Im luzernischen Strafgesetz von 1915 war von „Personen, die in außerehelicher Geschlechtsverbindung in einer Wohnung zusammenleben" die Rede, und in Basel-Stadt machten sich Personen strafbar, die „in fortgesetzter außerehelicher Geschlechtsverbindung zusammenleben und öffentliches Ärgernis erregen". Der Kanton Obwalden sprach in seinem Strafgesetz von 1864 sehr naturalistisch von „verbotenem fleischlichen Umgang zwischen Ledigen". Im Kanton Graubünden wird ein Paar gemäß Polizeistrafgesetz von 1873 betraft, wenn es „erwiesenermaßen im Konkubinat gelebt" hat (was immer das hieß), und der Kanton Glarus, der nur mögliche Wirkungen des Konkubinats anvisierte, bestrafte „Weibspersonen, welche sich zum zweiten oder mehreren malen außerehelich schwängern lassen".

War demnach die Bestimmung des Tatbestandes unklar und zum Teil unterschiedlich weit gefaßt, so scheint doch allgemein die Vorstellung vorgeherrscht zu haben, beim Konkubinat handle es sich um ein eheartiges Zusammenleben von Personen verschiedenen Geschlechts ohne Beachtung der staatlich vorgeschriebenen Form[81].

Im Visier des Staates als sanktionierende Ordnungsmacht stand der Anspruch auf autonome Gestaltung der geschlechtlichen Beziehungen. Diese Deutung legen vor allem jene Strafbestimmungen nahe, die von Strafe absehen, sofern sich die Täter nach Erfüllung des Tatbestandes verehelichen und damit ihr Verhältnis staatlichen Normen unterwerfen. Ebenso weisen Strafarten wie Entzug des Aktivbürgerrechts (in Obwalden bis zu 4 Jahren, im Kanton Uri bis zu 8 Jahren) sowie polizeilich durchgesetzte Trennungen auf diese Deutung hin. Mit diesen Sanktionen verbundene Bußen und /oder Gefängnisstrafen (in Obwalden bis 4 Jahre möglich) unterstreichen den moralischen Rigorismus der weltlichen Obrigkeit. Nebenstrafen wie Wegweisungen aus dem Kanton oder Kreis (wie im Kanton Graubünden möglich) lassen uns an die erwähnten Tabureaktionen denken.

Ein Staatsautoritarismus, wie er hier zum Ausdruck kommt, ist in Anbetracht der oben dargestellten geistesgeschichtlichen, sozialen und rechtlichen Entwicklungstendenzen erstaunlich. Noch erstaunlicher ist freilich, wie lange sich derart persönlichkeitsverletzende Rechtsnormen auf rechtsstaatlichem Boden zu behaupten vermochten.

3. *Reformversuche gegen Bastionen des Sittendogmatismus*

3.1. Expertengespräche im Banne des „Volksempfindens"

Das Bedürfnis, auch im Bereiche des Strafrechts im ganzen Lande einheitliche Bestimmungen aufzustellen, war schon im Versuch zur Totalrevision der Bundesverfassung vom 12. Mai 1872 angemeldet worden[82], aber aus taktischen Überlegungen in der erfolgreichen Revisionsvorlage von 1874 fallengelassen worden[83]. Die Bemühungen um ein einheitliches schweizerisches Strafrecht erlahmten damit aber nicht. Der Bundesrat beauftragte den damaligen Strafrechtsexperten Carl Stoos mit der Erarbeitung von Grundlagen für ein schweizerisches StGB. Stoos legte dem Bundesrat im Jahre 1893/94 einen ersten Vorentwurf für ein schweizerisches StGB vor. In den zwei Jahre später einsetzenden Expertengesprächen wurde auch die Frage des Konkubinats erörtert, da Stoos eine Bestimmung in seinen Entwurf aufgenommen hatte, die die Konkubenten nach erfolgloser polizeilicher

---

[81] Vgl. Gsell (Anm. 7), S. 48.

[82] Siehe BBl 1985 III 5.

[83] a.a.O., S. 8.

Mahnung mit Strafe bedrohte. Eine Streichung des Artikels lehnte Stoos und mit ihm eine knappe Mehrheit der „Experten" aus politisch-taktischen Überlegungen ab. Dabei wurde besonders auf die Landbevölkerung hingewiesen, die durch eine Straflosigkeit des Konkubinats *verletzt* (!) würde[84]. Eine solche Argumentation forderte aber die Vertreter der welschen Kantone heraus.

Der Genfer Jurist Picot hatte bereits im Jahre 1889 in einer Abhandlung dargetan, daß eine Bestrafung des Konkubinats vor allem unter Gesichtspunkten einer rationalen Kriminalpolitik nicht zu rechtfertigen sei. Er wies darauf hin, daß gerade jene Kantone die schärfsten Strafbestimmungen gegen das Konkubinat erlassen hätten, die vor der Totalrevision der Bundesverfassung im Jahre 1874 noch ökonomische Ehehindernisse statuiert hatten. Offenbar sollten nun diese wirtschaftlichen Motive gegen das Konkubinat zum Tragen kommen. Wie Picot betonte, fehlten hierfür aber stichhaltige Argumente, da die unehelichen Geburten in Verbotskantonen nicht weniger zahlreich waren als in den Kantonen, die das Konkubinat straffrei ließen[85].

Alfred Gautier, Strafrechtsprofessor in Genf, vertrat die Argumente der Gegner eines Konkubinatsverbots in der Expertenkommission. Er votierte insbesondere aus freiheitsrechtlichen Erwägungen gegen die Strafwürdigkeit des Konkubinats[86]. Immerhin erreichte er, daß die Strafbestimmung anläßlich einer Expertenversammlung aus dem StGB gestrichen wurde und eine Ahndung nur noch auf dem Weg des kantonalen Polizeirechts möglich blieb. Die Diskussion über die Bestrafung des Konkubinats war damit aber mitnichten erledigt.

Der angesehene Gießener Strafrechtslehrer Wolfgang Mittermaier mochte die Befürchtung, das Konkubinat gefährde die staatliche Eheordnung, zu Beginn des 20. Jahrhunderts als „kleinlichen Gedanken" abtun, „der nur ein Nachkomme der kirchlichen Verpönung des Konkubinats als einer Verachtung einer wichtigen kirchlichen Institution" sei[87]. Die hiesigen „Experten" hinderte diese Qualifikation nicht daran, anläßlich von langwierigen Beratungen die Konkubinatsfrage im Jahre 1913 erneut aufzuwerfen. Besonders katholisch-konservative Sprecher verwiesen wiederum auf das „Volksempfinden" und betonten die Notwendigkeit des Eheschutzes und die „so-

---

[84] Siehe die „Verhandlungen der vom EJPD einberufenen Expertenkommission zum Vorentwurf für ein schweizerisches StGB", Bern 1896, Teil II, S. 316.

[85] Vgl. E. Picot: Les délits contre les moeurs dans les codes pénaux suisses. Etude de legislation comparée, in: ZStR, Bd. 2, Bern 1889, S. 62 f.

[86] Zu seiner Argumentation siehe A. Gautier: Essai sur les limites de la répression dans le domaine de moeurs, in: Revue de morale sociale, Bd. 2, Genf 1900, S. 63.

[87] W. Mittermaier: Verbrechen und Vergehen wider die Sittlichkeit, in: Vergleichende Darstellung des deutschen und ausländischen Strafrechts, Bes. Teil, Bd. 4, Berlin 1906, S. 173.

ziale Gefahr" des Konkubinats in armenrechtlicher Hinsicht. Eine Aufnahme des Konkubinats als Straftatbestand im StGB blieb den Fürsprechern der Volksseele dennoch verwehrt. Eine Bestrafung war aber im Rahmen des kantonalen Übertretungsstrafrechts weiterhin möglich[88].

Daß sich das „Volksempfinden" und deren Meinungsführer von allen bis anhin entwickelten Argumenten wenig beeindrucken ließen, zeigt die kantonalzürcherische Volksabstimmung vom Jahre 1913, wo sich eine große Mehrheit gegen einen minimalen Rückzug des Rechts aus der Privatsphäre der Bürger wehrte.

3.2. Politische Mehrheiten wider Toleranz und Vernunft: Die kantonal-zürcherische Volksabstimmung vom 13. April 1913

Wie erwähnt, bedarf die politische Intoleranz nicht zwangsläufig eines *straf*rechtlichen Gewandes. Für Zucht und Ordnung vermögen ebenso zivilrechtliche Normen zu wirken, vor allem wo sie sich zu ihrer Durchsetzung auf eine strafrechtlich durchsetzbare Gehorsamspflicht der Bürger stützen können.

Im Jahre 1856 wurde das Konkubinatsverbot erstmals in das privatrechtliche Gesetzbuch des Kantons Zürich aufgenommen, wobei nicht nur staatliche Behörden, sondern auch kirchliche mit der Anzeige illegaler Verbindungen betraut waren. Mit der Revision dieses Gesetzes im Jahre 1887 wurde die Ordnung der irdischen Verhältnisse der alleinigen Zuständigkeit der weltlichen Behörden übertragen. Das Konkubinat blieb untersagt, und die Gemeinderäte waren zur Anzeige verpflichtet. Darauf veranlaßte das Statthalteramt unter Androhung strafrechtlicher Verfolgung wegen Ungehorsams die Trennung der Konkubenten. Die Zahl der Trennungsbefehle um 1900 betrug 300 bis 400 jährlich. Davon wurden etwa 70 wegen Ungehorsams der Konkubenten an den Richter überwiesen[89].

Als das kantonale Parlament in Zürich bei der Gestaltung des kantonalen Einführungsgesetzes zum ZGB[90] erneut über die privatrechtlichen Bücher ging, relativierte es in Art. 123 EG zum ZGB vom 2. 4. 1911 das bisher uneingeschränkte Konkubinatsverbot dahingegehend, daß „Verbot und Bestrafung unterbleiben (können), wenn keine familienrechtlichen Pflichten verletzt" würden *und* „sofern die Eingehung der Ehe wegen eines in der

[88] Vgl. Protokoll der 2. Expertenkommission für den StGB-Entwurf, Bd. 7, Zürich 1913/14, S. 209.

[89] Vgl. H. Sträuli: Die Wirkung der Novelle vom 27. Juni 1897 zum zürcherischen StGB, in: ZStR, Bd. 16, Bern 1903, S. 215.

[90] Vgl. Memorial des EJPD an die Kantone vom 27. Juli 1908, in: BBl 1908 IV 503 ff.

Gesetzgebung des Heimatstaates begründeten Hindernisses unmöglich ist"[91].

Im selben Zürich, in dem August Forel über eine frauendiskriminierende Sprache sinnierte (s. vorne) und die Bestrafung von Konkubinat, Homosexualität und Sodomie als persönlichkeitsverletzende Irrwege des Rechts brandmarkte, provozierten sittenstrenge Bürger nur zwei Jahre nach der parlamentarischen Verabschiedung des EG zum ZGB erfolgreich eine Volksabstimmung über die Konkubinatsvorschriften mit der Begründung, es gelte, ein „Vorrecht für Ausländer aufzuheben"[92]. Die „liberale" Partei des Kantons Zürich ereiferte sich im Abstimmungskampf auf der Frontseite ihres publizistischen Organs als „Stimme des Volkes":

„Auch die Duldung des Konkubinats nur in Ausnahmefällen widerspricht ohne Zweifel der Auffassung der Ehe beim überwiegenden Teil unserer Bevölkerung"[93].

Die neben Großinseraten für seidige Braut- und Hochzeitstoiletten formulierte Befürchtung sittenverderbender Einflüsse fremder Länder kleidete sich dabei in einen Jargon, der auch heute wieder nur zu vertraut klingt:

„Wir wollen unser Land nicht zur Zufluchtsstätte wilder Ehen von Ausländern machen und wollen die Konflikte vermeiden, welche sich wegen der daraus hervorgehenden Kinder mit den Behörden der Heimatstaaten ergeben müßten"[94].

Die eingangs dieser Arbeit behauptete eidgenössische Konfliktscheu, ein Hang zur Sklerotisierung der sozialen Verhältnisse und die Beschwörung von äußeren Gefahren ließe sich kaum eindrücklicher illustrieren als in diesem relativ harmlosen Beispiel.

Der Abstimmungserfolg der Konkubinatsgegner von damals bestätigte, wie viele andere Abstimmungen mehr, daß es — wie der Soziologe Vilfredo Pareto erkannt hatte — wirkungsvoller ist, an die moralischen Gefühle der Menschen zu appellieren, statt diese Gefühle ändern zu wollen[95]. Die NZZ analysierte die im Verhältnis von 2 : 1 abgeschmetterte „bedingte Konkubinatsduldung" dementsprechend:

„Der Fall der Konkubinatsklausel war ja mit Sicherheit anzunehmen, nachdem Regierungsrat und Kantonsrat für klug gefunden hatten, in diesem Punkte dem Volksempfinden nachzugeben, und es kann durchaus nicht überraschen, daß die annehmende Mehrheit sehr bedeutend ist, rund 53'000 gegen 26'000; kein einziger

---

[91] EG zum ZGB Art. 123 Abs. 2.

[92] Siehe NZZ vom 11. 4. 1913, 2. Abendblatt.

[93] NZZ, 1. Morgenblatt vom 9. 4. 1913.

[94] Ebd.

[95] Vilfredo Pareto: Trattato di Sociologia generale, Vol. IV, Milano 1981, § 1843: „... ebbene l'arte di governo sta appunto nel sapersi giovare di tali sentimenti e non nel consumare le forze nell' opera inutile di volerli distruggere, il che spessissimo vale invece a ringagliardili" (S. 155).

Bezirk hat dem Rufe widerstanden, daß es gelte, die Moral zu schützen und eine Bevorrechtung der Ausländer zu verhüten"[96].

In der Tat hatten sich die Sozialdemokraten vergeblich bemüht, dem Bürger die bloß ausnahmsweise Duldung des Konkubinats verständlich zu machen. Das „Volksrecht" erläuterte die Abstimmungsvorlage wie folgt:

„Das Gesetz spricht grundsätzlich das Verbot des Konkubinats aus, läßt aber Ausnahmen zu, wo das Heimatrecht von Ausländern eine Wiederverheiratung nicht zuläßt, wo nach *unseren* Gesetzen eine Wiederverheiratung möglich wäre"[97] (Hervorhebung im Original).

Da zum Beispiel Österreich und Italien keine Ehescheidung und darum die Möglichkeit einer anschließenden Wiederverheiratung nicht kannten, seien Fälle wie folgender nicht selten:

„Eine Österreicherin verdient bei uns ihr Brot; ihr Mann ist seit vielen Jahren unbekannt abwesend. Die Frau gewinnt sich die Neigung und Achtung eines Schweizers, der sie zu heiraten gedenkt. Ihre Ehe mit dem unbekannt abwesenden, pflichtvergessenen Österreicher kann aber nicht geschieden werden, die beabsichtigte neue Heirat kann nicht zustande kommen (...)"[98].

Berücksichtigt man überdies, daß Voraussetzung der Konkubinatsduldung zusätzlich die Erfüllung der familienrechtlichen Pflichten sei, bedeuteten die angefochtenen Konkubinatsbestimmungen keineswegs „eine Sanktionierung geschlechtlicher Zügellosigkeit oder auch nur eine Konzession nach dieser Richtung". Man wolle lediglich vermeiden,

„Verhältnisse brutal auseinander(zu)reißen, die vielleicht, wie es Beispiele genügend gibt, sittlicher sind als manche gesetzlich sanktionierte Ehe"[99].

Von der Wucht sozialer Vorurteile wurden aber auch diese pragmatischen und sachlich vorgetragenen Argumente hinweggefegt.

Wenngleich der sozialdemokratische Kommentator den Abstimmungsausgang als „schmerzlichen Ausdruck" von „Sittlichkeitsheuchelei" beklagte[100], wußte er, daß ungeachtet von Mehrheitsentscheidungen die Wirkkraft autonomer Lebensgestaltung nicht aufhören würde:

„Die 'verletzte Moral' kann zwar durch Schlüssellöcher blicken, sieht aber dabei zum Glück nicht immer, was sie sehen möchte. So wird auch in Zukunft trotz 'moralischer Erhebung' an dem Bestehenden [gemeint: uneheliche Geschlechtsverbindungen — M. S.] wenig geändert werden"[101].

---

[96] NZZ, 2. Morgenblatt vom 14. 4. 1913.

[97] Volksrecht vom 10. 4. 1913, S. 2.

[98] Ebd.

[99] Ebd.

[100] Volksrecht vom 14. 4. 1913.

[101] Ebd.

3.3. Das Konkubinat als Gegenstand kantonaler Übertretungsstrafrechte

Die kontroversen politischen Auseinandersetzungen um das Konkubinatsverbot in der Schweiz wie auch in Teilen Deutschlands regten im deutschsprachigen Raum mehrere Monographien zum Thema an[102]. Unter den dem Verfasser zugänglichen Arbeiten findet sich nirgends eine Zustimmung zur Bestrafung des Konkubinats. Alle Autoren legen eine breite Palette von Argumenten vor, die von freiheitsrechtlichen über zweckrationale bis zu ökonomischen Überlegungen reichen.

Eduard Max *Löwenstein* hielt in seiner Abhandlung aus dem Jahre 1919 dafür, „die Waffen gegen die schädlichen Folgen des Konkubinats" statt „gegen dieses selbst zu richten", und plädierte folgerichtig dafür, auch den unehelichen Vätern Pflichten gegenüber dem Kind aufzubürden[103].

Walter *Gsell* kam in seiner Monographie ein Jahr nach Löwenstein zu dem Schluß, daß für eine Bestrafung des Konkubinats nicht nur ein schützenswertes Rechtsgut fehle und eine Bestrafung zudem mehr Schaden anrichte, als sie Nutzen bringen könne, sondern er billigte dem Konkubinat aufgrund der absoluten Freiheit zur Eingehung einer verbindlichen Beziehung eine „hohe Auffassung der Sittlichkeit" zu, ja es sei der Ehe „in gewissem Sinne" moralisch überlegen[104].

Gérard *von Wattenwyl* schloß sich in seiner Dissertation aus dem Jahre 1928 im Ergebnis den erwähnten Bewertungen an, wobei er besonders auch auf allfällige Beweisschwierigkeiten hinwies. Zur Illustration führte er — unter Hinweis auf Gautier — das groteske Beispiel jenes Polizeibeamten an, der nach einer Vermengung von Wäsche und Kleidungsstücken in der Wohnung eines Tatverdächtigen Ausschau halte[105].

Obwohl Heinrich *Neukötter* bei seiner Untersuchung der Strafbarkeit des Konkubinats nicht zu einem Plädoyer für die Freiheit der Liebe gelangen mochte[106], stand auch für ihn die Problematik eines Konkubinatsverbots außer Zweifel:

> „Das wichtigste Bedenken gegen eine Bestrafung der wilden Ehe ist wohl, daß hier der Staat mit harter Faust in die persönlichsten Dinge des menschlichen Lebens eingreift, was um so peinlicher wirkt, als gerade im Zeitalter der Demokratie der Staatsbürger einen Eingriff in die persönliche Freiheit überhaupt als besonders drückend empfindet"[107].

---

[102] Vgl. die zitierten Werke von Gsell, von Wattenwyl, Löwenstein und Neukötter.

[103] Löwenstein (Anm. 23), S. 105.

[104] Gsell (Anm. 7), S. 76/59.

[105] v. Wattenwyl (Anm. 5), S. 90.

[106] Neukötter (Anm. 25), S. 54 f.

[107] a.a.O., S. 59.

So beeindruckend sich diese Argumentationsfülle ausnimmt, gegen die Bastionen eines protestantischen[108] und katholischen Dogmatismus war nicht leicht anzukommen. Gestützt auf Art. 335 StGB aus dem Jahre 1937 nahmen nicht weniger als 11 Kantone das Konkubinat als Übertretungstatbestand noch zu Beginn der vierziger Jahre in ihre Einführungsgesetze zum StGB auf, und die Kantone Zürich und Thurgau hielten an ihren zivilrechtlichen Verboten fest[109]. Die Lehre äußerte gegen die *straf*rechtliche Ahndung (nicht aber gegen die zivilrechtliche Trennung) des Konkubinats rechtsdogmatische Bedenken[110], oder dann wurde die Erregung öffentlichen Ärgernisses zum unerläßlichen Tatbestandsmerkmal erklärt[111]. Grundsätzlicher ließ sich aber niemand kritisch vernehmen.

Dafür „klärte" das Bundesgericht die Situation mit seinem Entscheid vom 9. März 1945:

„Wenn zwei Personen wie Eheleute zusammenleben, ohne miteinander verheiratet zu sein, maßen sie sich (...) die äußere Form der ehelichen Gemeinschaft an. Die Verbindung tritt nach außen wie eine eheliche in Erscheinung. Damit verstößt sie gegen die öffentliche Ordnung, wonach Grundlage für das Gemeinschaftsleben der Geschlechter die Ehe ist"[112].

„Präzisierend" fügte das Bundesgericht sodann bei, die ärgerniserregende Verletzung der öffentlichen Ordnung sei dann zu bejahen, wenn bei der außerehelichen Geschlechtsverbindung „Merkmale einer Wohngemeinschaft vorhanden sind"[113].

Im Jahre 1920 hatte Gsell in seiner Abhandlung ohne große argumentative Anstrengung das Argument vom *öffentlichen* Ärgernis entzaubert, indem er darauf hinwies, daß die Tathandlungen des Konkubinats eine gemeinsame geschlossene Wohnung voraussetzten, womit „unzüchtige Handlungen" kaum öffentlich wahrgenommen werden könnten[114]. Unbelastet von dieser Überlegung machte das Bundesgericht in geradezu totalitärer Anmaßung

---

108 Ein Karl Barth konnte noch im Jahre 1951 gegen die „Ehe auf Zeit" einen enormen doktrinären Aufwand betreiben und gegen die „Dilettanten der Liebe und Ehe" polemisieren, „die den Begriff der Zeitehe erfinden konnten. Er bricht in sich zusammen, sobald man ihn zu realisieren versucht (...). Es ist das Wesen der Liebe und Ehe, das nach Dauer ruft", womit er lebenslänglich meinte (siehe K. Barth: Die kirchliche Dogmatik. Die Lehre von der Schöpfung, Bd. III, 4. Teil, S. 231 f.).

109 Siehe H. Schreiber: Das materielle Strafrecht der kantonalen Einführungsgesetze zum schweizerischen StGB, Diss. Zürich 1946, S. 176.

110 Vgl. G. Roos: Die Ungehorsamsstrafe des Art. 292 StGB, in: ZBJV 79 (1943), S. 500.

111 Vgl. F. Fleiner: Institutionen des deutschen Verwaltungsrechts, 8. Aufl., Zürich 1939, S. 402 f.

112 71 IV 48.

113 71 IV 50.

114 Gsell (Anm. 7), S. 72.

aus dem Konkubinat ein öffentliches Ärgernis, bloß weil sich Liebespartner zur Eingehung einer Verbindung nicht staatlich ermächtigen lassen wollen.

Im Wissen um einen derartigen Affront gegen Persönlichkeitsrecht und Privatsphäre hatten insbesondere die welschen Kantone auf ein Konkubinatsverbot verzichtet, und auch die bisher konkubinatsfeindlichen Kantone Bern, Schaffhausen sowie (zumindest teilweise) Freiburg und Tessin beugten sich mit ihrem Verzicht auf eine Verbotsbestimmung in ihren Einführungsgesetzen zum StGB der Evidenz juristischer und ethischer Argumente[115]. Erstaunlicherweise fand sich auch im EG zum StGB des Kantons Graubünden vom 2. 3. 1941 keine Bestimmung betreffend das Konkubinat. Daß es sich dabei aber mehr um eine merkwürdige Unterlassungssünde gehandelt hatte als um einen Akt aufgeklärten Denkens, sollte die Zukunft zeigen.

III. Zur Geschichte des Konkubinatsverbots im Kanton Graubünden

1. Lücke im Sittenkodex des kantonalen Übertretungsstrafrechts

Das EG zum StGB wurde in Graubünden am 2. 3. 1941 in der Volksabstimmung gutgeheißen. Es ersetzte das bis dahin geltende Polizeistrafgesetz von 1873 und enthielt neben materiellem Übertretungsstrafrecht vor allem das kantonale Strafprozeßrecht.

Kaum in Kraft getreten, wurden im Kantonsparlament bereits Abänderungswünsche laut, die eine Motion im Jahre 1949 bekräftigte. Die Motion verlangte vor allem Änderungen stafprozessualer Art und war im übrigen recht allgemein gefaßt[116]. Die daraufhin eingesetzte Expertenkommission arbeitete einen revidierten Entwurf aus, der neben den in der Motion explizit genannten Revisionspunkten auch „die in der Praxis festgestellten kleinen Lücken" ausfüllte und „notwendige Ergänzungen" anbrachte[117]. Hierzu gehörte die Aufnahme von Straftatbeständen wie „Unzüchtige Reden vor Kindern", „Jugendgefährdende Veröffentlichungen" und das „Konkubinat". Das Fehlen eines Konkubinatsverbots im bisherigen Gesetz wurde mit der seinerzeit vermuteten Bundesrechtswidrigkeit des Tatbestandes begründet[118].

Da das Bundesgericht aber erst im Jahre 1945 die Frage der Zulässigkeit kantonaler Konkubinatsverbote erstmals eingehend behandelt hatte, vermag das Argument der Bundesrechtswidrigkeit nicht ganz zu überzeugen.

[115] Vgl. Thormann/Overbeck: Das schweizerische StGB, Bd. 3, 1943.

[116] Vgl. Botschaften des Kleinen Rates an den Großen Rat 1956, S. 238.

[117] a.a.O., S. 240.

[118] a.a.O., S. 241.

Außerdem hatten immerhin 11 Kantone das Konkubinat als Straftatbestand in ihre Einführungsgesetze zum StGB aufgenommen. Ein Studium der Materialien zum StGB hätte überdies gezeigt, daß die Expertenkommission zu einem gesamtschweizerischen StGB gleichzeitig mit dem Verzicht auf ein Konkubinatsverbot dessen Zulässigkeit im kantonalen Übertretungsstrafrecht bejaht hatte. Daß im EG von 1941 ein Konkubinatsverbot fehlte, läßt sich demnach eher damit erklären, daß der Autor des Entwurfs das Strafrecht nicht als Instrument der Moral mißverstand und daß Konkubinatsverhältnisse zu Beginn des 20. Jahrhunderts in der Hochburg eines orthodoxen Katholizismus äußerst selten waren. Zum einen bestanden für Einheimische keine ökonomischen und ständischen Ehehindernisse, und Ausländer — die aus Gründen ihres Heimatrechts an der Eheschließung hätten verhindert sein können — wurden als Arbeitskräfte von der noch vorwiegend agrarischen Gesellschaft des Gebirgskantons wenig angezogen. Darüber hinaus herrschte in den kleinräumigen Verhältnissen eines katholisch-konservativen Milieus eine soziale Kontrolle, die jede Abweichung von der moralischen Norm mit sozialer Exkommunikation bedrohte.

Unter solchen Bedingungen bedurfte es kaum strafrechtlicher Normen zur Wahrung der äußeren sittlichen Ordnung. Bloße Unzuchtshandlungen wie etwa der uneheliche, insbesondere voreheliche Beischlaf konnten sich überdies ohne große sinnliche Einbußen mit einem Stall oder dem freien Himmel begnügen, was sie der Strafbarkeit als Konkubinat entzog.

Wahrscheinlich regten sich aber auch in dieser geschlossenen Gesellschaft mit ihrer rigiden Herrschaftsordnung zunehmend abweichende moralische Tendenzen. So jedenfalls läßt sich erklären, daß die Expertenkommission für eine Gesetzesrevision noch Mitte der 50er Jahre die Aufnahme des Konkubinatsverbots vorschlug. Mit einigem rhetorischen Aufwand setzten sich daraufhin die Sittenhüter im Kantonsparlament in Szene.

2. *Das Parlament als Kurie — im Kampf für abendländisches „Kulturgut" und gegen „Dekadenz"*

Keiner der Revisionspunkte des EG, das (neu), „Gesetz über die Strafrechtspflege" heißen sollte, vermochte die Gemüter derart zu erregen wie der von der Kantonsregierung beantragte neue Art. 14:

„Wer ohne nach Gesetz verheiratet zu sein, wie Mann und Frau zusammenlebt und dadurch öffentliches Ärgernis erregt, wird mit Haft oder mit Buße bestraft.

Wer trotz Bestrafung das Konkubinat nicht aufhebt, wird mit Haft von 1 bis 3 Monaten betraft. Bei Ausländern kann neben der Hauptstrafe auf Landesverweisung (Art. 55 StGB) erkannt werden"[119].

[119] GRP 1957, S. 53.

Kommissionsreferent Dr. Ludwig plädierte anläßlich der parlamentarischen Gesetzesberatung zwar vorerst namens einer Mehrheit der vorberatenden Kommission für Streichung des Artikels. Die Nachteile einer Strafnorm seien größer als der mit ihr erreichbare Erfolg. Klatsch und Denunzierung würden Tür und Tor geöffnet, und zudem gestalte sich der Nachweis des Tatbestandes äußerst schwierig. Das Verbot würde deshalb auch nur „platonischen Charakter"[120] haben.

„Nicht nur platonischen Charakter" wollte der katholisch-konservative Abgeordnete und Jurist Dr. Maron der Bestimmung zumessen, und er verwies auf einen Fall aus der Zeit seiner Gerichtspraxis im Jahre 1941. Das Strafrecht sei hier herausgefordert, mit einem Konkubinatsverbot die Familie zu schützen[121].

Daran anknüpfend meldete sich Regierungspräsident Dr. Tenchio mit dem ganzen Gewicht seiner Autorität zu Wort. Für ihn ging es beim Konkubinatsverbot um die Errichtung eines Bollwerks „gegen den Materialismus" und für „die christliche Lehre". Das Konkubinat widerspreche „dem natürlichen sittlichen Empfinden", befand er. Mit einer Strafnorm sei einer allfälligen „Gefahr für Volk und Jugend" zu begegnen[122]. Zwar stellten verschiedene Redner in der Debatte die Tauglichkeit der Norm zum Schutze der Familie in Abrede, wie sehr dieses Ziel zu begrüßen sei. Hingegen erhob niemand seine Stimme gegen die im Raum lastende patriarchale Sexualideologie. Mit 50 gegen 31 Stimmen sprach sich das Parlament gegen die Streichung des Konkubinatsverbots aus[123] und bekräftigte damit auch nachdrücklich das Rollenverhältnis zwischen Mann und Frau im patriarchalen Ehekonzept.

An diesem Verdikt änderte sich auch nichts, als Parlament und Regierung nur ein halbes Jahr später den Art. 14 erneut diskutierten. Wieder wurde der „Antichrist" klar in die Schranken gewiesen.

Der Abgeordnete Maron sah in Ansehung der loser gewordenen Sitten bei einem Verzicht auf das Konkubinatsverbot ein „Kulturgut" bedroht. Entgegen der zeitgenössischen Strafrechtswissenschaft und hinter Thomasius zurückfallend, plädierte er für den strafrechtlichen Schutz der Moral, da „eine Norm im Strafrecht (...) die wirksamste Waffe" sei[124].

---

[120] Ebd. „Platonisch" sollte in diesem Zusammenhang wohl soviel bedeuten wie „theoretisch".

[121] GRP 1957, S. 54.

[122] a.a.O., S. 55.

[123] Ebd.

[124] a.a.O., S. 343 f.

Ein anderer Redner sah in den „leider auch" in den kleinräumigen Verhältnissen des Kantons Graubünden vorkommenden Konkubinaten eine „Gefährdung des Kindes"[125].

Auch der Regierungspräsident votierte nochmals nachdrücklich für diese „berechtigte Forderung des *modernen* (!) Strafrechts"[126] (Hervorhebung — M. S.). Der Jurist Tenchio, mehr dogmatischer Moralist denn Rechtsdenker, konnte sich freilich auf die jüngste bundesgerichtliche Rechtsprechung abstützen, die das Konkubinat als qualifizierten Tatbestand von der einfachen Unzucht abgrenzte und noch im Jahre 1955 als potentiell strafwürdig beurteilt hatte. Es genüge nicht mehr, den Umbruch der Zeit und die Dekadenz zu beklagen, sondern nun müßten Dämme errichtet werden: Es ist besser, „ein kleines Lichtlein anzuzünden, als über die Finsternis zu schimpfen"[127], schloß der Regierungspräsident seinen sexualmoralischen Kreuzzug und wurde in seinem Unternehmen wiederum, wenn auch weniger deutlich als nach der ersten Lesung zur Gesetzesrevision, von einer parlamentarischen Mehrheit unterstützt[128].

Das „Gesetz über die Strafrechtspflege" wurde auch in der Volksabstimmung vom 8. Juni 1958 mit einem Stimmenverhältnis von 2 : 1 klar angenommen, wobei sich nur wenig mehr als ein Drittel der Stimmberechtigten an die Urnen bemüht hatte[129]. Dieser Umstand, wie auch das Fehlen eines Abstimmungskampfes in den Medien, legen die Vermutung nahe, daß das parlamentarische Gefecht für das Konkubinatsverbot von vorwiegend akademischer Bedeutung war. Und diese Annahme sollte von der sozialen Realität noch bestätigt werden. Vorerst mochten die parlamentarischen Sittenhüter aber Genugtuung darüber empfinden, daß die „Unterlassungssünde" von 1941 gesühnt war.

3. *Das Konkubinatsverbot: stumpfe Waffe im katholisch-konservativen Kulturkampf*

Sollten die pathetischen Ausführungen der Parlamentarier mehr als bloße Scheingefechte gewesen sein, ja mehr als die Zeitverschwendung eines Gesetzgebers, der das Parlament mit der Kurie verwechselt hat, mußte sich die Wirkung der Waffe „Konkubinatsartikel" im Sozialleben beobachten lassen. Insbesondere mußten sich in den Urteilen der kantonalen Gerichte,

[125] a.a.O., S. 345.

[126] a.a.O., S. 346.

[127] a.a.O., S. 347.

[128] Ebd.

[129] BT vom 9. Juni 1958.

insbesondere der erstinstanzlich zuständigen Kreisämter, Spuren sittlicher Verfolgung finden lassen.

Die Ausbeute der Spurensuche unterbot die zurückhaltendsten Erwartungen des Verfassers. Das Kantonsgericht Graubünden befaßte sich während der ganzen 15jährigen Periode des strafrechtlichen Konkubinatsverbots ein einziges Mal mit einem Straffall. Obwohl es die Bereitschaft zur Anwendung der Strafnorm bekundete, indem es den Angeklagten „des bestimmtesten" versichern ließ, keinen sexuellen Umgang in außerehelicher Geschlechtsgemeinschaft gepflegt zu haben, gelangte das Gericht mangels entgegenstehender Beweise zu einem Freispruch, ohne die Frage des öffentlichen Ärgernisses überhaupt prüfen zu müssen[130].

Deutet bereits dieser Fall die erheblichen Schwierigkeiten der praktischen Anwendung des Konkubinatsartikels an, so offenbart die Handhabung desselben im größten bündnerischen Kreis Chur seine praktische Bedeutungslosigkeit, die ihn zu einem klassischen Fall toten Rechts macht. In den Akten des Kreisamtes Chur waren aus der ganzen Periode der juristischen Geltung des Gesetzes nur zwei Fälle greifbar[131]. Allerdings sollen beim Kreisamt bedeutend mehr Verzeigungen wegen Konkubinats — insbesondere seitens betrogener oder rachsüchtiger ehemaliger Ehefrauen — eingegangen sein. Anscheinend wurden sie aber auf telefonischem Wege „erledigt", jedenfalls ohne Einleitung eines gerichtlichen Verfahrens[132].

Die beiden aktenkundigen Fälle belegen eindrücklich, wie schwierig sich der Nachweis der Tatbestandserfüllung gestaltete und wie der Konkubinatsartikel als willkürliches Herrschaftsinstrument Verwendung finden konnte. Zudem wird offenkundig, wie abwegig sich sexualmoralische Intoleranz vor einem aufgeklärten Rechtsverständnis ausnimmt.

Im Jahre 1966 erstattete die von ihrem Ehemann getrennt in Maienfeld lebende Gertrud B. Anzeige wegen Konkubinats ihres Mannes Marcel B. mit Maria C., beide in Chur[133]. Der Kreispräsident des Kreisamtes Chur ersuchte daraufhin das Polizeikommando Graubünden „um möglichst diskrete polizeiamtliche Erhebungen", um festzustellen, ob der Tatbestand des Konkubinats erfüllt sei, d. h.

---

[130] PKG 1960 N 52, S. 143.

[131] An dieser Stelle dankt der Verfasser den Angestellten des Kreisamtes Chur für ihre Recherchierarbeit in ihren umfangreichen Entscheidsammlungen.

[132] Diese Auskunft erhielt der Verfasser mündlich vom bereits seit 1967 amtierenden Kreispräsidenten Dr. Vital, der vorgängig als Kreisgerichtsaktuar tätig gewesen war. Angeblich sollen Konkubinatspartner telefonisch angehalten worden sein, sich zu trennen. Daß solchen Aufforderungen tatsächlich nachgelebt wurde, ist allerdings nicht anzunehmen.

[133] Diese Falldarstellung stützt sich auf die Akte „Strafmandat Nr. 489-90/66", Kreisamt Chur, aus der auch die nachfolgenden Zitate entnommen sind.

a) ein Zusammenleben in fortgesetzter außerehelicher Gemeinschaft und
b) die Erregung öffentlichen Ärgernisses.

In seinem Erhebungsbericht teilte das Polizeikommando u. a. mit,

„daß von Seite einzelner Personen der Anwohnerschaft die Auffassung vorlag, daß es sich bei Marcel B. und Maria C. um ein Ehe- bzw. ein Liebespaar handle. So sei es zum Beispiel vor ca. 3 Wochen um die Mittagszeit vorgekommen, daß diese eng umschlungen das Haus betreten haben sollen (...) Marcel B. komme praktisch jeden Mittag mit einem hellblauen Volvo vorgefahren (...).

Allgemein ist zu sagen, daß diese Leute zurückgezogen leben und zu den anderen Hausbewohnern keinen Kontakt haben. Auch gibt es Anwohner, die sich über das Zusammenleben dieser Personen keine weiteren Gedanken machen und daran keinen Anstoß nehmen."

So dürftig sich die „Beweislage" präsentierte, dem Kreispräsidenten war das Anlaß genug, eine Übertretung des Konkubinatsverbots zu bejahen und unter Hinweis auf die Straffolgen bei Fortführung des Konkubinats eine Buße von je Fr. 100,-- auszusprechen:

„Die incriminierte Übertretung haben die Verzeigten seit Januar 1966 zweifellos begangen. Die mit Rücksicht auf die Strafanzeige angestellten polizeiamtlichen Erhebungen haben ergeben, daß bei der Einwohnerschaft allgemein die Auffassung vorliegt, es handle sich bei B. und C. um ein Ehepaar (...). Selbst beim Abwart hat immer die Auffassung bestanden, es handle sich bei den Verzeigten um ein Ehepaar. (...) Außerhalb des Hauses wurden die Verzeigten oft eng umschlungen angetroffen. An diesem illegitimen Verhältnis werden nicht nur die Anwohner, sondern vorab auch die direkt Interessierten ohne Zweifel Anstoß nehmen".

Daß diese freie Interpretation und die leichtfertige Subsumtion des Sachverhaltes unter die Konkubinatsnorm auch jenen Rahmen sprengte, der dem subjektiven richterlichen Ermessen gesteckt ist, mußte der urteilende Kreispräsident einsehen, als er sich nach einer Einsprache gegen dieses Urteil erneut mit der gleichen Sache befaßte und das Vorliegen der incriminierten Übertretung, die er eben noch als „zweifellos begangen" bezeichnete, plötzlich verneinte. Nun hieß es, es könne nicht darauf abgestellt werden, wie ein außereheliches Verhältnis durch Verwandte oder Bekannte an anderen Orten beurteilt wird. Maßgebend sei die Beurteilung am Wohnort und insbesondere im Wohnquartier der Konkubenten:

„Es konnte nicht eruiert werden, daß überhaupt irgendwer sich ausdrücklich und bewußt über das Zusammenleben der beiden Personen aufhielt. Ein Großteil der Mitbewohner scheint nicht einmal zur Kenntnis zu nehmen, daß die beiden nicht verheiratet sind."

Aus diesem Grunde könne von einem „öffentlichen Ärgernis" nicht die Rede sein, weshalb die beiden Verzeigten freizusprechen seien.

So biegsam ist also Recht: Gereichte die Tatsache, daß sogar der Abwart der Meinung war, bei den Beklagten handle es sich um ein Ehepaar, den Konkubenten eben noch zum Vorwurf, spricht dieselbe Tatsache nun plötzlich für die Angeklagten. Während eben noch von einem „illegitimen Verhältnis" die Rede war, an dem die Anwohner „ohne Zweifel" Anstoß nehmen, konnte nun plötzlich „nicht eruiert werden", daß überhaupt irgendwer sich ausdrücklich und bewußt über das Zusammenleben der beiden Personen aufhielt". Das Beispiel zeigt eine bis ins Groteske gesteigerte Willkür staatlicher Eingriffe in die Privatsphäre.

Wenig anders ist die Beurteilung im zweiten vom Verfasser untersuchten Konkubinatsfall aus dem Jahre 1967[134]. Angeklagt waren die italienischen Staatsangehörigen G. R. und M. R., Schwiegervater und Schwiegertochter, die in einem gemeinsamen Haushalt alleine zusammenlebten. Anläßlich einer von der Einwohnerkontrolle Chur veranlaßten und ohne Voranmeldung durchgeführten Hausdurchsuchung beim verdächtigen Paar wurde die Schwiegertochter nur spärlich bekleidet unter der Decke ihres unbezogenen Bettes vorgefunden, während man ihre Schuhe im Nebenzimmer unter dem Bett ihres Schwiegervaters sichtete, der seinerseits die ungebetenen Gäste empfangen hatte.

Im Anschluß an diesen Vorfall beantragte die Einwohnerkontrolle bei der kantonalen Fremdenpolizei die „Wegweisung" der Täter und monierte:

„Solche Zustände können keineswegs geduldet werden. Die Stadt Chur ist nicht willens, das *Risiko* zu tragen, das der Aufenthalt solch *unerwünschter Elemente* mit sich bringen kann" (Hervorhebungen — M. S.).

Zwei Wochen später beantwortete die kantonale Polizeiabteilung diesen Antrag abschlägig, da ein allfälliges Konkubinat kein ausreichender Wegweisungsgrund sein könne. Die Akten wurden in der Folge an das zuständige Kreisamt Chur zur Beurteilung des Konkubinatsverdachts weitergeleitet. Dieses ließ auch hier die Kantonspolizei Chur einen Erhebungsbericht verfassen. Darin heißt es u. a.:

„Die Mitbewohner des Hauses schätzen die Leute soweit, da sie einen rechten, korrekten Umgang pflegen und sich in keiner Weise lärmig aufführen. *Selbstverständlich würden sie eine ihrem Stand entsprechende Belegung der Wohnung vorziehen.* (...) *Wenn die Haushaltsweise und Charaktereigenschaften dieser für uns notwendigen Ausländer auch nicht nach unserem Geschmack* sind, so erachten wir es als etwas für uns herabwürdigend, wenn zur Ergreifung fremdenpolizeilicher Maßnahmen (...) das Strafgesetz auf Grund von Verdächtigungen mobilisiert werden muß.

In Zukunft würden wir begrüßen, wenn analoge Fälle von Anfang an zur Bearbeitung der Kriminalpolizei übergeben würden" (Hervorhebungen — M. S.).

---

[134] Hier und für die nachfolgenden Zitate vgl. „Strafmandat Nr. 170-171/67".

Diese amtlichen Stellungnahmen spiegeln die im Jahre 1967 geltenden Anschauungen facettenreich. Die bereits anläßlich der Konkubinatsabstimmung vom 13. April 1913 in Zürich festgestellte Tendenz, fremdenfeindliche Anliegen unter sexualmoralischem Etikett zu betreiben, zeigt sich hier auf besonders empörende Weise, wobei die zeitliche Nähe zur heutigen Gegenwart nachdenklich stimmen muß. Darüber hinaus wird sichtbar, wie selbst die Anwendung sittlicher Normen in Abhängigkeit von eigennützigen wirtschaftlichen Interessen („diese für uns notwendigen Ausländer") geschieht. Gesetz ist wahrhaftig nicht einfach Gesetz wie das rechtspositivistische Diktum suggeriert.

Offenkundig wird schließlich unter dem Aspekt der Konkubinatsfrage, daß die staatliche Kontrolle des Sittlichen auch Vertretern von Verfolgungsbehörden peinlich war. Dieser Umstand mag auch erklären, weshalb die Einleitung von Verfahren aufgrund des Konkubinatsartikels praktisch kaum vorkam. Im vorliegenden Falle verneinte der Kreispräsident die Tatbestandserfüllung ohne zu zögern:

„Für das Vorliegen der fortgesetzten außerehelichen Geschlechtsgemeinschaft sind keine Anhaltspunkte vorhanden, da die Italiener gemäß ihrer Landessitte und ihren engen familiären Bindungen häufig (...) in gemeinsamem Haushalt wohnen".

Und aus den Aussagen der Mitbewohner folgerte der Kreispräsident diesmal auf Anhieb:

„Davon, daß sie [die Verzeigten — M. S.] auf irgendwelche Art Ärgernis erregen, kann keine Rede sein".

4. Parlamentarischer Schlußakt im Ringen um das Konkubinat

Angesichts der rechtsdogmatischen Bedenklichkeit eines Begriffes wie „öffentliches Ärgernis", angesichts der offenkundigen Beweisschwierigkeiten des Tatbestandes und angesichts der veranschaulichten Irrungen im Umgang mit einer hypermoralistischen Strafnorm erstaunt nicht, daß im Revisionsentwurf für eine neue StPO zu Beginn der 70er Jahre das Konkubinatsverbot gestrichen war[135], ohne daß dagegen seitens der Staatsanwaltschaft oder des Anwaltsverbandes oder von sonst jemandem im Vernehmlassungsverfahren Widerspruch erhoben worden wäre.

Nichtsdestoweniger wurde das Thema von der parlamentarischen Vorberatungskommission erneut aufgegriffen. Die katholisch-konservativen Moralisten wollten sich zumindest nicht kampflos geschlagen geben, als sich der Große Rat (Parlament) in seiner Session vom 30. Mai 1973 anschickte, das überholte Konkubinatsverbot endlich aus dem Gesetz zu streichen.

---

[135] Vgl. Botschaften der Regierung an den Großen Rat 1973-74, S. 1 ff.

Der Abgeordnete Dr. Willi beschwor wie schon seine Parteikollegen vor 15 Jahren die „Bedrohung von Ehe und Familie (...) in der heutigen kritischen Zeit" und wollte sein Ringen für den Konkubinatsartikel als Akt zum Schutze dieser bedrohten Einrichtungen verstanden haben. Der sozialdemokratische Katholik und Kreispräsident des Kreisamtes Chur, Dr. Vital, sprach sich überraschenderweise ebenfalls für die Beibehaltung des Verbots aus. In der Parlamentsdebatte von 1957 hatte er sich noch gegen den Konkubinatsartikel gewandt. Hatte er bei Klagen betrogener Ehefrauen jeweils dankbar mit dem Konkubinatsartikel gedroht und die „Sachen" wieder „in Ordnung" bringen können? Die praktische Realität bei der tatsächlichen Anwendung des Artikels spricht zweifellos eine andere Sprache[136].

Angesichts der geringen praktischen Bedeutung einerseits und der rechtlichen Problematik des Konkubinatsartikels andererseits, staunt man über den Luxus und die Blindheit eines Gesetzgebers, der sich um ein völlig untaugliches Mittel reißen kann, wo doch andere und wirksamere Instrumente zur Realisierung etwa des Familienschutzes vorhanden waren (zu denken ist etwa an die Klage wegen Vernachlässigung von Unterstützungspflichten gemäß Art. 217 StGB). Dies hatte selbst der bekannte Sittenhüter Dr. Maranta erkannt, weshalb er für eine Streichung des Konkubinatsartikels eintrat, stattdessen aber immerhin die Bekämpfung des Pornofilms favorisierte[137]. Offenbar ging es den Feinden des Konkubinats nicht zuletzt um eine zumindest symbolische Behauptung der patriarchalen Ehe. Diese war zweifellos bedroht, wo die Autonomie der Liebe anstelle ehelicher Pflichten trat.

Die Niederlage der Sittendogmatiker wider die Emanzipation der Sinnenlust aus dem Korsett der Ehe war aber nicht mehr abzuwenden. Der umstrittene Artikel wurde mit einem Stimmenverhältnis von 60 : 22 gestrichen[138] und die Streichung schließlich auch in der kampflosen Volksabstimmung im Jahre 1974 gutgeheißen[139]. Damit war das Konkubinatsverbot auch offiziell aus dem gesetzlichen Sündenregister gestrichen.

---

[136] Zur ganzen Ratsdebatte siehe GRP 1973, S. 59 ff. In einer mündlichen Mitteilung gegenüber dem Verfasser glaubte sich Dr. Vital an Druck seitens kirchlicher Kreise erinnern zu können, der ihn zu seiner konkubinatsfeindlichen Stellungnahme bewogen habe.

[137] GRP 1973, S. 60.

[138] a.a.O., S. 61.

[139] Vgl. BT vom 8. April 1974.

IV. Rechtsbruch und Emanzipation

1. Rechtssoziologische Folgerungen

In Ansehung unserer Geschichte des Konkubinats können wir nun konkretere Aussagen machen über das Verhältnis von Rechtsbruch und sozialem Wandel. Die im ersten Teil der Arbeit formulierten Vermutungen lassen sich substanzieller fassen, nachdem wir Zeugen eines Tauziehens zwischen den grenzüberschreitenden Ansprüchen der Sinnenlust und denjenigen einer blinden Ordnungspolitik geworden sind.

a) Gespanntes Verhältnis zwischen Sinnenlust und Recht:

Das Verhältnis zwischen Sinnenlust und Recht ist seit den Ursprüngen zeitgenössischer Rechtsordnungen ein gespanntes. Seit jeher trachtet das theokratisch gestaltete Recht danach, die Sinnenlust als Quelle eines bedrohlichen Chaos zu bändigen. Durch die Legalisierung der Sittlichkeit dringt der Staat in tendenziell totalitärer Weise in die Privatsphäre der Menschen ein.

b) Sexualideologie im Dienste von Herrschaftsordnungen:

Zur Erhaltung einer stabilen Gesellschafts- und Wirtschaftsstruktur bedienen sich Herrschaftsordnungen einer repressiven Sexualideologie, worin neben der Enthaltsamkeit nur ein triebfeindliches Konzept von Lebensgemeinschaft anerkannt wird.

c) Normabweichungen trotz gesetzlicher Verbote:

Das Konkubinat wird insbesondere mit der beginnenden Reformation zu einem negativen Brennpunkt der staatlichen Normierung und Kontrolle des Privatlebens. Die repressive Offensive zeigt aber nicht zuletzt, daß subjektive Emotionalität und Intensität der Sinnenlust durch noch so rigide gesetzliche Ordnungen nicht ausgemerzt werden können.

d) Die gesellschaftliche Bedingtheit sittlicher Verbote:

In der Aufklärungsliteratur wird erstmals die gesellschaftliche Bedingtheit der sittlichen Verbote gegen die theokratische Verabsolutierung derselben gesetzt. Die Verfügungsgewalt staatlichen Rechts über die private Moral wird teilweise und mit Bezug auf das Konkubinat explizit angefochten.

e) Teilweise Anerkennung einer staatsfreien Privatsphäre der Bürger:

Unter dem Einfluß einer aufgeklärten Rechtstheorie, die Recht von Moral trennt, und in Ansehung der Tatsachen des Soziallebens ziehen sich zu Beginn des 19. Jahrhunderts verschiedene Rechtsordnungen teilweise aus der Privatsphäre der Individuen zurück, indem sie unter anderem auf Konkubinatsverbote verzichten.

f) Rechtliche Sittendiktate als Relikte eines repressiven Staatsautoritarismus

Ordnungspolitiker voraufklärerischer Prägung schmieden sich rechtsdogmatische Waffen zur Erhaltung einer umfassenden Staatsautorität. Namentlich die meisten Kantone des eben geschaffenen schweizerischen Bundesstaates sehen im Erlaß rechtlicher Sittendiktate ein wichtiges Element staatlicher Ordnung.

g) Resistenz von Vorurteilen gegenüber einer aufgeklärten Argumentation:

Der bloß intellektuelle Nachweis der Unzweckmäßigkeit und grundrechtlichen Unhaltbarkeit eines Konkubinatsverbots stößt bei Experten und erst recht bei einer verbreiteten öffentlichen Meinung auf schier unüberwindbare Widerstände statischer Vorurteile.

h) Autonomes Handeln gegen repressive Sexualmoral:

Nicht Alter und Güte des Arguments befreien hauptsächlich aus dem Korsett einer repressiven Sexual- und Ehemoral, sondern die durch autonomes, allenfalls gesetzwidriges Handeln bestimmte Realität. Autonomes Handeln untergräbt die Norm praktisch und gibt sie schließlich der Lächerlichkeit preis.

i) Die Innovationsfeindlichkeit ideologisch verzerrten Rechts:

Die Geschichte des Konkubinats hat gezeigt, wie sehr sowohl Expertenmeinungen als auch parlamentarische und direktdemokratische Mehrheiten ideologisch verzerrtes Recht produzieren können. Die politischen Institutionen verraten wenig Lernfähigkeit und noch weniger visionäre Kraft, weshalb sie den sozialen Wandel bloß nachträglich rechtlich sanktionieren, statt selbst innovativ zu sein[140].

[140] Bemerkenswerte Parallelen zur politischen Behandlung des Konkubinats sind bei den Auseinandersetzungen um den Schwangerschaftsabbruch im eidgenössischen Parlament zu beobachten. Der — im Unterschied zum Konkubinat seinerzeit — vergebliche Versuch einer föderalistischen „Lösung" des Problems sah ähnliche Lager wie einst beim Konkubinat einander gegenübertreten. Während sich insbe-

k) Rechtsbruch und Wandel als Aneignung subjektiver Möglichkeiten:

Sozialer Wandel läßt sich zunächst als Folge verbreiteten subjektiven Handelns begreifen. Verstöße gegen das Konkubinatsverbot wie ganz allgemein gegen staatliche Sittendiktate sind als demonstrative Anfechtungen einer herrschenden Ordnung des Sittlichen zu begreifen. Der Rechtsbruch wird zur unausweichlichen Mißachtung meist nicht legitimierbarer statischer Normen. Er reißt diese in den Lebensfluß hinein und wird so zum schöpferischen Akt des Lebens im Ghetto der Ordnung. Wandel als qualitative Veränderung, weit davon entfernt, ein Geschenk institutionalisierter Macht zu sein, ist da nichts weniger als die Aneignung subjektiver Möglichkeiten zu Lasten äußerer Ordnungsmächte.

2. *Die Stellung des Konkubinats im heutigen Recht*

Unter allen Kantonen, die seit 1942 einmal ein Konkubinatsverbot in Kraft gesetzt hatten, findet sich noch in den Kantonen Wallis, Nidwalden, Uri, Schwyz und Appenzell Innerrhoden eine Bestimmung im Gesetz (Stand 1987). Das Verbot ist aber auch in diesen Kantonen faktisch aufgehoben. Immerhin kam es bis in die 80iger Jahre hinein in einzelnen Kantonen zu Urteilen[141]. Daß ein Konkubinatsverbot vor dem Grundrecht der persönlichen Freiheit heute nicht mehr bestehen könnte, ist kaum zu bezweifeln. Gemäß einer Schätzung aufgrund der Volkszählung von 1980 lebten zu diesem Zeitpunkt 12,4 % aller Paare ohne Kinder unverheiratet zusammen, was einer Anzahl von rund 100'000 Personen entspricht. Mit Kindern lebten allerdings nur 2 % aller Paare in einem Konkubinatsverhältnis[142].

---

sondere die Vertreter der christlichen Parteien mit Berufung auf die Achtung vor der Schöpfung über die sozialen Realitäten hinwegsetzen, argumentieren die Vertreter einer wirklichkeitsnäheren Behandlung des Schwangerschaftsabbruchs mit dem Hinweis auf soziale Normen, mit denen das Recht in Einklang gebracht werden müsse, alles andere sei Heuchelei. Frauen in Not würden Abtreibungen so oder so vornehmen, die Frage sei nur, ob legal oder illegal, würdig oder unwürdig (vgl. TA vom 3. März 1987).

[141] In St. Gallen gab es noch bis 1980 durchschnittlich 9 Urteile pro Jahr (vgl. P. Rippman: Konkubinat — Ehe ohne Trauschein, 2. Aufl., Glattbrugg 1985, S. 94). Eine Mehrheit der CVP-Kantonsräte im Kanton St. Gallen beantragte noch 1984 anläßlich der Revision des kantonalen Strafrechts — wenn auch erfolglos — die Statuierung eines Konkubinatsverbots für noch verheiratete Konkubinatspartner.

[142] Vgl. dazu K. Lüscher: Die Schweizer Familien der achtziger Jahre. Eine erste Analyse der Volkszählungsdaten, in: NZZ vom 19. 10. 1983, S. 35. Reiches Datenmaterial zu Entwicklungstrends im Bereiche menschlichen Zusammenlebens findet sich auch in der Studie der Eidg. Komm. für Frauenfragen „Frauen und Männer: Fakten, Perspektiven, Utopien", Bern 1987. Nach den Ergebnissen dieser Studie ist aber nicht das Konkubinat als Alternative zur traditionellen Ehebeziehung anzusehen. Vielmehr läßt sich ein „Trend zur Vereinzelung der Erwachsenen" feststellen.

Wohl ist die rechtlich geschlossene Ehe von den Konkubinatsverhältnissen keineswegs verdrängt worden. Dennoch belegen die Zahlen einen Wandel in den Bewertungen der Geschlechtsverbindungen. Dies um so deutlicher vor dem Hintergrund unserer Geschichte des Konkubinats, die diesen eben noch als strafrechtliches Thema behandeln ließ. Für den Wertwandel stehen zudem seit den 70er Jahren massiv steigende Ehescheidungen: Zu lebenslänglicher Verbindlichkeit vermag das Zivilrecht Geschlechtspartner nicht mehr zu verpflichten[143].

Die als Folge dieses sozialen Wandels denkbaren Verrechtlichungsversuche eines neuen sozialen Sachverhaltes halten sich bisher in Grenzen. Entgegen der unhaltbaren Forderung, dem Konkubinat (als *unsittliches* Vertragsverhältnis im Sinne von Art. 20 OR) jeden Rechtsschutz zu verweigern, plädiert das Bundesgericht in seinem Grundsatzentscheid vom 8. Juni 1982 für eine differenzierte rechtliche Regelung. Einerseits respektiert es die völlig autonome Eingehung und Auflösung des Konkubinats durch rechtliche Abstinenz, hält andererseits dafür, vermögensrechtliche Auseinandersetzungen unter den Konkubinatspartnern subsidiär nach Rechtsgrundsätzen zu regeln[144]. Zur Orientierung dienen dabei die Regeln über die *einfache Gesellschaft*, wobei gemäß Bundesgericht durchaus „Konkubinatsverhältnisse denkbar (sind), in denen die Partner sich in jeder Beziehung eine derart starke Selbständigkeit bewahren, daß für die Annahme einer einfachen Gesellschaft kein Raum bleibt"[145]. Nicht ausgeschlossen sei zudem, „daß zwischen den Partnern nebst der einfachen Gesellschaft noch besondere Auftrags-oder sonstige Vertragsverhältnisse bestehen"[146].

Insofern als das Konkubinat für das Bedürfnis möglichst autonomer Gestaltung der Paarbeziehung steht, ist es folgerichtig, wenn hier auf zusätzliche gesetzgeberische Maßnahmen verzichtet wird[147]. Mag es sinnvoll sein, wie dies etwa Nationalrat Leuenberger im Parlament vorgeschlagen hat, das Konkubinat güterrechtlich explizit den Regeln der ehelichen Gütertrennung zu unterstellen, erscheint es weniger einleuchtend, die *Auflösung* des Konkubinats zu verrechtlichen[148]. Meines Erachtens stünde eine entsprechende

[143] Vgl. H. Ringeling/ A. Geissbühler-Blaser: Ehe und Konkubinat. Ethische und juristische Voraussetzungen für die Meinungsbildung, Bern 1985, S. 5 ff.

[144] BGE 108 II 204 ff.

[145] BGE 108 II 208 f.

[146] Ebd.

[147] Ebenso R. Frank und Richterkollegen, in: R. Frank (Hrsg.): Die eheähnliche Gemeinschaft in Gesetzgebung und Rechtsprechung der BRD, Österreichs und der Schweiz. Drängen sich gesetzgeberische Maßnahmen auf? Beihefte zur ZSR, Heft 5, Basel und Frankfurt/M. 1986; Ringeling/Geissbühler (Anm. 143), S. 16 und 27 ff.

[148] Vgl. BBl 1983 III 708 ff.; zur umfassenden Übersicht über die Rechtslage des Konkubinats vgl. Frank/Girsberger/Vogt/Walder-Bohner/Weber: Die eheähnliche Gemeinschaft (Konkubinat) im schweizerischen Recht, Zürich 1984.

Bestimmung zur zumindest konkludent erklärten Absicht der Konkubinatspartner, die Gemeinschaft ohne Einschaltung einer dritten Instanz auflösen zu können, im Widerspruch.

Wenn wir das Konkubinat mit Gret Haller im Unterschied zur Ehe als „Straße ohne Leitplanken", die eine aufmerksamere Fahrweise verlangt, begreifen, käme eine Verrechtlichung dem Ruf nach Leitplanken, nach unnötiger Fremdhilfe gleich, wo doch ein „Feldweg", d. i. Eigenverantwortlichkeit und -gestaltung gewählt wurde[149]. Angebrachter scheint mir demgegenüber eine rechtliche Regelung im Bereiche des Haftpflichtrechts, die beispielsweise den Konkubinatspartner bei Tötung des Weggefährten mutatis mutandis dem Ehepartner gleichstellt. Unerlässlich ist auch eine Gleichstellung der Konkubinatseltern gegenüber ihren Kindern. Ebenso mag sich eine Angleichung des (dauerhaften) Konkubinats an die Ehe im Bereich der Sozialversicherungen aufdrängen[150]. Schließlich scheint mir eine Gleichstellung von Konkubinatsverhältnissen mit der Ehe unter ausländerrechtlichen Gesichtspunkten zumindest bedenkenswert.

Ist die Lage des Konkubinats im Recht verglichen mit seiner früheren Kriminalisierung heute äußerst günstig zu beurteilen, so lassen sich Spuren vergangener Zeiten dennoch nicht übersehen. Die Zumutbarkeit der Unterhaltspflicht der Eltern gegenüber mündigen Kindern in Ausbildung wollte das Bundesgericht grundsätzlich nicht nur in Berücksichtigung der wirtschaftlichen Leistungsfähigkeit der Eltern und des „pflichtbewußten Studiums" des Kindes beurteilen, sondern es bezeichnete das sittliche Verhalten, namentlich das Konkubinat, als möglichen Unzumutbarkeitsgrund für die Erfüllung der elterlichen Unterhaltspflicht. Zwar wollte das Bundesgericht nicht so weit gehen wie Cyril Hegnauer[151] und die Mißbilligung eines wie auch immer gearteten Konkubinats durch die Eltern als Unzumutbarkeitsgrund anerkennen. Hingegen scheint ihm z. B. das Vorliegen eines „ehebrecherischen Konkubinats" als möglicher Unzumutbarkeitsgrund denkbar[152].

Dadurch sanktioniert der Staat immer noch nichts weniger als ein eng definiertes sittliches Wohlverhalten und erteilt den Eltern ein durch wirtschaftliche Macht zementiertes Einflußrecht auf das Liebesleben ihrer in Ausbildung stehenden Kinder. Es ist meines Erachtens unhaltbar, daß der

[149] Siehe G. Haller: Eine Straße ohne Leitplanken, in: Wenn zwei zusammenleben. Ratgeber für Paare ohne Trauschein, hrsg. von einer Arbeitsgruppe der Demokratischen Juristen, Zürich 1983, S. 74 f.

[150] Ebenso Th. Geiser, in: Frank (Anm. 147), S. 83.

[151] C. Hegnauer: Zwei Jahre neues Kindsrecht, in: Kindes- und Adoptionsrecht, hrsg. v. Schweiz. LAKO für Sozialwesen, Zürich 1981, S. 14.

[152] 111 II 417.

Staat eine persönlichkeitsverletzende Elternmoral schützt, die die wirtschaftliche Abhängigkeit mündiger Kinder als Geißel sittlicher Züchtigung mißbraucht. Dieses Argument scheint mir jedenfalls solange stichhaltig, bis im Stipendienwesen oder durch Schaffung eines Rechts auf ein arbeitsunabhängiges Grundeinkommen wesentliche Änderungen im sozialstaatlichen System der Schweiz eintreten. Ein moralistisches, autoritäres Elternverhalten wie das oben erwähnte verdient keinen Rechtsschutz. Die Waagschale der „Freiheit der Liebe" wiegt doch erheblich schwerer als jene eines sittenstrengen Patriarchalismus[153].

3. *Das Konkubinat im Zeichen der Emanzipation der Lust*

Die Geschichte des Konkubinats läßt sich rückblickend als wogender Kampf um die Freiheit einer autonomen Sphäre sexueller Kommunikation, oder einfacher ausgedrückt: um die „Freiheit der Liebe" begreifen. Die Straffreiheit des Konkubinats ist Teil der „neuen Liebesunordnung", in die die alte repressive Sexualordnung transformiert zu werden scheint. Pascal Bruckner und Alain Finkielkraut diagnostizierten vor mehr als zehn Jahren unter dem Titel „neue Liebesunordnung", daß wir

„in das Zeitalter der exklusiven Sexualitäten, die einander nicht mehr ausschließen", eintreten[154].

In diesem Zeitalter sollen polizeiliche Verbote der Sinnenlust ebenso ausgespielt haben wie das ideologische Diktat einer alleinseligmachenden Liebesvariante:

„Das Zerbröckeln der herrschenden Strukturen ermöglicht eine Vielzahl kleiner Alternativen und verhindert zugleich, daß eine davon die letzte sei und den andern ihr Gesetz vorschreiben könnte"[155].

Diese Sichtweise, die von Bruckner und Finkielkraut brillant entwickelt wird, grenzt sich nicht nur ab von der tradierten Ordnungspolitik wider die „Freiheit der Liebe", sondern entzieht sich auch programmatischen Versuchen, im Bereich von Liebe und Sexualität eine neue Hierarchie der Werte zu errichten.

---

[153] Der „Freiheit der Liebe" scheinen auch jene solothurnischen Oberrichter das ihr zukommende Gewicht zu geben, die in einem Urteil aus dem Jahre 1987 in einer Mieterstreitigkeit die Position des unverheirateten Mieterpaares gegen den Vermieter schützt, der sich das Liebesgestöhn der Konkubenten nicht gefallen lassen wollte.

[154] P. Bruckner/A. Finkielkraut: Die neue Liebesunordnung (franz. 1977), München/Wien 1980, S. 316.

[155] a.a.O., S. 319.

Wir wollen uns — mit Blick auf unsere Entwicklungsgeschichte des Konkubinats(verbots) — davor hüten, gegen totalitäre Sittendiktate „von oben" eine „zukünftige Sittenordnung befreiter Sexualität" zu *konstruieren*. Damit entlasten wir menschliche Liebesbeziehungen sowohl von moralischem wie revolutionärem Ballast, so daß sich ein großes Experimentierfeld der Sexualitäten eröffnet. Die Emanzipation der Lust ist kein Triumphzug in die große Alternative zur bisherigen „Liebesordnung". Abschiednehmen von der Fixierung auf traditionelle Ehebeziehungen bedeutet

„weder das Ende der Zweierbeziehung noch seine Ablösung durch eine bessere Institution, sondern das Aufkommen einer Fülle von Zwischenformen, in denen die Liebenden ihren Liebesvertrag mit viel List auslegen. Sie tun sich im Namen der Liebe zusammen, weigern sich aber, ihre Verbindung unter dem Zeichen der Totalität zu leben"[156].

Auf diesem Boden bilden sich auch immer mehr Konkubinatsverhältnisse, die sich dem oktroyierten Dauerideal und der absoluten Ausschließlichkeitspflicht der Institution Ehe entziehen und eine vollumfänglich autonome Gestaltung der Liebesbeziehung beanspruchen. Sie sind insofern Ausdruck zukunftsoffener Liebe, die sich aber keineswegs jeglicher Verbindlichkeit entledigt hat. Das Konkubinat läßt sich folglich idealtypisch als Versuch einer Synthese von traditionell ehelicher Verbindlichkeit und traditionell unehelicher Leidenschaft begreifen[157]. Über seine Dauer entscheidet vor allem die real gelebte Liebe. Gleichzeitig ist allerdings auch eine Entwicklung der (offenen) Ehe auf diese Synthese hin zu beobachten, eine Entwicklung, die jetzt auch vom neuen Eherecht begünstigt wird und bald auch von einem entsprechenden Scheidungsrecht nachvollzogen werden dürfte. Klar ist freilich, daß die Liebe auch jenseits institutioneller Zwänge nicht zum Paradies unbeschwerten Glücks wird. Wir haben auch keinen Grund, euphorisch einen großen sexuellen Durchbruch in eine erotische Kultur zu feiern. Vor allem ist die Frage nach der „Freiheit der Liebe" als Strafbarkeitsthema bei weitem nicht hinreichend behandelt, weshalb auch die Entkriminalisierung gewisser Formen gelebter Sexualität noch nicht als *durchgreifender* sozialer Wandel zu interpretieren ist.

Trotz dieser Einschränkungen läßt sich die Geschichte des Konkubinats als Emanzipation der Liebe aus den Fängen staatlicher Bevormundung deuten. Diese Sichtweise vermögen auch aktuelle neokonservative Gegentendenzen nicht wesentlich zu trüben. Daß Konkubinatspaare und Wohngemeinschaften etwa auf dem Wohnungsmarkt gegenüber der Ehe weiterhin benachteiligt werden, entgeht uns ebensowenig wie der restaurative Versuch insbesondere kirchlicher Kreise, die Immunkrankheit Aids zur Unter-

---

156 a.a.O., S. 163.

157 Vgl. A. Béjin/ Ehe ohne Trauschein heute, in: Ariès/Béjin (Anm. 6), S. 197 ff.

drückung der Sexualität schlechthin zu benutzen, namentlich die „tiefe Sinnhaltigkeit der menschlichen Sexualität und den Wert ehelicher Treue" in normierender Absicht zu propagieren[158] und ganz allgemein das Primat der Ehe gegenüber allen anderen Formen gelebter Sexualität zu fordern[159]. Noch ist offen, wie sich die Liebe gegen neue ordnungspolitische Normierungsversuche wird behaupten können. Ihre Autonomie wird sie heute zudem sowohl gegen die vorherrschende Banalisierung und Brutalisierung von Sexualität und Beziehungsleben durch die Pornoindustrie wie gegen wissenschaftliche Objektivierungen der Sexualität zu verteidigen haben[160].

Die Hoffnung scheint nicht ganz unbegründet, daß sich sexuelle Autonomie aus dem Fundus des jahrhundertalten Kampfes sexueller und sozialer Minoritäten gegen neue Formen der Bevormundung und Vereinnahmung wird nähren können. Die Auflösung der traditionellen Liebesordnung ist zwar nicht so durchdringend wie Bruckner/Finkielkraut suggerieren, aber sie ist auch nicht mehr bloß abstrakte Utopie. Eine Vielfalt von Lebensformen koexistiert schon heute, wobei *lustbegünstigende* Formen *offener familialer Strukturen* auch nach den ernüchternden Erfahrungen der 68er Generation und unter Bedingungen einer neokonservativen Ordnungsoffensive keineswegs verschwunden sind[161].

Mit dem Abbau rechtlicher Repression wird immerhin teilweise ein Abbau von stigmatisierter Randständigkeit und von Beschränkung der Lebenschancen sexueller und sozialer Minoritäten erreicht[162]. In diesem Sinne

---

158 Vgl. die Reaktion der katholischen Kirche auf die Aids-Kampagne der Gesundheitsbehörden im TA vom 6. 2. 87, S. 9. Der Einfluß der Kirche schlug sich in der Folge in einer moralistischen Plakataktion unter dem Titel „Bliib treu" nieder. Zu den verschieden gearteten Aufklärungskampagnen in Europa vgl. „Aids. Europa kämpft gegen die Seuche", und weitere Beiträge, in: Der Spiegel, Nr. 8 vom 10. 2. 1987. Vgl. auch den Bewertungsversuch des Phänomens „Aids" durch Jürgmeier: Aids — Die willkommene Seuche. Anmerkungen zum gesellschaftlichen Umgang mit einer Krankheit, in: NW, Nr. 4, 1987, S. 111-116.

159 Vgl. TA vom 26. Juli 1985, worin unter dem Titel: „Harzige Einführung des Sexualunterrichts in der Volksschule" von immer noch vorhandenen kirchlichen Widerständen gegen das Konzept eines nicht-ehelichen Zusammenlebens berichtet wird.

160 Grundlegend zu den Mechanismen moderner Normierung der Sexualität durch eine „scientia sexualis" M. Foucault (Anm. 34); in seiner Tradition stehend vgl. A. Béjin: Die Macht der Sexologen und die sexuelle Demokratie, in: Ariès/Béjin (Anm. 6), S. 253 ff. Zur normierenden Wirkung von Pornographie vgl. etwa Matthias T. J. Grimme (Hrsg.): Käufliche Träume. Erfahrungen mit Pornografie, Reinbek b. Hamburg 1986, S. 23.

161 Vgl. B. Sichtermann: Selbständige Frauen. Die ökonomische Seite der Emanzipation, in: Freibeuter 29 (1986), S. 81 ff.

162 Vgl. R. Lautmann: Der Zwang zur Tugend. Die gesellschaftliche Kontrolle der Sexualitäten, Frankfurt/M. 1984, S. 244 ff.

ist dem von uns untersuchten Rechtsbruch durchaus eine schöpferische Wirkung zuzuerkennen. Durch die beharrliche Behauptung der Sinnenlust gegen die Anmaßungen jeweiliger Herrschaftsordnungen sind der Liebe — trotz unübersehbarer neuer heteronomer Normierungen — Handlungsfreiräume erkämpft worden.

Kapitel 5

Militärdienstverweigerung: Der Stachel des Gewissens in der Ordnung staatlicher Macht

Mit der Betrachtung des Konkubinats in seiner historischen Entwicklung haben wir einen Rechtsbruch problematisiert, der *unmittelbar* Ausfluß eines persönlichen Freiheitsanspruchs ist. Das Konkubinatsverbot wurde um des Lebens im Konkubinat willen übertreten. Der Normbruch ist unausweichliche Folge autonom gelebter Sinnenlust und damit Selbstzweck. Eine Reflexion über die verletzte Norm weist darauf hin, daß das übertretene Verbot aufgehoben werden soll. Entsprechend haben wir beim Konkubinat den sozialen Wandel vorwiegend an der Durchsetzung bzw. Aufhebung der angefochtenen Verbotsnorm abzulesen versucht, ohne freilich von der allgemeinen sexuellen Entwicklung abzusehen.

Auch die Militärdienstverweigerung aus Gewissensgründen ist insofern Selbstzweck, als sich in ihr das Gewissen tatkräftig verwirklicht und dadurch die Pflicht zur militärischen Dienstleistung verletzt. Die Frage nach Rechtsbruch und sozialem Wandel ist demnach — wie im Falle des Konkubinats —an der Entwicklung der staatlichen Reaktion auf die Gewissenstat des Militärdienstverweigerers zu diskutieren. Da die Verweigerung aber auch als individuelle Handlung im pazifistischen Kampf Bedeutung erlangt hat, ist der Rechtsbruch auch in seinem politischen Zweck-Mittel-Verhältnis zu gewichten. Er läßt sich als politischer Eingriff des autonomen Subjekts in die Gestaltung einer mehrheitlich bestimmten staatlichen Lebenswirklichkeit begreifen. Die Frage nach dem Wandel ist folglich nicht nur in Abhängigkeit vom staatlichen Umgang mit den Gewissenstätern zu behandeln, sondern auch in Berücksichtigung des gesamten Antimilitarismus' in der Schweiz[1].

[1] Die Begriffe Antimilitarismus und Pazifismus werden in der Literatur nicht klar voneinander abgegrenzt und zuweilen synonym verwendet. Für unsere Terminologie bildet der Begriff des Militarismus den Ausgangspunkt. Unter Militarismus verstehen wir die Dominanz des Militärs und des Gewaltglaubens in der staatlichen Ordnung und im gesellschaftlichen Denken. Militarisierung meint einen entsprechenden politischen Prozeß. Antimilitarismus bezeichnet allgemein jeden Kampf gegen den Mili-

Obgleich wir uns auf einen kürzeren Betrachtungszeitraum als beim Konkubinat beschränken können, indem wir die Militärverweigerung[2] an die für sie maßgebliche Einführung der *allgemeinen* Wehrpflicht koppeln, können auch hier notgedrungen nur einige Stationen der Entwicklung herausgegriffen werden. An ihnen mag die rechtssoziologische Bedeutung des Rechtsbruchs in historischer Perspektive veranschaulicht werden.

I. Von der militärischen Unordnung der Alten Eidgenossenschaft zum militarisierten Bundesstaat

Seit der nationalstaatlichen Statuierung einer allgemeinen Wehrpflicht steht die Gewissenstat des Militärdienstverweigerers für eine der ausgeprägtesten Antinomien zwischen bürgerlicher Freiheit und staatlicher Ordnung. Von dieser Feststellung werden für die nachfolgende Untersuchung folgende Annahmen abgeleitet:

1. Der staatliche Umgang mit der Militärverweigerung als Minderheitenphänomen ist ein Gradmesser für die Qualität demokratischer Kultur.
2. Die Wahrnehmungsweise der Militärverweigerung im modernen Staat liefert ein Indiz dafür, inwieweit sich der militärisch gerüstete Ordnungsstaat als Selbstzweck in ein bloßes Hilfsmittel gesellschaftlicher Freiheit transformiert.

Daraus ergeben sich folgende untersuchungsleitende Fragen:

a) Wie reagiert der schweizerische Bundesstaat rechtlich auf die Militärverweigerung? (Gradmesser für demokratische Kultur)

b) Welches staatliche Selbstverständnis spiegelt sich in der politischen Bewertung der Militärverweigerung durch die Staatsmacht?

Eine abschließende Beantwortung dieser Fragen ist im Rahmen dieser Untersuchung nicht möglich. Dennoch sollten sie als Orientierungshilfen

---

tarismus, insbesondere das Militär, und zielt auf Überwindung desselben. Von Pazifismus reden wir meist in seiner radikalen Variante, für die die Ablehnung des Gewaltglaubens durch die individuelle Tat der Militärdienstverweigerung charakteristisch ist.

[2] Wir werden in der Folge meist den Begriff „Militärverweigerung" verwenden, weil er das bezeichnete Phänomen knapp und gleichzeitig präzis faßt. Militärverweigerung suggeriert im Unterschied zum Begriff „Dienstverweigerung" nicht die Beliebigkeit des Dienstes, womit die Wertung mitklingt, es handle sich hier vor allem um bequeme Drückeberger. Im Unterschied zur Militär*dienst*verweigerung bringt der hier bevorzugte kürzere Begriff zum Ausdruck, daß nicht bloß ein bestimmter Dienst, sondern — was meistens der Fall ist — die gesamte militärische Institution und die damit verknüpfte Verteidigungsideologie abgelehnt werden.

Gewähr dafür bieten, daß die Militärverweigerung in einer rechtssoziologischen Dimension erfaßt wird.

1. Kriegertypus und Wehrpflicht in der Alten Eidgenossenschaft

Wo sich die offizielle Geschichtsschreibung oder Behörden mit Fragen um die Militärverweigerung befassen, fehlt praktisch nie irgendein Hinweis auf die seit alters her tiefe Verankerung von allgemeiner Wehrpflicht und Wehrwillen im „Volksempfinden". Die Einbettung in eine jahrhundertealte Tradition soll offenbar die „Heiligkeit der Sache", die es zu schützen gilt, und damit deren Unantastbarkeit bezeugen. Bei näherer Betrachtung entpuppt sich die Rede von der tiefen Verwurzelung aber mehr als Beschwörung einer politischen Legende, denn als Erinnerung einer Realität. Wir wissen allerdings, daß auch Legenden Realitäten neu schaffen oder zumindest alte Realitäten aus dem Bewußtsein verdrängen können. Dieses Ziel scheint denn auch die Berufung auf Zeit und Wirken der Väter vorwiegend zu verfolgen.

Der Alte kriegstüchtige Eidgenosse hatte mit dem gehorsamen Soldaten moderner Prägung wenig gemeinsam. Die rauflustigen Burschen aus dem „gemeinen Volk", die sich vor allem im ausgehenden Mittelalter als kühne Haudegen einen Namen machten, wurden zu einer eigentlichen Kriegerkaste und verdingten sich nicht zuletzt aus Freude am Abenteuer, aus wirtschaftlicher Not und damit verbundener Unzufriedenheit in fremde Kriegsdienste[3]. Sie waren sehr eigenwillig, führten nicht selten Kriegszüge auf eigene Faust und liefen auch schon mal — aus Hunger, Dienstmüdigkeit oder Disziplinlosigkeit — ihren Hauptleuten davon[4]. Das verbreitete Söldnerwesen hatte zudem eine Schwächung der eigenen einheimischen Wehrkraft zur Folge.

Die Wehrkraft der Alten Eidgenossenschaft basierte auf einer allgemeinen Verpflichtung der einzelnen Bürger gegenüber ihrer Gemeinde oder ihrem Kanton. Von einer einheitlich durchgeführten Wehrpflicht im lockeren Bund der Alten Eidgenossen konnte aber bis über die Gründung des schweizerischen Bundesstaates hinaus keine Rede sein[5]. Die damalige Organisation des Wehrwesens paßte ebensowenig zur „modernen Hybris des totalen Krieges"[6], wie der damalige Kriegertypus zum heutigen Bild des disziplinierten Soldaten:

---

[3] Vgl. dazu die eingehende Studie von W. Schaufelberger: Der Alte Schweizer und sein Krieg, Zürich 1966, S. 70.

[4] a. a. O., S. 144 ff.

[5] a. a. O., S. 68 ff.: W. Baumann: Die Entwicklung der Wehrpflicht in der Schweizerischen Eidgenossenschaft 1803 - 1874, Zürich 1932, S. 21-72.

„Der Krieg der Alten geht nicht von der tatkräftigen militärischen Leitung aus. Wenn wir uns an die klassische Definition des älteren Moltke halten, welche die Disziplin als *Autorität von oben und Gehorsam von unten* bezeichnet, gelangen wir zum Schluß, daß es im Alten Schweizerkrieg keine Disziplin gegeben hat. Die Hingabe an die Pflicht wird durch die Hingabe an den Krieg ersetzt"[7] (Hervorhebung im Original).

Einzelne Kantone scheinen sich zwar vor allem im 17. Jahrhundert um eine strikte Durchführung der allgemeinen Wehrpflicht bemüht und Militärverweigerer hart angepackt zu haben[8]. Wegen der mannigfachen Durchlöcherung des Prinzips der allgemeinen Wehrpflicht wurde die Militärverweigerung aber nie zu einem Politikum. So wurde auch erst mit dem Erlaß des „Eidgenössischen Defensionale" im Jahre 1668 explizit eine Grundlage für eine allgemeine Wehrpflicht in den Gebieten der Eidgenossenschaft geschaffen[9]. Auch diese Statuierung der Wehrpflicht hatte aber nur deklaratorische Bedeutung, da sie keine subjektive Rechtspflicht des Bürgers verankerte, d. h. dieser war nicht *unmittelbar* zur Dienstleistung verpflichtet. Vielmehr oblag den einzelnen Orten die Pflicht, zahlenmäßig bestimmte Mannschaftskontigente zu stellen.

Mit der largen Durchführung des Wehrpflichtprinzips scheint auch eine geringe individuelle Dienstbereitschaft einherzugehen. In den Städtekantonen — mit Ausnahme Zürichs — leisteten zum Beispiel nur Landbewohner Dienst. Die Möglichkeiten zur Befreiung von der Dienstpflicht waren zudem mannigfach und wurden mit großer Willkür genutzt. Die Durchbrechung des Prinzips der allgemeinen Pflicht reichte von einer largen Praxis bei der Untauglicherklärung, über die Dienstbefreiung für Angehörige gewisser Berufe bis zur Möglichkeit, sich bei der Dienstleistung vertreten zu lassen oder sich von der Dienstpflicht loszukaufen[10]. Die Einführung der Dienstpflicht in Friedenszeiten, namentlich von Übungen und Musterungen soll vielfach auf „starken Widerstand" gestoßen sein[11]. Von disziplinierter Pflichterfüllung kann unter diesen Bedingungen ebensowenig gesprochen werden wie von einem ausgeprägten Wehrwillen. Die Alte Eidgenossenschaft war von einer

[6] Schaufelberger (Anm. 3), S. 71. Beleg für diese Hybris ist auch die moderne Kriegsvorbereitung in der neutralen Schweiz, die in Gestalt der Gesamtverteidigung immer mehr Lebensbereiche erfaßt. Bezeichnend dafür ist das Bestreben, eine Identität zwischen staatlicher und gesellschaftlicher Kriegs- und Friedensstruktur herzustellen.

[7] a. a. O., S. 192.

[8] Baumann (Anm. 5), S. 37; vgl. die Beispiele bei O. Siegfried: Die Dienstverweigerung aus Gewissensgründen, Zürich 1952, S. 4, Anm. 8 und dort zitierte Literatur.

[9] Baumann (Anm. 5), S. 24 f.; J. Pilgrim: Glaubens- und Gewissensfreiheit, Diss. Zürich 1978, S. 7.

[10] Baumann (Anm. 5), S. 32 ff.

[11] a. a. O., S. 73.

nationalen Wehrgemeinschaft entsprechend weit entfernt. Verglichen mit heutigen Verhältnissen nimmt sich die damalige Situation des Wehrwesens geradezu anarchisch aus.

Gänzlich unterlaufen wurde die abstrakte Forderung der allgemeinen Wehrpflicht durch das Söldnerwesen, das die besten Krieger der eigenen Wehrkraft entzog[12]. Werner Baumann, der seine umfangreiche Monographie zur Entwicklung der schweizerischen Wehrpflicht zu Beginn der dreißiger Jahre gleichsam als Bollwerk gegen die „antimilitaristische und materialistische Denkweise unseres Zeitalters"[13] verstand, beurteilte den Zustand des schweizerischen Wehrwesens bis zum Ende des 18. Jahrhunderts in Ansehung des Söldnerwesens ernüchtert:

„Auf diese Weise wurde die Bildung eines wahrhaft nationalen Heeres unmöglich gemacht und die bestehende Wehrmacht (besser: Wehrmacht*en*) zermürbt und geschwächt. Die Obrigkeiten in den heimatlichen Kantonen unterstützten aus teilweise begreiflichen Gründen die Fremdendienste und behandelten diese Angelegenheit sehr sorgfältig, während sie, von wenigen Ausnahmen abgesehen, das eigene Wehrwesen in einem erschreckenden Grade vernachlässigten[14].

Die Idee einer nationalen Wehrgemeinschaft, die zumindest alle männlichen Bürger einschloß, bedurfte einer eingehenden ideologischen Fundierung, um sich auch in der Praxis durchsetzen zu können. Die Mobilisierung von Volksmassen zur militärischen Verteidigung der Nation, d. i. die Bildung militarisierter Nationalstaaten[15] fand im revolutionierten napoleonischen Frankreich ihr erstes Fundament.

2. Französische Revolution und allgemeine Wehrpflicht

Ekkehard Krippendorff datiert in seiner Studie zum Verhältnis von Staat und Krieg die beginnende „Revolutionierung der Kriegführung durch die nationale Mobilisierung der Völker gegeneinander" mit der Französischen Revolution[16]. Hier wird die Nation erstmals zum ideologisierten Kollektivwert, der sich im bewaffneten, militärischen Volksstaat niederschlägt[17]. Der Nationalismus als Religionsersatz, der das Individuum auf die Nation als Selbstzweck verpflichtet[18], sollte für alle künftigen Nationalstaaten nachhal-

[12] E. His: Geschichte des neueren schweizerischen Staatsrechts Bd. I, Basel 1920, S. 598; ebenso die Einschätzung des Söldnerwesens bei Pilgrim (Anm. 8), S. 16-19.

[13] Baumann (Anm. 5), S. 16.

[14] a. a. O., S. 76.

[15] Grundlegend hierzu E. Krippendorff: Staat und Krieg. Die historische Logik politischer Unvernunft, Frankfurt/M. 1985.

[16] a. a. O., S. 301.

[17] a. a. O., S. 308.

[18] Vgl. P. Alter: Nationalismus, Frankfurt/M. 1985, S. 43 ff.

tige Bedeutung erlangen. Als Schlüsseldokument für den militarisierten französischen Nationalstaat gilt das Gesetz der „Levée en masse" vom 23. August 1792, das sich als eindrückliches Zeugnis nationalstaatlicher Totalverteidigung liest. Alle Bürger und gesellschaftlichen Institutionen werden für die Sache der militärisch zu verteidigenden Nation herangezogen bzw. umfunktioniert. Die „Enzyclopedia Britannica" formuliert unter dem Stichwort „Wehrpflicht" folgerichtig:

> „Es gibt vielleicht kein Gesetz im Recht der einzelnen Nationen, das einen so weitreichenden Einfluß auf die Zukunft der Menschheit ausgeübt hat oder ausüben wird, wie dieses wenig bekannte französische Gesetz"[19].

Das Heer wurde zur Sozialisationsagentur des Nationalbewußtseins und damit zum Garanten der nationalen Identität. Der Einfluß eines solchen militaristischen Nationalismus' schlägt sich unmittelbar in der „Ersten Helvetischen Verfassung" nieder, die von Napoleon zur Verfassung der Schweiz erklärt wurde. Sie enthält den Grundsatz, daß jeder Bürger seine Person dem Vaterland schulde und „ein *geborner* Soldat des Vaterlandes" sei[20]. Die hier anknüpfende Propagandaoffensive zur Züchtung eines Nationalbewußtseins der Eidgenossen war enorm und bediente sich des Charismas einzelner Persönlichkeiten ebenso wie der Schule, der Presse, nationaler Symbole und Zeremonien. Auch öffentliche Feste und der Volksgesang standen im Dienste der nationalen Sache. Dennoch schlug die Propaganda fehl! Die Helvetische Verfassung wurde als „fremde Anmaßung" empfunden. Deren einheitsstaatliche Ausrichtung vertrug sich nicht mit dem ausgeprägt föderalistischen Geist und dem zugleich anti-utopischen Konservativismus der Alten Eidgenossen[21]. Diese verlangten nicht nach der Nation als einem identitätsstiftenden Kollektiv.

Die Verfassungen der Folgezeit bis zur Gründung des schweizerischen Bundesstaates nahmen darum dem in der „Ersten Helvetischen Verfassung" formulierten nationalen Pflichtgedanken etwas von seiner Forciertheit, allerdings ohne ihn in Gestalt der allgemeinen Wehrpflicht je zu vergessen[22].

3. Widerstände gegen die bundesstaatliche Verwirklichung der Wehrpflicht

Einer Umsetzung der allgemeinen Wehrpflicht in die Rechtswirklichkeit standen weiterhin der föderalistische Konservativismus, aber auch die über-

[19] Siehe bei Krippendorff (Anm. 15), S. 310.

[20] Vgl. His (Anm. 12), S. 603.

[21] Vgl. ausführlich dazu D. Frei: Die Förderung des schweizerischen Nationalbewußtseins nach dem Zusammenbruch der Alten Eidgenossenschaft 1798, Diss. Zürich 1964.

[22] a. a. O., S. 203 f.

kommene Distanz vieler Bürger zum Militärdienst entgegen. Der Widerstand der Kantone gegen die Bildung eines Bundesheeres hielt den Bestrebungen einer Dienstverpflichtung des einzelnen Bürgers direkt gegenüber dem Bund bis zur Verfassungsrevision von 1874 stand[23]. Bis dahin waren immer noch nur die Kantone als Rechtssubjekte gegenüber dem Bund direkt verpflichtet, ein zahlenmäßig bestimmtes Truppenkontingent zu stellen. Bei dieser föderalistischen Regelung des Wehrwesens kam es zu kantonalen Ungleichheiten in der Durchführung des Grundsatzes der allgemeinen Wehrpflicht, die von einer einheitlichen staatlichen Ordnung weit entfernt waren und in den Augen militärischer Ordnungsdenker zweifellos besorgniserregend erscheinen mußten.

Die Verfassungen mehrerer Kantone enthielten beispielsweise in den ersten Jahrzehnten des 19. Jahrhunderts keine Bestimmungen über die Wehrpflicht, während einige Kantone die Wehrpflicht bloß als „Kann-Bestimmung" in ihren Verfassungen formulierten[24]. Die Befreiungsgründe von der Dienstpflicht waren von Kanton zu Kanton verschieden, jedoch fast überall — wie seit alters her — weit gezogen. Ganze Berufsstände, von den Lehrern (!) über die Milchträger bis zu den Kaminfegern[25], waren in vielen Kantonen von der Dienstpflicht befreit. Die Lehrer der öffentlichen Anstalten verblieben auch noch nach der Gründung des eidgenössischen Bundesstaates 1848 in diesem privilegierten Status[26]. Sektenangehörige, namentlich die Wiedertäufer waren in einzelnen Kantonen ebenfalls vom Militärdienst dispensiert und nur zeitweise zur Bezahlung eines Militärpflichtersatzes verpflichtet. Der gänzliche oder teilweise Loskauf von der Wehrpflicht und die Stellung eines Ersatzmannes waren vor 1848 gängige Umgehungsformen der eigenen Dienstpflicht, die erst mit der eidgenössischen Militärorganisation von 1850 rechtlich wirksam unterbunden wurden[27]. Auch von 1848 bis zur Bildung einer nationalen Volks-Armee durch die Verfassungsrevision von 1874 bestanden im Bereiche des Wehrwesens aber erhebliche kantonale Unterschiede. Dienstdauer und wehrverpflichtete Jahrgänge differierten ebenso wie die Aushebungspraxis und die Tauglichkeitserklärungen. In einzelnen Kantonen waren in den sechziger Jahren des 19. Jahrhunderts zeitweise über 50 % der Wehrpflichtigen von der Dienstleistung enthoben[28]. Das Militär wurde weitherum mehr als Last denn als ehrwürdige Dienstleistung für das Vaterland empfunden. Versuche des Bundes, die kantonalen Nachlässigkeiten in der Durchführung der allgemeinen Wehrpflicht zu beheben, stießen auf den anhaltenden Widerstand der Kantone.

---

[23] Vgl. Baumann (Anm. 5), S. 90 ff. und 459 ff.

[24] a. a. O., S. 172 f. und 185.

[25] Vgl. die Aufzählung bei Baumann, a. a. O., S. 241 ff.

[26] a. a. O., S. 249.

[27] a. a. O., S. 292.

[28] a. a. O., S. 465 ff.

Selbst Drohungen von seiten des Bundes, die allgemeine Wehrpflicht durch eine zentralistische Regelung durchzusetzen, beeindruckten die Kantone wenig[29]. Insbesondere eigene finanzielle Sorgen wogen weit schwerer als der abstrakte Appell an die nationale Pflichterfüllung.

Es erstaunt in Erinnerung an die Zeit der Helvetik nicht, daß größte ideologische Anstrengungen des Bundes nötig waren, um den Wehrwillen im Dienste der Nation zu fördern. Die Klage des Generals Hans Herzog zu Beginn des deutsch-französischen Krieges im Jahre 1870 ist bezeichnend:

„In einigen (...) Kantonen aber muß einfach ein ganz anderer Geist in deren Miliz geschaffen werden, und das Kriegshandwerk darf nicht länger als unnütze Plage oder bloße Spielerei angesehen werden"[30].

Durchaus folgerichtig ist es, daß die Idee einer nationalen Wehrgemeinschaft in Gestalt eines Bundesheeres mit einer direkten Dienstpflicht des Bürgers gegenüber dem Bund auf wenig Begeisterung stieß. Die Losung „Ein Recht und eine Armee" verfing nicht, als mit ihr im Jahre 1872 die Verfassung hätte revidiert werden sollen[31]. Zwei Jahre später reichten allerdings vorwiegend kosmetische Zugeständnisse an die Hoheit der kantonalen Militärverwaltung aus, um die Revision durch ein Einlenken der Kantone in der Volksabstimmung erfolgreich durchzubringen und die militärische Macht weitgehend beim Bund zu zentralisieren[32].

Vor diesem Hintergrund erweist sich die Rede vom seit alters her im *Volks*empfinden verankerten (nationalen) Wehrwillen als Legende mit ideologischer Funktion. Sie soll über die widersprüchlichen Tendenzen jener Realität hinwegtäuschen, worin „aus jedem Bürger ein Verteidiger des Vaterlandes" *gemacht* werden mußte, wie Rappard nicht zufällig formuliert[33]. Nicht zufällig ist auch die seit Bestehen des schweizerischen Bundesstaates immer wieder zu beobachtende Beschwörung der eidgenössischen Gemeinschaft des Wehrwillens[34]. Sie ist einem Staatswesen typisch, worin „zentrifugale Kräfte wirksam sein müssen"[35].

---

[29] a. a. O., S. 489 f.

[30] BBl 1870 III 848.

[31] BBl 1872 II 358.

[32] BBl 1874 I 699.

[33] William E. Rappard: Die Bundesverfassung der schweizerischen Eidgenossenschaft 1848 - 1948. Vorgeschichte, Ausarbeitung, Weiterentwicklung, Zürich 1948, S. 192.

[34] Als Beispiel aus der jüngeren Vergangenheit vgl. die Botschaft des Bundesrates über die Volksinitiative „für einen echten Zivildienst aus der Grundlage des Tatbeweises" vom 25. August 1982, in: BBl 1982 III 12 und hinten III. 2.2.2.

[35] Zur Illustration und Deutung der Einigkeitslegende vgl. P. Noll: Legende Schweiz, in: ders.: Gedanken über Unruhe und Ordnung, Zürich 1985, S. 275-302.

Daß der eigene Glaube an den Wehrwillen nicht so zweifelsfrei ist, wie die offiziellen Verlautbarungen suggerieren, kommt schließlich in jenem irrationalen Abwehrreflex auf Militärverweigerer zum Ausdruck, dem bis heute alle Bestrebungen zur Einführung eines Zivildienstes nahezu ohnmächtig gegenüberstanden. Den Nachweis dieses Reflexes und der wiederholten Bemühungen, ihn zu überwinden, mag die geraffte Geschichte der Militärdienstverweigerung im schweizerischen Bundesstaat erbringen.

4. *Verbale Armeekritik auf der Schwelle zur Handlungskonsequenz*

Mit der Verfassungsrevision von 1874 war erstmals eine unmittelbare militärische Dienstpflicht des Bürgers gegenüber dem Bundesstaat statuiert worden. Von der Erfüllung dieser Pflicht befreiten auch Glaubensansichten nicht, wie Art. 49 Abs. 5 der Bundesverfassung explizit festhielt. Das Spannungsverhältnis zwischen Gewissensfreiheit und Wehrpflicht war nun nicht mehr weitgehend theoretischer Natur. Es stand deshalb zu erwarten, daß es sich vermehrt in einem offenen Konflikt zwischen Bürger und Staat niederschlagen würde. In einer politischen Dimension machte sich die Militärverweigerung aber vorerst nicht bemerkbar. Armeekritik und nonkonformistische Vorstellungen zur Wahrung bzw. Schaffung zwischenstaatlichen Friedens erfolgten vornehmlich in Form von theoretischer Analyse und verbaler Polemik oder durch erste organisatorische Ansätze zur Bildung von Friedensvereinigungen. Handelte es sich bei der verbalen Armeekritik vorwiegend um einen sozialistisch, teilweise auch anarchistisch inspirierten Antimilitarismus[36], so standen die bürgerlichen Friedensvereinigungen im Zeichen eines „gemäßigten Pazifismus'", der die militärische Landesverteidigung nicht in Frage stellte und primär völkerrechtliche Prinzipien ins Zentrum ihrer Tätigkeit stellte[37].

Die sozialistisch motivierte Armeekritik, die die Armee als Disziplinierungsmittel gegen Innen und als kapitalistisches Machtinstrument begriff, konnte sich auf Fakten berufen. So waren Armeeeinheiten in der zweiten Hälfte des 19. Jahrhunderts verschiedentlich gegen Demonstranten und streikende Arbeiter eingesetzt worden[38], was dem Image der Armee vor

[36] Vgl. A. Gross: Zukunftsmusik oder Fluch der Lächerlichkeit? Die „Schweiz ohne Armee" in der Geschichte der SPS, in: R. Brodmann/A. Gross/M. Spescha (Hrsg.): Unterwegs zu einer Schweiz ohne Armee. Der freie Gang aus der Festung, Basel 1986, insbes. S. 109-123.

[37] Vgl. R. Brassel/J. Tanner: Zur Geschichte der Friedensbewegung in der Schweiz, in: Handbuch Frieden Schweiz, hrsg. vom Forum für praxisbezogene Friedensforschung, Basel 1986, insbes. S. 31-37 und dort Zitierte.

[38] Siehe die Aufzählung bei M. Schmid: Demokratie von Fall zu Fall. Repression in der Schweiz, Zürich 1976, S. 320 ff.

allem bei der Arbeiterschaft wenig förderlich war. Wenig beliebt machte sich die Armee zudem mit preußischen Drillmethoden und drakonischen Strafen zur Durchsetzung von Disziplin und Ordnung. So wurde etwa — um nur ein Beispiel zu nennen — als Meuterer bestraft, wer „öffentlich und ungeachtet erfolgter Abmahnung eines Obern nach Geld, Brot oder andern Austeilungen oder Vorteilen oder Diensterleichterungen schreit"[39]. In Verbindung mit den fortwirkenden föderalistischen Vorbehalten gegenüber dem Bundesheer führten solche Erfahrungen militärischer Auswüchse in der Volksabstimmung vom 3.11.1895 zur massiven Ablehnung einer Vorlage mit der Tendenz zu weiterem militärischen Zentralismus[40].

In der Folge wurde erstmals wiederholt zu militärischen Dienstpflichtverletzungen aufgefordert[41]. Dabei beunruhigten die Behörden vorerst weniger effektive Dienstpflichtverletzungen als die Tatsache, daß die Anstiftung hierzu ohne strafrechtliche Folgen möglich war. Um diese Lücke im Gesetz zu schließen, arbeiteten die Räte in großer Einhelligkeit eine Gesetzesvorlage aus, die antimilitaristischer Propaganda von Zivilpersonen einen Riegel zu schieben versprach[42]. Insbesondere aus Angst vor massiven Einschränkungen der Meinungsäußerungs- und Pressefreiheit wurde das dagegen ergriffene Referendum aber mit großem Mehr bestätigt und das Gesetz verworfen! Die Meinungen über die Gründe für den Abstimmungsausgang mochten voneinander abweichen, eine kritische Distanz breiter Bevölkerungskreise zu „ihrer" Armee aber war unübersehbar[43].

Bezeichnenderweise fällt das Datum dieser Auseinandersetzung um das Verhältnis von Armee und Demokratie auch in jene zeitliche Periode, in der die Militärverweigerung erstmals als Politikum in Erscheinung trat. Einzelne Bürger begannen ihren individuellen Beitrag am Krieg bzw. seiner Vorbereitung kritisch zu prüfen. Die Verweigerung wurde für sie zur Gewissenstat, die als individuelle Aktion auch eine politische Demonstrationswirkung haben sollte.

[39] Zum Geist des damaligen MStG vgl. die Eintretensdebatte zur Reform des Militärstrafrechtes, in: StenBull. NR 1924, S. 599 f.

[40] Vgl. dazu B. Junker: Eidgenössische Volksabstimmungen über Militärfragen um 1900, Diss. Bern 1955, S. 29 ff. Bemerkenswert ist, daß diese Entscheidung ohne eine Ablehnungsparole der SPS zustandekam.

[41] Vgl. dazu die Botschaft des Bundesrates vom 29.11.1901, in: BBl 1901 IV 1170 ff.

[42] Vgl. C. Schulthess: Desertion und Teilnahme an der Desertion durch Zivilpersonen nach deutschem und schweizerischem Recht, Diss. Zürich 1909, S. 80 ff.

[43] a. a. O., S. 83; BBl 1906 IV 31 ff.

II. Die politische Dimension der Militärverweigerung bis zum Zweiten Weltkrieg

1. Die Gewissenstat als individuelle politische Aktion

Die Militärverweigerung trat als politische Aktion, die über den bloß individuellen Anspruch auf Anerkennung des Gewissens hinausgeht, erstmals im Jahre 1902 in Erscheinung. Einem massiven Truppenaufgebot gegen den Genfer Generalstreik leisteten 125 Soldaten keine Folge[44]. Die Verweigerungen der militärischen Dienstleistung standen dabei in einem engen Zusammenhang mit dem spezifischen Inhalt des Aufgebots. 17 Milizionäre verurteilte das Kriegsgericht zu Gefängnisstrafen[45].

Aus grundsätzlicheren Überlegungen, namentlich aus Ablehnung des staatlichen Anspruchs auf militärische Dienstleistungen seiner Bürger überhaupt, verweigerte der jurassische Sozialist und Pazifist Charles Naine seinen Dienst im Jahre 1903 in aufsehenerregender Weise. Seine Verweigerung dokumentiert den Konflikt zwischen individuellem Freiheitsanspruch und staatlichem Anspruch auf bürgerliche Unterordnung ebenso exemplarisch wie die brisante Verknüpfung von individueller Gewissenstat und politischer Aktion.

Um der begrifflichen Klarheit willen ist vorgängig der Schilderung des Falles Naine nochmals kurz an frühere Ausführungen über das Gewissen zu erinnern.

1.1. Die Gewissenstat zur Wahrung der persönlichen Identität

In der militärgerichtlichen Rechtsprechung wird das Gewissen auch heute noch vorwiegend als „innere Stimme" betrachtet, die Gehör verdient, wenn sie das Individuum gleichsam in Form eines absoluten Befehls zur Verweigerung *zwingt*[46]. Entsprechend spricht das Gesetz von einer sogenannt „*schweren* Gewissens*not*". Entgegen diesem Verständnis eines autoritär diktierenden Gewissens anerkennen wir ein Verhalten als gewissensbestimmt, wenn es sich als symptomatischer Ausdruck der eigenen Person darstellt (s. vorne S. 43 f.). In der Gewissenstat manifestiert sich die persönliche Identität des Handelnden, der in ausgeprägter Weise sein Handeln selbstverantwortet. Diese Selbstverantwortung verwirklicht sich bereits im bewußt begangenen Normbruch und mag — etwa im Falle der Militärdienstverweigerung — durch die Bereitschaft, die Handlungskonsequenzen auf sich zu nehmen, zusätzlich belegt werden.

[44] Siehe bei Schmid (Anm. 38), S. 320.

[45] BBl 1906 IV 35.

[46] Vgl. K. Hauri: Militärstrafgesetz Kommentar, Bern 1983, N 74-81 zu Art. 81.

Wahrt das Gewissen gemäß unserem *personfunktionalen* Verständnis des Phänomens die persönliche Identität des Handelnden, so ist die Vielzahl potentieller Gewissenstaten objektiv kaum bestimmbar. Welche Handlungen der Staat als gewissensrelevante anerkennen soll, bleibt aber Gegenstand staatsphilosophischer Erörterung und staatsrechtlicher Entscheidung. Die Militärdienstverweigerung gilt seit jeher — auch den Anhängern eines autoritären Gewissensphänomens — als *gewissensrelevante Handlung*, auch wenn ihr das bundesstaatliche Verfassungsrecht die rechtliche Anerkennung bis heute explizit versagt hat[47].

Da die Verweigerung vom Handelnden selbst in praktisch allen Fällen als offene und bewußt begangene Tat der selbstverantwortlichen Individualität verstanden wird[48], sehen wir in ihr a priori, d. i. unabhängig von der kaum durchführbaren Erforschung einer „inneren Stimme" durch Außenstehende, eine *Gewissens*tat. Sie wahrt die persönliche Identität des Individuums, das sich nicht handelnd selbstverleugnen will[49].

1.2. Gewissenstat und politische Wirkung

Obwohl wir uns die Prüfung fremder Gewissen versagen und die in Lehre und Rechtsprechung äußerst unscharfe Unterscheidung von religiösen, ethischen und politischen Gewissensgründen ablehnen[50], leugnen wir nicht, daß

---

[47] Zu dieser massiven Beschränkung der Glaubens- und Gewissensfreiheit vgl. J. Schollenberger, Kommentar zur Bundesverfassung der schweizerischen Eidgenossenschaft, Berlin 1905, S. 368.

[48] „Offen" ist die Militärverweigerung im Unterschied zu vielen „versteckten" Verweigerungen in Form der psychiatrischen Ausmusterung insofern, als sich der Verweigerer einem öffentlichen gerichtlichen Verfahren unterzieht, sich explizit zum Normbruch bekennt und sein Akt auch durch die nachfolgende strafrechtliche Sanktion (einschließlich den Strafregistereintrag) nicht verborgen bleibt. „Bewußt" ist die Militärverweigerung, weil sie sich als Überzeugungstat charakterisiert und im Zeitpunkt der Tat die normverletzende Tatbestandserfüllung und eine darauffolgende strafrechtliche Sanktion praktisch außer Zweifel steht.

[49] Vgl. dazu N. Luhmann: Die Gewissensfreiheit und das Gewissen, in: AöR 90 (1965), S. 257-286; differenzierend zu diesem Gewissensverständnis E. Mock: Gewissen und Gewissensfreiheit. Zur Theorie der Normativität im demokratischen Verfassungsstaat, Berlin 1983, S. 61 ff.

[50] Als Belege für die Unschärfen dieses rechtlichen Unterscheidungsanspruchs und die daraus resultierende Begriffsverwirrung vgl. H. Saner: Unpolitisches Gewissen — gewissenlose Politik, in: M. Häring/M. Gmür: Soldat in Zivil?, Zürich 1970, S. 93-120; M. Schubarth: Rechtliche Probleme der Bestrafung von Dienstverweigerern aus Gewissensgründen, in: Häring/Gmür, insbes. S. 225 ff.
Die grundsätzliche Fragwürdigkeit ist offensichtlich auch den Militärgerichten und führenden Armeevertretern nicht verborgen geblieben. Der Präsident des Divisionsgerichtes 8, Oberstleutnant A. Wili, bezeichnete die Gewissensprüfung schlicht als

die individuelle Gewissenstat der Verweigerer in sehr unterschiedlichem Maße auch als politische Aktion beabsichtigt ist.

Jener Verweigerer etwa, der sich allein seinem Seelenheil zuliebe zur Verweigerung veranlaßt sieht — meist als religiöser Verweigerer bezeichnet —, fordert eine gegebene staatliche Ordnung in weit geringerem Maße heraus als jener, der seine Tat auch als demonstrative politische Aktion versteht, die letztlich ebendiese Ordnung verändern soll. Der Rechtsbruch bezweckt in diesem Falle explizit auch rechtlichen und politischen Wandel: sei es, daß seine Motive teilweise als Handlungsalternative zum Militärdienst rechtlich sanktioniert werden (Zivildienst), oder sei es vor allem, daß er als demonstrative pazifistische Tat zur Auflösung oder zumindest zum Prestigeverlust der Armee beitrage. Für unser Thema ist vor allem der so motivierte Rechtsbruch von Interesse.

Zur Behandlung der Fragestellung nach dem Verhältnis zwischen Rechtsbruch und sozialem Wandel wenden wir uns deshalb nachfolgend der politischen Wirkung und Bedeutung der Militärverweigerung in der Geschichte des schweizerischen Bundesstaates zu. Die staatliche Reaktion auf den Rechtsbruch betrachten wir im Zusammenhang mit der jeweiligen Zahl von Verweigerern, der öffentlichen Manifestation des Rechtsbruchs sowie innen- wie außenpolitischen Rahmenbedingungen.

1.3. Die Militärverweigerung von Charles Naine: Motive und Wirkung

Mit Schreiben vom 30. August 1903 eröffnete der 29-jährige Advokat und aktive Sozialist Charles Naine dem Waffenchef der Artillerie in Bern, daß er den kurz bevorstehenden Dienst verweigern werde[51]. Wenige Tage danach wurde er verhaftet und am 24. September dem Divisionsgericht vorgeführt. Der Gerichtsverhandlung wohnte eine große Zahl von Zuhörern bei[52], die in den Tagen zwischen Verhaftung und Prozeß in der „Sentinelle" über die Ereignisse informiert worden waren[53]. Naine, der zu drei Monaten Gefängnis, Einstellung in den politischen Rechten während eines Jahres, Degradation

„Kalberei" (vgl. TA-Interview vom 8.2.1984), und der damalige Generalstabschef der Armee, Jörg Zumstein, bekannte schon vor Jahren, daß der Staat „totalitäre Züge" annehme, wo er sich anschicke, „das Gewissen auszuleuchten" (vgl. J. Zumstein: Kirche und Landesverteidigung, in: „Der Feldprediger", Juni/1983, S. 6).

[51] Vgl. K. Naine: Verteidigungsrede, übersetzt von Margarete Faas, Lausanne 1905, S. 3.

[52] So Rudolf M. Högger: Charles Naine 1874-1926. Eine politische Biographie, Diss. Zürich 1966, S. 80.

[53] Die „Sentinelle" war ein damals zweimal wöchentlich in La Chaux-de-Fonds erscheinendes Blatt, dessen Redaktor Naine ab 1901 war (siehe Högger: a. a. O., S. 113ff.).

und Ausschluß aus der Armee verurteilt wurde[54], legte die Motive seiner Verweigerung in einer brillanten und mit ihrer Fülle an pazifistischem Gedankengut auch heute noch bemerkenswerten Verteidigungsrede dar. Die Gewissensrelevanz seines Rechtsbruchs formulierte dieser schweizerische Pionier in Sachen Pazifismus mit beeindruckender Knappheit:

„Ich habe mich geweigert, mich zu „stellen", und ich werde mich immer weigern, einen Teil Verantwortung im Militärwesen auf mich zu nehmen; denn diese Einrichtung ist ein Unsinn, und es wäre eine Feigheit von mir, bei etwas mitzumachen, was mir unsinnig vorkommt"[55].

Naine war um Argumente zur durchaus plausiblen Begründung des „Unsinns" nicht verlegen. Ausgangspunkt seiner Überlegungen waren der fundamentale Widerspruch zwischen der individuellen Moral und der Staatsraison:

„Was für ein Widerspruch zwischen den (. . .) uns tagtäglich förmlich greifbar nahetretenden Gefühlen und jenen andern Gefühlen, welche ein falscher Patriotismus uns einimpft, welche man in der Militärschule lernt und welche der Krieg zu einem Strom von Mord, Brand und Vernichtung entfesselt"[56].

Schon damals machte sich der Pazifist Gedanken über die Zweckrationalität von Kriegen, die durch die Zerstörungskraft der Mordinstrumente im atomaren Zeitalter mehr als nur bestätigt werden:

„Denn welches zivilisierte Volk, in seiner Gesamtheit genommen, könnte auch wenn es Sieger geblieben ist, behaupten, daß ihm der Krieg gegen ein anderes zivilisiertes Volk Gewinn bringe? In einem modernen Krieg ist selbst der Sieger ein Besiegter, so beträchtlich sind die Opfer, die er bringen muß, um zu siegen"[57].

Auf die „Stumpfheit der Massen", die durch den „Vaterlandskultus" gezüchtet werde, führte es Naine zurück, daß „diese friedlichen Massen ihren Interessen und ihren Gefühlen direkt zuwider handeln können"[58]. Gegen diese Unwissenheit der Vielen war ihm die individuelle Tat des Wissenden moralische Pflicht:

„Denn wenn schon derjenige, welcher Töten lernt und Menschen tötet, die er für seine Feinde hält, seiner Unwissenheit wegen bis zu einem gewissen Grade strafbar ist, um wieviel strafbarer ist derjenige, welcher töten lernt und tötet, wo er doch weiß, daß er gegen Unschuldige derart handelt"[59].

Naine war sich bewußt, daß er mit seiner Verweigerung eine durch Mehrheitsentscheidung sanktionierte Norm verletzte. Er plädierte dennoch nicht

---

[54] a. a. O., S. 81.

[55] Naine (Anm. 51), S. 9.

[56] a. a. O., S. 11.

[57] a. a. O., S. 14.

[58] a. a. O., S. 17.

[59] a. a. O., S. 21.

für die Aufhebung der Mehrheitsregel, bestritt aber deren Absolutheitsanspruch[60]. Trotzdem erwartete er nicht milde Richter, im Gegenteil. Seine Gewissenstat sollte die Massen aufrütteln und politisch wirksam werden:

„Es ist daher nötig, daß die Gerichte ehrenhafte Leute zu Gefängnis verurteilen, damit man sich in diesen Maßen zu fragen anfange, warum ein ehrlicher Mensch die Schande einer Verurteilung der Ausübung einer bis heute von jedermann als Pflicht betrachteten Tätigkeit vorziehe. Und je mehr solche ehrlicher Leute um dieser Sache willen im Gefängnis sitzen und je schärfer die Strafen ausfallen werden, um so besser wird es sein"[61].

Naine glaubte an die schöpferische Kraft des Rechtsbruchs „von unten": Dieser sollte durch seine demonstrative Ausstrahlung sozialen Wandel initiieren:

„Denn umso mehr wird die Zahl derjenigen wachsen, welche verstehen, daß wir für die gesellschaftlichen Schändlichkeiten, die heute bestehen, alle solidarisch verantwortlich sind, und daß, wenn jeder aufhören würde, das System zu unterstützen, das diese Schändlichkeiten hervorbringt, wir gleichzeitig aufhören würden, uns empören zu müssen. *Denn die Regierungen dürften [könnten! — M. S.] nicht mehr nach einer Moral handeln, welche der Moral der Einzelindividuen widerspricht, wenn die Einzelindividuen endlich ihre Handlungen mit ihrer individuellen Moral in Einklang bringen würden*"[62] (Hervorhebungen — M. S.).

Naines Hoffnungen auf einen fundamentalen Wandel[63] haben sich — wie wir heute feststellen müssen — nicht erfüllt. Bis heute sind es nur wenige Individuen, die — im Sinne Naines — „ihre Handlungen mit ihrer individuellen Moral in Einklang bringen". Dennoch ist Naines Verweigerung keineswegs wirkungslos geblieben. Die Demonstrationswirkung derselben erscheint in der bisherigen schweizerischen Geschichte der Militärverweigerung beispiellos. Nicht nur wurde seine Verteidigungsrede innert kürzester Zeit in einer Auflage von mehreren Tausend Exemplaren gedruckt und abgesetzt. Die antimilitaristischen bzw. durch ihre Propaganda der Militärverweigerung vorwiegend *pazifistischen* Aktivitäten[64] erlebten im Anschluß an den Prozeß gegen Charles Naine bis 1906 einen auffallenden Aufschwung, der u. a. in der Gründung einer „antimilitaristischen Liga" durch namhafte Persönlichkeiten gipfelte[65]. Der Bundesrat, der sich dadurch zu einer eingehenden Auseinandersetzung mit diesen Aktivitäten veranlaßt sah, beklagte in der Zeit vom Oktober 1902 bis Dezember 1905 einen bemerkenswerten Anstieg von Verweigerungen, für die das Beispiel von

---

[60] a. a. O., S. 24 f.

[61] a. a. O., S. 36 f.

[62] Ebd.

[63] a. a. O., S. 26: „Und heute in fünfzig Jahren werden wir [die internationale sozialistische Partei — M. S.] die Welt neu geschaffen haben".

[64] Zur Terminologie siehe Anm. 1.

[65] Vgl. Gross (Anm. 36), S. 127.

Charles Naine nicht ohne Bedeutung gewesen sei[66]. Naines Ausstrahlungskraft sollte denn auch noch Jahrzehnte später nachwirken.

Für Naines einstigen Religionslehrer und nachmaligen Freund Pfarrer Paul Pettavel war die Verweigerung seines jungen Gesinnungsgenossen[67] Anlaß, zusammen mit 15 Mitunterzeichnern vom Bundesrat in einer Eingabe erstmals einen Ersatzdienst für Militärdienstverweigerer aus Gewissensgründen zu verlangen. Dem Bundesrat war das Gesuch allerdings keine Auseinandersetzung wert. Man war sich wohl bewußt, daß die für das militarisierte Volksganze identitätsstiftende Kraft der Armee durch die Einführung eines Ersatzdienstes hätte geschwächt werden können. Namentlich hätte eine erste rechtliche Anerkennung der Gewissenstat antinationalistische und antimilitaristische Positionen gegenüber dem offiziellen Wehrgedanken aufwerten können. Militärische Sicherheitspolitik und Milizarmee wären als vermutete „conditiones sine quibus non" staatlicher Existenz möglicherweise fragwürdig geworden. Entsprechend fertigte der Bundesrat die Eingabe Pettavel mit einem Satz ab, der auch später immer wieder zum legalistischen Vorwand werden sollte, um die Bastion des militarisierten Ordnungsstaates zu festigen:

„In Anbetracht der Tatsache, daß gemäß Art. 49 der Bundesverfassung Glaubensansichten nicht von der Erfüllung der bürgerlichen Pflichten entbinden, wird beschlossen, dem Gesuch keine Folge zu geben"[68].

Diese Abweisung der Eingabe Pettavel kam für Naine wenig überraschend, und da die Einführung eines Zivildienstes auch nicht ein vordringliches Anliegen seiner Verweigerung war, schmerzte ihn diese obrigkeitliche Reaktion auch nicht sonderlich. Enttäuschen mußte den streitbaren Pazifisten allerdings die geringe Bereitschaft seiner Partei, sein radikalpazifistisches Gedankengut aufzunehmen und die Militärverweigerung als radikale politische Aktion anzuerkennen. Zwar setzte sich die Sozialdemokratische Partei an ihrem Oltener Parteitag von 1906 erstmals kritisch und grundsätzlich mit der Armeefrage auseinander, und sie sprach sich mehrheitlich für die Gehorsamsverweigerung bei Armeeeinsätzen gegen streikende Arbeiter aus[69]. Als Verteidigungsmittel gegen Angriffe von außen blieb die Armee von der Parteimehrheit aber unangetastet[70].

---

[66] BBl 1906 IV 39.

[67] Zum Verhältnis von Pettavel zu Naine vgl. Högger (Anm. 52), S. 20 ff.

[68] BBl 1903 V 90.

[69] BBl 1906 IV 40 f.

[70] Vgl. Gross (Anm. 36), S. 128; Protokoll SPS-Parteitag 1906, S. 77 ff.

2. *Militärverweigerung und die Dialektik nationaler Ideologie*

Die erwähnten antimilitaristischen, teilweise radikalpazifistischen Aktivitäten zu Beginn der Jahrhundertwende sollten nicht unwidersprochen bleiben. Namentlich die Eidgenössische Volksabstimmung vom 3. November 1907 über die Militärorganisation machten die Anhänger einer wehrhaften Nation Schweiz besonders nach den ernüchternden Abstimmungsniederlagen bei den letzten militärischen Vorlagen gleichsam zur Schicksalsfrage. Belehrt durch die Erfahrungen mit der Vorlage von 1895 gingen hier der Bundesrat, die maßgeblichen Kommissionen und die Armeespitze behutsam ans Werk. Allfälligem föderalistischen Widerspruch wurde vorgebeugt. Dennoch ergriff die SPS gegen den Gesetzesentwurf mühelos das Referendum, wodurch sie — anders als in der Abstimmung von 1895[71] — erstmals in eine eindeutige Oppositionsrolle zur Armee des herrschenden Bürgertums geriet. Die Anhänger einer starken Armee machten sich diese Tatsache in einer enormen propagandistischen Offensive zunutze.

Im Zentrum der befürwortenden Propaganda stand — wie nie zuvor — die pathetische Beschwörung der nationalen Wehrgemeinschaft[72]. In zahlreichen Kundgebungen und Abstimmungsveranstaltungen wurde an Patriotismus und Wehrfreude appelliert und gleichzeitig der „Sozialistenschreck" an die Wand gemalt. Die Propaganda sollte nicht „belehren, sondern begeistern"[73]. Die internationale Lage kam dieser Zielsetzung entgegen, waren doch allenthalben zwischenstaatliche Spannungen festzustellen und vom Zarenreich her revolutionäre Gewitterwolken beobachtet worden[74].

Die Berufung auf den Patriotismus verlor dadurch zweifellos an antiföderalistischem Beiklang[75], und die Annahme der Vorlage mit einem Stimmenverhältnis von 55 : 45 % war denn auch vor allem dem gegenüber der Abstimmung von 1895 verminderten föderalistischen Widerstand, der in der nationalen Wehrgemeinschaft entkräftet wurde, zu verdanken. Die nationale Ideologie hatte, wenngleich immer noch von beachtlichem Widerspruch begleitet, einen Abwehrreflex gegen äußere Bedrohungen und gegen den inneren antimilitaristischen Feind mobilisiert. Im Jargon des damaligen Bundesrates Forrer, der die nationale Idee wiederholt sakralisierte[76], galt es, die Antimilitaristen wie „Wespen" vom „Tageslicht" zu verscheuchen oder sie, falls sie sich „ans Licht wagten, zu zerreiben"[77].

---

[71] Vgl. Junker (Anm. 40), S. 49 f./104 ff.

[72] a. a. O., S. 119 ff.

[73] a. a. O., S. 126 mit Belegen für die Propaganda.

[74] a. a. O., S. 120.

[75] Ebd.

[76] Vgl. etwa C. Hilty: Politisches Jahrbuch der Schweizerischen Eidgenossenschaft 1907, S. 553.

[77] Siehe bei Junker (Anm. 40), S. 109.

Dem antimilitaristischen Höhenflug war somit der patriotische Aufschwung gefolgt. Dieser wurde noch durch die internationale Entwicklung gestärkt und mündete mit dem Kriegsausbruch von 1914 in einen Burgfrieden, der die sozialistische Armeekritik verstummen ließ. In den Jahren vor Kriegsausbruch hatte das „pazifistische" Wort auch nicht den Militärverweigerern, sondern jenen gemäßigten Kreisen gehört, die die Landesverteidigung unangetastet ließen und auf internationale Lösungen der Kriegsgefahr setzten. Die Verweigerung geriet als politische Aktion völlig in den Hintergrund, und der Kriegsausbruch stürzte anscheinend selbst einen so bestandenen Pazifisten wie Charles Naine in schwere Zweifel über deren politische Tauglichkeit[78]. Daran änderte vorerst nichts, daß auch die „gemäßigten Pazifisten" durch den Kriegsausbruch desavouiert wurden.

3. Die Marginalisierung der Militärverweigerung als politische Aktion

3.1. Der Konformitätsdruck der äußeren Gefahr

Einen absoluten Tiefpunkt erreichten Antimilitarismus und Pazifismus in der Schweiz — wie angedeutet — mit dem Ausbruch des 1. Weltkrieges. Dies könnte kaum deutlicher dokumentiert werden als mit den berühmten Worten jenes Sozialdemokraten Robert Grimm, der noch im Jahre 1905 als 24-jähriger die „Antimilitaristische Liga" mitbegründet hatte:

> „Mit kluger Überlegung und ruhigen Sinnes muß der nicht im Felde stehende Teil des Schweizervolkes die Maßnahmen der Behörden unterstützen. Jetzt hilft kein weibisch Klagen, kein furchtsames Zittern. Hinter unsern tapfern Soldaten, die ohne Murren und ohne Widerrede ihre Pflicht erfüllen, muß die Solidarität des Volksganzen stehen"[79].

Die Ideologie der nationalen Wehrgemeinschaft hatte demnach, begünstigt vom Druck der Verhältnisse, auch einst markante Gegner von Militarismus und Nationalismus eingeholt. Es erstaunt denn auch nicht, daß im Jahre des Kriegsausbruchs keine einzige Militärdienstverweigerung aus Gewissensgründen registriert wurde und auch im folgenden Jahr niemand den Dienst in politischer Absicht zu verweigern wagte[80].

---

[78] Högger (Anm. 52), S. 142 f.

[79] Das Zitat entstammt dem Artikel „Ruhig Blut", in: Berner Tagwacht vom 8. August 1914.

[80] Vgl. E. Altorfer: Die Dienstverweigerung nach schweizerischem Militärstrafrecht, Diss. Zürich 1929, S. 200. Obwohl bis 1956 keine genauen Statistiken zur Militärdienstverweigerung existieren, finden sich für die beiden erwähnten Jahre in keiner der greifbaren Quellen abweichende Abgaben. Die Statistiken sind namentlich deshalb mit Vorsicht zu genießen, weil sie „nur" Militärdienstverweigerer aus Gewissensgründen erfassen und hiervon ohne Angabe von überprüfbaren Kriterien eine Anzahl von Verweigerungen ausnehmen (vgl. Altorfer, S. 198).

3.2. Antimilitarismus zwischen individueller Tat und Verbalradikalismus

Es bedurfte einer mit zunehmender Kriegsdauer wachsenden Kriegsmüdigkeit, der Erfahrung mit undemokratischen Strukturen und militaristischen Auswüchsen in der Armee, um in Verbindung mit steigender wirtschaftlicher Not und zunehmenden Spannungen zwischen Deutsch und Welsch[81] die Identifizierung von Volk und Armee etwas aufzulockern. Dadurch schöpften antimilitaristische Stimmen neuen Atem und verschafften sich wieder Gehör. Einer der ersten, der während des Krieges an die verschütteten Traditionen eines schweizerischen Pazifismus' anknüpfte, war der Theologe und — wie einst Charles Naine — Redaktor der „Sentinelle" Jules Humbert-Droz. Er verweigerte — verteidigt von Charles Naine — 1916 den Militärdienst und richtete sich mit seiner pazifistischen Haltung wie einst Naine publizistisch an eine breite Öffentlichkeit[82]. Er belebte vor allem in der Sozialdemokratischen Partei die Verweigerungsdiskussion neu und gab mit seiner Verweigerung den Auftakt zu einem pazifistischen Erwachen, das im Jahre 1917 zu einem markanten Anstieg der Verweigererzahlen führte[83].

Im selben Jahr bekannte sich die SPS an ihrem Parteitag vom 9. und 10. Juni zur Ablehnung der Landesverteidigung, womit der wachsende Einfluß der Pazifisten dokumentiert wird[84]. Dem kritischen Betrachter konnte allerdings nicht entgehen, daß sich die Absage der SPS an die Landesverteidigung weitgehend in Verbalradikalismus erschöpfte und zumindest von der Parteiführung her etwa die Militärverweigerung keineswegs propagiert wurde. Wohl forderte die Sozialdemokratie eine Demokratisierung der Armee, mittels Initiative die Abschaffung der Militärjustiz und schließlich in Form des Parteitagsbeschlusses von 1917 die Abschaffung der (bürgerlichen) Armee überhaupt. Gehorsam gegenüber dem Gesetz galt aber auch den Genossen zuviel — oder dann als taktisch geboten —, als daß sie in der Militärverweigerung die legitime oder bevorzugte Verwirklichung ihres Programms gesehen hätten. Ihr Kampffeld sahen sie, von Streiks abgesehen, vorwiegend im Parlament[85].

---

[81] Vgl. Politisches Jahrbuch der Schweizerischen Eidgenossenschaft 1917, S. 554 ff.; J. Etter; Armee und öffentliche Meinung in der Zwischenkriegszeit 1918-1939, Bern 1972, S. 17-43.

[82] Vgl. Gross (Anm. 36), S. 132 f.

[83] Nach den statistischen Angaben bei Altorfer (Anm. 80) stieg die Zahl der Verweigerungen von 6 (1916) auf 37. Auffallendster Herd der Verweigerung war — wie schon um die Jahrhundertwende — der Kanton Neuenburg mit La Chaux-de-Fonds als pazifistischem Zentrum (Altorfer, S. 205).

[84] Vgl. Etter (Anm. 81), S. 20 ff. Vgl. zur ganzen Debatte das Parteitagsprotokoll der SPS von 1917.

[85] Vgl. zur in der SP verbreiteten Einschätzung der Militärverweigerung folgende Illustration aus dem Brief eines Sozialdemokraten an einen verweigernden Genossen im Jahre 1918:

Mit einiger Verbitterung mußte Jules Humbert-Droz — wie schon Naine seinerzeit — feststellen, daß die strafrechtlichen und sozialen Konsequenzen der Militärverweigerung ihrer Erweiterung zu einer Massenbewegung Grenzen setzten:

„Trop d'hommes convaincus hésitaient à compromettre leur situation, à sacrifier leur famille, à aller en prison"[86].

Die politische Demonstrationswirkung, die er sich von seiner Verweigerung erhofft hatte, blieb bescheiden. Jules Humbert-Droz konstatierte enttäuscht:

„Jamais les objecteurs de conscience n'arriveraient à changer la société capitaliste, qui enfante l'injustice sociale et les guerres"[87].

3.3. Vergebliches Bemühen um Anerkennung der Gewissenstat

Andere, geduldigere Pazifisten als Humbert-Droz[88] sahen in der im Jahre 1916 neu erwachten pazifistischen Auflehnung gegen den militaristischen Gewaltglauben vorerst einmal einen neuen Ansatz zu konstruktiven pazifistischen Schritten. Besonders Pettavel nahm Droz' Verweigerung zum Anlaß, erneut einen Ersatzdienst für Militärdienstverweigerer zu fordern[89]. Andere Petenten gelangten direkt an den Bundesrat, während etwa der SP-Nationalrat Greulich — in der SP-internen Armeedebatte von 1917 Befürworter der Landesverteidigung — mit einer Motion eine „Lösung" der Verweigererfrage anstrebte[90]. Die mehr religiös akzentuierte Verweigerung des Waadtländer Korporals und Primarlehrers Baudraz im Jahre 1915[91] hatte

„Sie wissen, daß man Antimilitarist sein kann, ohne den Militärdienst zu verweigern. Als Sozialdemokrat haben Sie nicht die Pflicht und Aufgabe, die Erfüllung des aktiven Heeresdienstes abzulehnen. Ich habe die Überzeugung, daß man als Soldat als Sozialdemokrat und Antimilitarist wirken kann" (Altorfer (Anm. 80), S. 216 Anm. 38).

Vgl. auch die kritische Bewertung des Parteitagsbeschlusses durch J. Humbert-Droz: Mon évolution du tolstoïsme au communisme 1891-1921. Mémoires, Neuchâtel 1969, S. 244.

86 Droz: a. a. O., S. 214.

87 a. a. O., S. 249.

88 Zu Droz' Distanz etwa zu Leonhard Ragaz vgl. A. Kugler: Zivildienst und Abrüstung. Pazifismus und Antimilitarismus in der Schweiz vom Ende des Ersten Weltkrieges bis in die Mitte der 20er Jahre, Basel o. J., S. 11; M. Mattmüller: Leonhard Ragaz und der religiöse Sozialismus. Eine Biographie, Bd. II, Zürich 1968, S. 281.

89 Kugler: a. a. O., S. 21.

90 Zum Wortlaut der Motion vgl. Johannes N. Wenger: Die Dienstverweigerung aus Gewissensgründen, Maschschr. Diss. Zürich 1952, S. 112.

91 Vgl. die Darstellung bei Mattmüller (Anm. 88), S. 275 f.

— vor allem nach dessen zweiter Verurteilung ein Jahr später — sogar den damaligen Stellvertreter des Armeeauditors, Rechtsprofessor Max Huber, derart beeindruckt, daß er sich in einem Verordnungsentwurf für eine teilweise rechtliche Anerkennung der Verweigerer einsetzte[92]. Sein Vorschlag wurde freilich nie veröffentlicht und verschwand im Niemandsland[93].

3.3.1. Der Zivildienst als „positive Tat" für den Frieden

Ein vehementer Anhänger des Zivildienstes, der darin das Mittel zur langfristigen Überwindung des Krieges sah, war der gelernte Ingenieur Pierre Cérésole, Sohn eines früheren Bundesrates und Bruder eines Armeeobersten. Als Militäruntauglicher bekräftigte er durch die Weigerung zur Bezahlung des Militärpflichtersatzes sein Verständnis christlicher Nachfolge, nachdem er eben erst seine Erbschaft um der christlichen Armut willen an die Eidgenossenschaft abgetreten hatte[94]. Er stand — wie kaum ein Zweiter — für die sittliche Überlegenheit der pazifistischen Gewissenstat gegenüber den Normen des staatlichen Rechts[95]. Vom Akt der Verweigerung gelangte Cérésole mehr und mehr zur Propaganda einer „positiven Tat" für den Frieden, die er im Zivildienst erkannte[96]. Der ethische Druck dieser konstruktiven Alternative zur offiziellen Sicherheitspolitik vermochte die Behörden allerdings nicht zu entsprechenden Taten zu bewegen. Dies umso weniger, als die Verweigererzahlen nach dem pazifistischen Erwachen in den Jahren 1916/17 wieder sanken und sich der Problemlösungsdruck damit verringerte[97]!

Trotzdem erging 1920 seitens der Armeeärzte Mattmüller und Lang eine „Petition um Entlassung aus der Wehrpflicht" an den Bundesrat, worin

---

92 M. Huber: Denkwürdigkeiten 1907 - 1924, Zürich 1974, S. 76. Wenige Jahre später äußerte sich Huber aber wieder weniger verständnisvoll: „Der Einzelne kann bloß aus dem Glauben und gegen die menschliche Erfahrung für sich handeln, aber nicht für andere. Glaubt er es doch tun zu sollen, so mag er es tun und die Folgen, welche an den Bruch der Rechtsordnung und des Gemeinschaftswillens sich knüpfen müssen, auf sich nehmen. Der religiöse Antimilitarismus führt folgerichtig zum Anarchismus" (M. Huber: Staatenpolitik und Evangelium, Zürich 1923, S. 26 f.).

93 Huber: Denkwürdigkeiten, Anm. 25. Quod non est in actis non est in mundo?... Zum Inhalt der Verordnung vgl. aber Hans-R. Kurz: Die Dienstverweigererfrage. Geschichtliches — Das Problem (mit Statistiken) — Bisherige Milderungen — Ausblick, in: Häring/Gmür (Anm. 50), S. 240 f.

94 Vgl. Mattmüller (Anm. 88), S. 276 und dort zitierte Literatur.

95 Zu dieser sittlichen Bewertung des Normkonfliktes vgl. P. Noll: Der Überzeugungstäter im Strafrecht, in: ZStW 78 (1966), S. 659.

96 Vgl. Kugler (Anm. 88), S. 17 und dort Zitierte.

97 Altorfer (Anm. 80) weist statistisch ein Sinken der Verweigererzahl von 37 im Jahre 1917 auf 9 und weniger in den folgenden Jahren aus.

erneut besonderer Nachdruck auf einen positiven Dienst als Alternative zum Militärdienst gelegt wurde[98]. Der Geist, der sich bereits mit der Eingabe Pettavel von 1903 nicht vertragen hatte und der als Ideologie des „Volksganzen in Waffen" im 1. Weltkrieg weiter gestärkt worden war, meldete sich in der Behandlung durch die politischen Instanzen erneut unmißverständlich zu Wort:

„Wenn wir den Petitionären folgen wollten, so kämen wir zur vollständigen Freiheit und damit zur vollständigen Unordnung. Die Bestimmungen von Verfassung und Gesetz binden. Über der Anschauung des Einzelnen steht das Wohl des Staates; jeder muß sich fügen"[99].

3.3.2. Der Zivildienst als Instrument des pazifistischen Kampfes

Nachdem weitere Eingaben mit ähnlicher Zielrichtung seitens der Frauenliga und von bündnerischen Pfarrern sowie eine sozialdemokratische Interpellation zugunsten eines Zivildienstes vom Bundesrat alle abschlägig beantwortet worden waren, entschlossen sich Leute um Cérésole und den bedeutenden Theologen Leonhard Ragaz zur Lancierung einer Massenpetition[100]. Die Aktivisten mußten dabei allerdings erfahren, daß die ständig verminderte Zahl von Verweigerungen den politischen Mobilisierungsdruck in der Bevölkerung herabgesetzt hatte und die Chancen eines parlamentarischen Erfolges zusätzlich verringerte. Der bloße Appell für einen Zivildienst konnte das Anliegen nicht in einer Wiese dramatisieren, wie dies demonstrative Normverletzungen (sprich: öffentlichkeitswirksame Verweigerungen) vermocht hätten.

Scheint Ragaz sich in den Jahren des pazifistischen Aufschwungs einer Propaganda für die Militärdienstverweigerung sorgsam enthalten zu haben[101], so verhielt er sich jetzt mit seiner Propaganda für den Zivildienst als pazifistisches Kampfmittel[102] gleichsam antizyklisch. Wenn er zu Beginn der 20er Jahre meinte, „daß wir jetzt einfach Dienstverweigerung predigen müssen, damit die Menschen nicht untergehen"[103], so war der Zeitpunkt dazu aber zu spät gewählt, um eine pazifistische Grundtendenz — die

[98] Vgl. Kugler (Anm. 88), S. 26.

[99] Protokoll des NR vom 5.4.1921, Bd. 193, S. 137. Das Votum stammt von Nationalrat Hardmeier (dem.) namens der Mehrheit der Petitionskommission.

[100] Vgl. die ausführliche Darstellung bei Kugler (Anm. 88), S. 32 ff.

[101] Vgl. Mattmüller (Anm. 88), S. 277 ff.

[102] Im Jahre 1922 plädierte Ragaz für den Zivildienst, weil dadurch „in das ganze Prinzip des Militärdienstes an der entscheidenden Stelle eine Bresche geschlagen" würde (NW 1922, S. 378).

[103] Siehe bei Kugler (Anm. 88), S. 54.

aufgrund fehlender politischer Unterstützung gerade abgeklungen war — noch verstärken zu können. Demgegenüber war die kämpferische Rhetorik, die sowohl in der Petition wie in deren von Raganz verfaßten Begründung durchschimmerte, den Militaristen jetzt durchaus willkommen, um die Zivildienstpetition als Bedrohung der geltenden Ordnung durch eine irregeleitete Minderheit abkanzeln zu können[104].

3.3.3. Marginalisierung und Stigmatisierung einer Minderheit

Das Argument der Zahl diente dem Bundesrat als Vorwand zur politischen Entwertung des Themas:

„Der Widerstand gegen die Militärdienstpflicht ist sicher nicht stärker als derjenige gegen die staatliche Ordnung auf irgendeinem anderen von ihr ergriffenen Gebiete"[105].

Die durch ihre sozial und politisch geringe Abstützung marginale Stellung des Rechtsbruchs ist gleichzeitig Anlaß zu weiterer Stigmatisierung der Verweigerer und damit zu ihrer politischen Liquidierung:

„Die Durchsicht der Akten und die von den beteiligten Gerichtspersonen mitgeteilten Wahrnehmungen weisen mit aller Deutlichkeit darauf hin, daß ein großer Teil der Dienstverweigerer zu den Leuten gehören, die fremder Beeinflussung leicht zugänglich sind und deren unklarer und grüblerischer Sinn sie gern auf Abwege führt"[106].

Dieser Standpunkt des Bundesrates wurde in der nationalrätlichen Debatte mehrheitlich bestätigt und die Petition deutlich abgewiesen[107]. Einer möglichen Schwächung der Landesverteidigung galt es, Einhalt zu gebieten, lautete der Tenor. Um einen ernsthaften Problemimpuls vermitteln zu können, war die Zahl der Verweigerer zu klein geworden und die Petition ein zu unverbindliches Mittel. Um den Verweigerern mit Toleranz zu begegnen, war umgekehrt das kulturelle und politische Fundament des militarisierten Nationalstaates den Anhängern desselben — wenn auch meist unbewußt — zu brüchig, um nicht Autoritätsverluste zu befürchten. Die NZZ bemerkte dementsprechend:

„Um des Gewissenskonfliktes einiger weniger willen (. . .), darf die staatliche Ordnung nicht aus den Fugen geraten"[108]

---

[104] BBl 1924 III, S. 381 ff., insbes. S. 392 f.

[105] a. a. O., S. 392.

[106] a. a. O., S. 393.

[107] Vgl. Kugler (Anm. 88), S. 67 ff. Das Stimmenverhältnis im Nationalrat betrug 109 : 44.

[108] NZZ vom 17.12.1924.

Gänzlich fremd war diesem staatlichen Selbstverständnis offenbar die Vorstellung, die „Subjektivität des Individuums" zur „Kraftquelle des politischen Gemeinwesens" zu machen[109] und mit der Einführung eines Zivildienstes einen Weg in eine potentiell nicht-militärische Zukunft einzuschlagen.

3.4. Das vorläufige Ende der Militärverweigerung als politisches Thema

Mit der klaren Ablehnung der SP-Initiative zur Aufhebung der Militärjustiz in der Volksabstimmung von 1921[110] und mit der deutlichen Abweisung der Zivildienstpetition im Parlament hatten antimilitaristische Positionen in der Schweiz empfindliche Niederlagen erlitten. Insbesondere die SP hatte es verpaßt, das — infolge verbreiteter Militärverdrossenheit — günstige antimilitaristische Klima der letzten beiden Kriegsjahre für die Propagierung und Ausweitung wirksamer pazifistischer Aktionen, namentlich der Militärdienstverweigerung zu nutzen[111]. Der Gesinnungswandel einiger Genossen kam zu spät. Hermann Greulich zum Beispiel — 1917 noch vehementer Gegner des Parteitagsbeschlusses seiner Partei — bekannte sieben Jahre später:

„Die einzige Garantie der kleinen Staaten ist die, als oberstes Prinzip der internationalen Beziehungen die moralische Kraft über die physische zu stellen, Recht über Gewalt und gesetzlose Anarchie zu setzen (. . .). Die moralische Kraft der Kleinstaaten ist der vollständige Verzicht auf alle Gewaltmittel, die vollständige Abschaffung des Militärs"[112].

Daß die Zeit für entsprechende pazifistische Taten mittlerweile aber ungünstiger geworden war, erkannte Greulich ein halbes Jahr nach der parlamentarischen Erledigung der Zivildienstpetition selbst:

„Ich meinerseits würde es nicht über mich bringen, einem jungen Manne, der zu mir kommt und um Rat frägt, ob er den Dienst verweigern soll oder nicht, die Verweigerung anzuraten. Im Gegenteil, ich würde ihm ernsthaft vorstellen, was er für die Zukunft opfert und riskiert, wenn er den Dienst verweigert. Also auf diesem Boden stehen wir"[113].

---

[109] Siehe Ulrich K. Preuss: Politische Verantwortung und Bürgerloyalität, Frankfurt/M. 1984, S. 62 f.

[110] Der Ja-Stimmenanteil betrug 33,6 %, wobei die seit jeher armeekritischen Kantone Tessin, Neuenburg und Genf der Initiative zustimmten (vgl. z. B. W. Seitz: Nur ein Tor kann sagen „Die Schweiz ist eine Armee". Die militärpolitischen Volksinitiativen und Referenden von 1848 bis 1984 und die regionalpolitische Analyse ihrer Ergebnisse, in: Brodmann/Gross/Spescha (Anm. 36), S. 62 f.).

[111] Siehe vorne 3.2.

[112] Das Votum stammt aus der NR-Debatte zur Zivildienstpetition im Jahre 1924. Die Debatte ist im StenBull. aber nicht abgedruckt. . . (Vgl. Gross (Anm. 36) mit Hinweisen).

[113] StenBull. NR 1925, S. 399.

War der Verweigerung durch die andauernde Distanzierung der SP noch mehr an politischem Rückhalt entzogen und ihre frühere potentielle gesellschaftliche Sprengkraft dahingefallen, so bekräftigten weitere militärpolitische Entwicklungen dieses Schicksal. Die SP wandte sich mehr und mehr gegen das finanzielle Überhandnehmen der Armee und versuchte bloß noch punktuell das Überborden militärischen Denkens zu verhindern[114]. Gleichzeitig gab die bürgerliche Parlamentsmehrheit mit der Revision des Militärstrafgesetzes von 1927 ihrer politischen Mißbilligung der Militärdienstverweigerung durch eine erheblich schärfere Strafnorm die entsprechende rechtliche Form[115]. Neben der zunehmenden Kriminalisierung verstärkte sich die Tendenz zur Pathologisierung der Verweigerer[116], worin nicht zuletzt Spuren eines nationalsozialistisch geschwängerten, grenzüberschreitenden Zeitgeistes sichtbar werden[117].

3.5. Die Gewissenstat als Sakrileg gegen das Schweizertum

Unter dem Eindruck der nationalsozialistischen Machtergreifung erhielten nationalistische Beschwörungsrituale auch in der Schweiz wieder reiche Nahrung. Der Ruf, die „Freiheit der liberalen Demokratie" der Staatsraison in Gestalt der „autoritären Demokratie" unterzuordnen[118], wurde immer lauter und mündete — so etwa beim nachmaligen Bundesrat Philipp Etter — in

---

[114] Vgl. Etter (Anm. 81), S. 84 ff.

[115] Vgl. Altorfer (Anm. 80), S. 125 ff./169 ff. Beizufügen ist allerdings, daß der niedrige Strafrahmen im MStG von 1851 durch den Verzicht auf den Ausschluß aus der Armee wiederholte Verurteilungen der meisten Überzeugungstäter nicht hinderte.

[116] Vgl. Altorfer: a. a. O., S. 200 ff., insbes. S. 205, wo er selbst zu einer entsprechenden Bewertung gelangt.

[117] In einer medizinischen Diss. aus dem Jahre 1933, die der „Militärdienstverweigerung aus krankhafter Ursache" gewidmet ist, wird folgende Aussage durchaus affirmativ zitiert:

> „Je erheblicher der Widerspruch mit unseren geltenden Rechts-, sozialen und ethischen Pflichten ist [anscheinend sind Widersprüche zwischen diesen Pflichten nicht denkbar — M. S.], in den uns religiöses Erleben bringt, desto eher darf an krankhaftes religiöses Erleben gedacht werden" (P. Schulthess: Über Militärdienstverweigerer aus krankhafter Ursache, Diss. Zürich 1933, S. 36).

Wo der Staat selbst zum Heiligtum geworden ist, sind auch all seine Normensysteme unantastbar.

Von psychiatrischer Seite wurden die Verweigerer schon gegen Ende des 1. Weltkrieges mit der unvergleichlichen Arroganz „wissenschaftlich" verbrämter Macht stigmatisiert und verurteilt, vgl. Joh. Ben. Jörger: Über Dienstverweigerer und Friedensapostel, in: Zeitschrift für die gesamte Neurologie und Psychiatrie, Bd. 43 (1918), S. 117-133.

[118] Vgl. Ph. Etter: Die vaterländische Erneuerung und wir, Zug 1933, S. 23 ff.

eine Volk und Armee identifizierende Ovation gegenüber der nationalen Wehrgemeinschaft:

„Die Achtung vor der Armee und der Schutz ihrer geistigen Grundlagen müssen auf der ganzen Linie wieder hergestellt werden (. . .) Armee und Schweizervolk gehören zusammen. Wir lassen keinen Keil zwischen beide treiben!"[119].

Die Militärverweigerung wurde in diesem Klima entweder als Akt von Pathologen oder dann explizit als Anschlag auf die staatliche Ordnung begriffen und durch schärfere gerichtliche Strafen bekämpft[120]. Als Folge dieser ideologisch und strafrechtlich zunehmend repressiven Reaktion wurde die Verweigerung in den dreißiger Jahren zu einer außerordentlichen Seltenheit[121].

An ihrem Programmparteitag von 1935 distanzierte sich die SP wieder einmal unter dem Eindruck der internationalen Lage und mitbetroffen von der emsig betriebenen „geistigen Landesverteidigung" trotz einiger Vorbehalte von ihrem Parteitagsbeschluß von 1917[122]. Im Jahre des Kriegsausbruchs 1939 hatte die nationale Ideologie — mehr noch als bei Ausbruch des 1. Weltkrieges — eine Festigkeit erreicht, die als Mythos von der nationalen Wehrgemeinschaft bis in die heutigen Tage nachhaltig fortwirkt. Im Kriegsjahr konnte Philipp Etter die nationalistische Mission des Landes in der Eigenschaft als Bundespräsident feiern. Seine 1. Augustrede gipfelte in der Lobpreisung der „glücklichen Gefahr, die ein Volk aufruft, zur Besinnung auf seine Sendung (. . .)", die mit der „durch eine Tradition von über sechs Jahrhunderten geheiligten Bereitschaft zum Opfer" verteidigt werde[123]. Dieser Sakralismus sollte die historische Realität einer einst äußerst polymorphen, der Idee einer militarisierten Nation wenig geneigten helvetischen Gesellschaft gänzlich aus dem öffentlichen Bewußtsein verdrängen. Zur „Jugend des Landes" gewandt, verkündete der Bundespräsident mit unüberbietbarem Pathos:

„Auf euch ruht das Erbe all der Eidgenossen, die in der 650-jährigen Geschichte unseres Bundes jenen heiligen Eid vom 1. August 1291 mit ihrem Blute besiegelt haben. Ist Einer da, auch nur ein Einziger, der bereit wäre, dieses Erbe zu verraten? Keiner! Wir alle sind bereit, den Schwur vom 1. August 1291 immer wieder zu erneuern und wenn es sein müßte zu verteidigen"[124].

---

[119] a. a. O., S. 39.

[120] Vgl. Siegfried (Anm. 8), S. 125 ff.

[121] a. a. O., S. 65.

[122] J. Etter (Anm. 81), S. 162 ff.; Gross (Anm. 36), S. 147.

[123] Ph. Etter: Reden an das Schweizervolk, Zürich 1939, S. 79. Sogar das Aktionsprogramm der SPS vom 1. August 1939 stand unter dem Leitsatz: „Volk und Armee sind ein und dasselbe" (siehe bei Gross: a. a. O.).

[124] Ph. Etter: a. a. O., S. 81.

Der Meinungspluralismus in Fragen der Friedenssicherung war damit ideologisch vernichtet, und die Verweigerung des Militärdienstes war zu einem Sakrileg gegen das Schweizertum des „bewaffneten Schweizervolkes" geworden. Eine dennoch bemerkenswerte Anzahl von Verweigerungen aus religiösen Gründen im Jahre 1940 konnte der nationalen Ideologie wenig anhaben. Die Verweigerer fochten die militärische Landesverteidigung kaum an, umso weniger als sie sich der politischen Demonstration ihrer Tat enthielten. Obwohl sie hart bestraft wurden, mochten sie als zumindest unbewußte Träger jener „göttlichen Botschaft der Liebe" betrachtet werden, die es bei aller Kriegsbereitschaft in die Zukunft zu retten galt[125]. Die reale Existenz der Verweigerung als Stachel des tätigen Gewissens war nicht zuletzt mitverantwortlich dafür, daß die Frage der staatlichen Behandlung der Gewissenstat von Militärdienstverweigerern mit dem Kriegsende, nach mehr als zwei Jahrzehnten[126], wieder in der politischen Diskussion auftauchte.

III. Militärverweigerung unter der Herrschaft des Nationalmythos

1. Pazifistisches Erbe und Kalter Krieg

1.1. Friedenspolitischer Aufbruchsversuch nach Kriegsende

Unmittelbar nach Beendigung des 2. Weltkrieges schlug sich der pazifistische Aufbruch am 2. Dezember 1945 in der Gründung des Schweizerischen Friedensrates (SFR) nieder. Der SFR war als Dachorganisation verschiedenster Gruppierungen konstituiert und sollte insbesondere eine konsultatorische und informatorische Funktion haben. Zu den Gründungsmitgliedern des SFR zählten insgesamt 15 Gruppierungen[127], darunter die Schweizerische Zentralstelle für Friedensarbeit (SZF), die 1922 von Leonhard Ragaz gegründet worden war, ebenso wie der von Pierre Cérésole in den zwanziger Jahren aufgebaute Schweizer Zweig des Service civil international (SCI)[128]. Namentlich diese Organisationen brachten den Kampf um einen Zivildienst

[125] Vgl. Siegfried (Anm. 8), S. 66 f.

[126] Ein Postulat von Nationalrat Bolle betr. Zivildienst, das noch vom Jahre 1930 datiert, war diskussionslos abgeschrieben worden (BBl 1973 I 95) und ist darum zu vernachlässigen.

[127] W. Kobe: Die ersten 5 Jahre im Überblick, in: Rückblick für die Zukunft. Wandlung und Wirken des Schweizerischen Friedensrates in 35 Jahren, hrsg. vom SFR, Zürich 1981, S. 18.

[128] Zur Entstehung der SZF vgl. Kugler (Anm. 88), S. 73 ff.; zum Aufbau des SCI in der Schweiz vgl. A. Bietenholz-Gerhard: Pierre Cérésole, der Gründer des freiwilligen internationalen Zivildienstes. Kämpfer für Wahrheit und Frieden, Bad Pyrmont 1962.

als Erbe in den SFR ein, weshalb nicht erstaunt, daß die ersten Aktivitäten des SFR in der Wiederaufnahme ebendieser Bemühungen bestanden.

Im September 1946 gelangte der SFR schriftlich mit dem Vorschlag an den Bundesrat, die Schweiz solle zum Beispiel der UNO zivile Hilfsequipen zur Verfügung stellen, die infolge von Krieg oder Naturkatastrophen notleidenden Menschen auf der ganzen Welt helfen[129]. Am darauffolgenden 1. Oktober reichte der sozialdemokratische Nationalrat André Oltramare auf Ersuchen des SFR eine Motion ein, die „Dienstverweigerern aus Gewissensgründen" anstelle des Gefängnisses einen Zivildienst ermöglichen sollte[130].

1.2. „Gefährliche Minderheit": Das Argument der Zahl und der Gefährlichkeit

Obwohl Oltramare — entgegen dem Zivildienstverständnis von Ragaz in den zwanziger Jahren — mit seinem Vorstoß keinerlei Infragestellung des Militärdienstes beabsichtigte, focht der Bundesrat gegen seine Anliegen wie gut zwanzig Jahre früher mit dem Argument der Zahl und der Gefährlichkeit: Die „kleine Zahl der Dienstverweigerer" nahm der Sache jedes politische Gewicht und gereichte gleichzeitig zu deren inhaltlichen Disqualifizierung[131]. Die bundesrätliche Polemik gegen den Zivildienst als antimilitarisches Instrument[132] belegt allerdings nicht zuletzt die bereits erwähnte und historisch begründete Angst vor einer Erosion der Wehrbereitschaft. Unabhängig von den Gründen für den obrigkeitlichen Umgang mit Dienstverweigerung und Zivildienst manifestiert sich im Stigma „gefährliche Minderheit" eine demokratietheoretisch beklagenswerte Intoleranz und Arroganz der Macht. Johannes N. Wenger bemerkte in seiner Monographie zur Militärdienstverweigerung in der Schweiz aus dem Jahre 1952 nicht ohne Grund:

> „Das (. . .) Postulat [an die demokratische Mehrheitsentscheidung —M. S.], die Majorität habe Mittlerin der Gerechtigkeit zu sein, ist in nicht wenigen Fällen einer Verwirklichung fern"[133].

[129] Siegfried (Anm. 8), S. 174.

[130] Kobe (Anm. 127), S. 19. Oltramare begründete seine Motion u. a. wie folgt: „Nous ne réclamons aucun privilège pour les objecteurs de conscience, mais seulement le droit d'être utiles à la collectivité au lieu de croupir en prison. . ." (siehe bei Siegfried (Anm. 8), S. 175 f.).

[131] Hier herrscht, wie ersichtlich ist, der „König Mehrheit" als unangetastete moralische (!) Größe und nicht die selbstkritische Prüfung von Leo Sapiehas Anklage der Mehrheit in Schillers Demetrius: „Mehrheit ist der Unsinn, Verstand ist stets bei wen'gen nur gewesen. Man muß die Stimmen wägen und nicht zählen".

[132] BBl 1949 II 137 ff.

[133] Wenger (Anm. 90), S. 53.

Und mit rechtsphilosophischem Anspruch formuliert er gegen die rechtssoziologische Faktizität:

„Auf die zahlenmäßige Stärke der Minorität kann es dabei nicht ankommen, maßgebend allein ist der sittliche Wert ihrer Anschauung"[134].

Die Vergeblichkeit dieses moralischen Appells in der sachlich unbegrenzten Mehrheitsdemokratie ist am Beispiel der Behandlung der Militärverweigerer in der Schweiz bis auf den heutigen Tag nachzuweisen.

Die erwähnte Motion Oltramare war im Jahre 1947 immerhin als *Postulat* mit der Beschränkung auf „Dienstverweigerer aus *religiösen* Gewissensgründen"[135] an den Bundesrat überwiesen und in der Folge von einer Studienkommission „geprüft" worden. Die Forderung nach einem Zivildienst stieß aber auch hier auf Unverständnis[136]. Einzige Folge des Postulats war die kosmetische Revision des Militärstrafrechtes, die bei Verweigerern aus „religiösen Gründen in schwerer Seelennot" einen etwas milderen Strafvollzug ermöglichte und von der Einstellung in der bürgerlichen Ehrenfähigkeit absah[137]. An dieser faktisch weitgehenden Negierung der Verweigererfrage vermochten auch wiederholte Vorstöße von seiten des sozialdemokratischen Parlamentariers und Offiziers Georges Borel in den fünfziger und frühen sechziger Jahren nichts zu ändern[138].

1.3. Kaserne — Sinnbild der schweizerischen Volksgemeinschaft

Die Zeichen der Zeit während der ersten zwanzig Jahre der Nachkriegsära lassen das politische Los der Militärverweigerung erklären. Der Nationalkonsens der „geistigen Landesverteidigung", dem die Kaserne zum Sinnbild der schweizerischen Volksgemeinschaft geworden war[139] und dem das Verschontbleiben während des 2. Weltkrieges wesentlich zugeschrieben wurde,

---

[134] a. a. O., S. 56.

[135] Siegfried (Anm. 8), S. 175 f.; Kurz (Anm. 93), S. 242 f.

[136] In der Kommission waren die Argumente der Vertreter des SFR, Willi Kobe und Otto Siegfried, offensichtlich ohne Chance (siehe Kobe (Anm. 127), S. 19; Siegfried (Anm. 8), S. 177).

[137] AS 1951 437; vgl. auch Th. Wyder: Wehrpflicht und Militärdienstverweigerung, Bern 1986, S. 83. Zur Mythenbildung, die anläßlich der Behandlung der Verweigererfrage immer wieder zu beobachten ist, vgl. folgendes Zitat von Nationalrat Picot, der in der bundesrätlichen Studienkommission an der Revision maßgeblich mitwirkte: „L'objection de conscience reste une violation sanctionée de l'ordre constitutionell et légal de *l'alliance militaire fondée on 1291*" (siehe bei Siegfried: a. a. O., S. 178).

[138] Vgl. J. Hürlimann: SPS und militärische Landesverteidigung 1946 - 1966, Diss. Zürich 1985, S. 178 ff.

[139] Vgl. Kobe (Anm. 127), S. 17.

aktualisierte sich mit dem Beginn des Kalten Krieges zwischen den beiden „Supermächten" USA und UdSSR erneut[140]. Unter dem Eindruck der internationalen Verhärtung und der Beschwörung der „kommunistischen Gefahr" hielt der politische Konformismus lange über die Kriegsjahre hinaus an, wobei ihm insbesondere die Ereignisse um den Ungarnaufstand 1956 neue Nahrung gaben.

Auch in der Sozialdemokratischen Partei der Schweiz (SPS) erinnerten nach Ende des 2. Weltkrieges nur wenige Stimmen an frühere Perioden mit pazifistischen Perspektiven. Der nachhaltigen Wirkung von Charles Naine und der pazifistischen Tradition in der Westschweiz war immerhin eine kleine pazifistische Dissonanz in der Parteienlandschaft zu verdanken. Ein Neuenburger Genosse bekannte am Parteitag von 1952:

„Comme tous les camarades neuchâtelois de la période de 1910 - 1920, j'ai été nourri de l'antimilitarisme de Charles Naine et tous nous avons gardé un peu de cette conception dans nos veines"[141].

Unter der Herrschaft des Nationalmythos von der wehrhaften Volksgemeinschaft fehlte dieser Tradition aber auch in der SPS jeder Rückhalt[142]. Ihre Militärpolitik enthielt keine grundlegende Infragestellung der Armee und beschränkte sich nebst konzeptionellen Vorschlägen vorwiegend auf das flexible Postulat einer Plafonierung von Militärausgaben und auf die Forderung einer gewissen „Demokratisierung" der Armee[143]. Nicht einmal zur deutlichen Mitwirkung bei der Atomverbotsinitiative pazifistischer Kreise mochte sich die SPS durchringen[144].

Vor diesem Hintergrund kann nicht erstaunen, daß auch die erwähnten Vorstöße zugunsten eines Zivildienstes keine politischen Intentionen verfolgten und sich deren Urheber damit zufriedengegeben hätten, das religiös oder eventuell ethisch gefärbte Gewissen respektiert zu sehen[145]. Als politischer Akt wurde die Militärverweigerung auch in der SPS der ersten Nachkriegsära vom kasernierten Geist verpönt.

---

[140] Vgl. Brassel/Tanner (Anm. 37), S. 61.

[141] Protokoll SPS-Parteitag von 1952, S. 97.

[142] Vgl. Hürlimann (Anm. 138), S. 25 f.

[143] a. a. O., S. 173 ff.

[144] Eingehend zur schweizerischen Antiatombewegung M. Heiniger: Die schweizerische Antiatombewegung 1958 - 1963. Eine Analyse der politischen Kultur, Liz. Zürich 1980.

[145] Siehe Hürlimann (Anm. 138), S. 178 ff.

1.4. Militärdienstverweigerung als apolitisches Bekenntnis einer stagnierenden Zahl

Daß der Kampf um den Zivildienst auch in pazifistischen Kreisen erlahmte, wird einmal durch die mit Hiroshima und Nagasaki dramatisch aktualisierte Atomfrage verständlich. Mit dieser Frage war gegen Ende der fünfziger und zu Beginn der sechziger Jahre weitaus mehr öffentliche Aufmerksamkeit zu gewinnen. Dies umso mehr, als sich die Verweigerungen fast ausschließlich als Akte eines religiösen Bekenntnisses unter Ausschluß der Öffentlichkeit abspielten[146]. Auch zahlenmäßig war seit Kriegsende bis in die sechziger Jahre hinein kein signifikanter Anstieg der Verweigerungen zu verzeichnen. Bis 1962 kam es durchschnittlich zu 30 - 40 Verurteilungen pro Jahr, wovon jeweils mehrere Wiederholungstäter betrafen[147].

2. Pazifistischer Aufschwung und Initiativbewegungen für einen Zivildienst

2.1. Ausweitung der individuell-pazifistischen Tat in den sechziger Jahren

Die Antiatombewegung hatte den Antikommunismusreflex während der Ära des Kalten Krieges etwas auflösen können und die politischen Handlungsspielräume einer inneren Opposition erweitert[148]. Diese Entwicklung schlug sich auch in der zunehmenden Bedeutung der Militärverweigerung nieder. Die Gründung der schweizerischen Sektion der Internationale der Kriegsdienstgegner (IdK) im Jahre 1963 markierte einen neuen radikalpazifistischen Nonkonformismus, der sich von da weg in einer von Jahr zu Jahr fast kontinuierlichen Zunahme der Verweigerungen niederschlug[149]. Bedeutsam war aber weniger die zahlenmäßige Zunahme als die Politisierung des Verweigerungsaktes: Waren die Verweigerungen in den fünfziger Jahren mit ganz wenigen Ausnahmen religiös motiviert, so standen sie jetzt vielfach in einem klaren politischen Kontext. Wie schon um die Jahrhundertwende kam Einzelfiguren im radikalpazifistischen Kampf eine mobilisierende symbolische Funktion zu. Namentlich Arthur Villard, der Präsident der IdK und nachmalige sozialdemokratische Nationalrat, trat wiederholt für die Sache der Verweigerer öffentlich in Erscheinung, wirkte als beein-

---

146 Vom EMD wurden die Verweigerermotive erst ab 1956 erfaßt, vgl. Kurz (Anm. 93), S. 256. Die Statistik bestätigt aber unseren Befund, für den dem Verfasser zusätzlich eine interne Statistik der IdK von 1946 - 1955 zugänglich war. Vgl. zudem Hj. Braunschweig: Erinnerung in Gedanken, in: Rückblick für die Zukunft (Anm. 127), S. 14.

147 Kurz: a. a. O., S. 255 f.

148 Vgl. Heiniger (Anm. 144), S. 165 ff.

149 Zur statistischen Entwicklung vgl. Kurz (Anm. 93), S. 255 f.

druckender Verteidiger in Verweigerungsprozessen und verweigerte auch selbst den Dienst[150]. In Zusammenhang mit Verweigerungen kam es nun verschiedentlich zu öffentlichen Demonstrationen und Pressekonferenzen, die die gesellschaftspolitische Dimension der individuellen Tat zu thematisieren versuchten. Parallel zu dieser inhaltlichen Politisierung, zur zahlenmäßigen Zunahme und symbolischen Dramatisierung der Militärverweigerung wurden im Parlament erneut Vorstöße zur Schaffung eines Zivildienstes unternommen[151]. Gegen die Einführung eines Zivildienstes wurden nun nicht bloß politische, sondern besonders verfassungsrechtliche Einwände vorgebracht[152], und das Postulat Arnold wurde als vorerst letzter parlamentarischer Vorstoß einer Arbeitsgruppe für die Totalrevision der Bundesverfassung auf eine lange und bis heute andauernde Odyssee mitgegeben.

Einzige unmittelbare und bis heute nur wenig modifizierte Antwort auf die Verweigererfrage war die Revision des MStG vom 5. Oktober 1967, die eine weitere Milderung der Strafandrohung und des Strafvollzuges für „Dienstverweigerer aus religiösen und ethischen Gründen in schwerer Gewissensnot" brachte[153], womit freilich die rechtsphilosophisch höchst problematische Trennung zwischen „guten" und „bösen" beziehungsweise „echten" und „unechten" Verweigerern sanktioniert wurde[154]. Unter diesen Umständen konnte der pazifistische Widerspruch gegen die offensive Kriminalisierung der *politisch gefärbten* Gewissenstat nicht verstummen.

2.2. Pazifistisches Selbstbewußtsein und Nationalmythos

2.2.1. Militärverweigerung in günstigem politischen Klima

Im Zuge der Politisierung der Verweigerung im Laufe der sechziger Jahre postulierten pazifistische Kreise *nicht* mehr einen Zivildienst als *Ausnahmeregelung* für eine Minderheit unter dem Motto „Zivildienst statt Gefängnis", sondern sie stellten ihr Gedankengut zunehmend in den Vordergrund der Diskussion. In Frage gestellt war namentlich die offizielle Sicherheitspolitik und deren ideologische Rechtfertigung. Dementsprechend versuchte der pazifistische Diskurs eine Friedenspolitik etwa auf der Basis eines friedens-

[150] Näheres bei Schmid (Anm. 38), S. 368 ff.

[151] Vgl. Wyder (Anm. 137), S. 77 f.; Pilgrim (Anm. 8), S. 120 ff.; BBl 1973 I 96 f.

[152] Vgl. Wyder: a.a.O., S. 78 ff.; BBl 1973 I S. 97. Sollte die zunehmend fehlende Plausibilität des politischen Arguments durch die Weihe des „höheren Rechts" wettgemacht werden?

[153] Wyder: a. a. O., S. 197 ff.

[154] Ebd. Vgl. zu dieser unhaltbaren Trennung Saner (Anm. 50), S. 93 ff.

relevanten Zivildienstes als Alternative zur traditionellen Militärpolitik zu thematisieren[155]. Dieser Wandel hin zu einer Politisierung der Verweigererfrage, wie wir sie vor allem aus den späten zehner und frühen zwanziger Jahren kennen[156], besaß im Unterschied zu damals eine adäquate sozio-ökonomische, kulturelle und politische Grundlage. Der Aufbruch der Studentenbewegung korrespondierte mit der wirtschaftlichen Hochkonjunktur, der subjektive Veränderungswille basierte auf einem relativ sicheren sozio-ökonomischen Fundament. Die sozialen Konsequenzen einer Verweigerung waren Ende der sechziger Jahre und vor allem in der ersten Hälfte der siebziger Jahre weit weniger drastisch als in der Zeit vor, während und nach dem Ersten Weltkrieg. Die Zahl der Verweigerungen stieg denn auch innert weniger Jahre um ein Mehrfaches: von 77 Verweigerungen im Jahre 1965 auf 133 (1970) bis zum vorläufigen Rekord von 545 im Jahre 1974[157].

Begünstigt wurde dieser pazifistische Aufschwung außenpolitisch durch die Ära der Entspannung zwischen Ost und West und innenpolitisch durch eine beachtliche Resonanz und nur knappe Abstimmungsniederlage der pazifistischen Waffenausfuhrverbotsinitiative[158]. Dieses Klima war auch der von Lehrern des kantonalen Gymnasiums in Münchenstein (BL) lancierten „Münchensteiner-Initiative" für die Schaffung eines Zivildienstes günstig. Ohne größere organisatorische Basis brachten die Initianten die nötigen Unterschriften für ihre in der Form der allgemeinen Anregung formulierte Initiative zustande. Gemäß dem Wortlaut der Initiative hätten „Militärdienstverweigerer aus Glaubens- und Gewissensgründen" (ohne weitere Differenzierung derselben) einen Zivildienst leisten sollen[159]. Auch der Bundesrat trug der damaligen Stimmung durch eine verhältnismäßig tolerante Aufnahme der Münchensteiner-Initiative Rechnung. Die traditionelle staatliche Sicherheitspolitik, namentlich das Primat der allgemeinen Wehrpflicht, ließ er allerdings nicht antasten. In klarer Abweisung pazifistischer Ansprüche lehnte er die „freie Wahl" zwischen Militärdienst und Zivildienst ab und hielt an einer richterlichen Eruierung der Gewissensqualität der Verweigerermotive fest[160]. Eine recht große Offenheit bekundete der Bundesrat demgegenüber in der Frage einer möglichen Ausgestaltung des Zivildienstes[161]. In den parlamentarischen Verhandlungen wurde der in Form der

[155] Vgl. dazu R. Tobler: Rückblick für die Zukunft, in: Rückblick (Anm. 127), S. 33; „Thesen des SFR zur Schaffung eines Zivildienstes vom 29. September 1970: a. a. O., S. 81 f.; vgl. auch „Für einen friedensrelevanten Zivildienst". Vernehmlassung, Thesen und Modell des SFR zur Zivildienstfrage, Zürich 1975.

[156] Siehe vorne II. 3.2. und 3.3.

[157] Vgl. die Statistik bei Pilgrim (Anm. 8), S. 114.

[158] Vgl. Tobler (Anm. 155), S. 27.

[159] BBl 1973 I 89 f.

[160] a. a. O., S. 106 f.

[161] a. a. O., S. 107 f.

allgemeinen Anregung formulierte Vorschlag der Münchensteiner Lehrer jedoch bis zur Unkenntlichkeit entstellt, d. i. restringiert und verwässert[162]. Folge davon war, daß die Abstimmungsvorlage sowohl von pazifistischer Seite, namentlich vom SFR, wie auch von Gegnern jeglicher politischer Relativierung der allgemeinen Wehrpflicht durch einen wie auch immer gearteten Zivildienst bekämpft wurde. Nicht einmal das Münchensteiner-Initiativkomitee mochte sich schließlich für den parlamentarischen Ersatzdienstvorschlag zu erwärmen. Folgerichtig wurde dieser in der Volksabstimmung vom 4. Dezember 1977 klar abgelehnt[163].

2.2.2. Wirksame Wiederbelebung des nationalen Mythos

Nicht ungelegen kam dieser Abstimmungsausgang jenen pazifistischen Einzelkämpfern, die kurz vor der Abstimmung eine ausformulierte Initiative „für einen echten Zivildienst" auf der „Grundlage des Tatbeweises" lanciert hatten[164]. Obwohl die organisatorische Basis für die Zivildienstinitiative erst im Laufe der Unterschriftensammlung aufgebaut wurde[165], gelang es den Initianten — dank unermüdlichem Einsatz — mehr als die neu 100000 erforderlichen Unterschriften rechtzeitig zusammenzubringen. Den Initianten war es während der Sammelphase gelungen, die ungelöste Frage der würdigen Behandlung von Militärdienstverweigerern wirksam zu thematisieren und in den gut 4 Jahren von der Einreichung der Initiative bis zum Abstimmungstermin ihre Vorstellungen eines friedensrelevanten Zivildienstes zu konkretisieren[166]. Parallel zu der im Zuge der Nato-Nachrüstungsdebatte in ganz Europa mobilisierten Friedensbewegung zu Beginn der achtziger Jahre belebte sich auch die Friedensszene in der Schweiz, was sich nicht zuletzt in der Auseinandersetzung um den Zivildienst zeigte. Der SFR hatte

---

[162] Vgl. R. Tobler: Zivildienst oder Ersatzdienst? Zürich 1976; zu den Verhandlungen der Räte siehe StenBull. NR 1976 1099 ff./1122 ff. und 1977 513 ff./551 ff., sowie StenBul. StR 1976 687 ff.

[163] BBl 1982 III 5.

[164] a. a. O., S. 6; Tobler (Anm. 155), S. 34. Kennzeichnend für diesen Zivildienst-Vorschlag war vor allem der Verzicht auf eine richterliche Gewissensprüfung. Stattdessen wäre die Gewissenstat durch die Bereitschaft qualifiziert worden, einen Zivildienst zu leisten, der anderthalbmal länger dauert als die Gesamtheit der verweigerten militärischen Dienste (Tatbeweis).

[165] Die organisatorische Basis der Initiative bildeten zahlreiche ad hoc gegründete Regionalgruppen, die vor allem auf der „Straße" Unterschriftensammelaktionen durchführten und die Initiative in den lokalen Medien vertraten.

[166] Dies bezieht sich vor allem auf Vorschläge für sinnvolle Zivildiensteinsätze sowie ihre Durchführung. Vgl. auch die Broschüre des SCI „Was ist Zivildienst. Vorschläge zur Schaffung eines Zivildienstes in der Schweiz", 2. Aufl., La Chaux-de-Fonds 1978.

die Unterstützung der Initiative beschlossen, nachdem er erkannt hatte, daß die Initianten neue politische Kreise, vor allem im Umfeld der Kirchen, anzusprechen vermochten. Soweit eine Meinungstendenz in der pazifistischen Dachorganisation auszumachen war, wurde die Initiative vor allem als Instrument zur Formulierung radikalpazifistischer Kritik an der traditionellen schweizerischen Militärpolitik begrüßt. Ein Abstimmungserfolg wurde aufgrund der bisherigen Erfahrung mit Volksinitiativen nicht erwartet. Die nach einem Abflauen der Verweigerungen in der zweiten Hälfte der 70er Jahre erneute, markante Zunahme der Verweigerungen zu Beginn der 80er Jahre (mit über 700 Verweigerungen in den Jahren 82 - 84) gab der Frage des Zivildienstes zusätzlichen Zündstoff. Innerhalb der die Initiative unterstützenden Kreise machten sich Akzentunterschiede bemerkbar zwischen Zivildienstanhängern, die an einen Abstimmungserfolg glaubten, und dem SFR nahestehenden radikalpazifistischen Kritikern der offiziellen Sicherheitspolitik. Während letztere vor allem den immer noch gegenwärtigen Mythos um die militärische Landesverteidigung aufweichen wollten, setzten erstere — die Mehrheit des Initiativkomitees und deren Basis — ganz auf die Losung „Zivildienst statt Gefängnis", was sich nicht selten mit Bekenntnissen zur militärischen Landesverteidigung verband. Trotz dieser konzilianten Haltung war die Zivildienstinitiative in der Volksabstimmung chancenlos, und sie wurde im Verhältnis von 63,8 : 36,2 % der Stimmenden (Stimmbeteiligung: 52,8 %) abgelehnt[167].

Nachdem bereits der Bundesrat die Initiative als unzulässige Gefährdung der angeblich unerläßlichen militärischen Landesverteidigung und als unhaltbare „Privilegierung einer Minderheit" abgewiesen hatte[168], wurde in den parlamentarischen Beratungen das Argument der „gefährlichen Minderheit" mit Vorliebe aufgegriffen[169] und im Abstimmungskampf bei gleichzeitiger Wiederbelebung des Mythos von der nationalen, *alle Bürger umfassenden Wehrgemeinschaft* propagandistisch erfolgreich verwertet[170]. Die Abstimmungspropaganda der Zivildienstgegner machte die Zivildienstfrage zur Frage nach „Armee: ja oder nein?"[171]. Gegenüber dieser Umfunktionierung

[167] Vgl. Vox-Analyse der eidgenössischen Abstimmung vom 28.2.1984, S. 7.

[168] BBl 1982 III 14 ff.

[169] StenBull. NR 1983 1221 ff.; StenBull. StR 1983 69 ff.

[170] Das offizielle Abstimmungsplakat der Zivildienstgegner zeigte einen rüstigen Tellensohn, wie er bereits in der Landiausstellung von 1939 zum Symbol des wehrhaften Schweizers geworden war. Das Plakat trug daneben die Aufschrift: „Zivildienst-Nein. Weil wir im Ernstfall alle brauchen". Gegen diese wohl von Paretos Rat inspirierte Propaganda durch Appelle an gefühlsgeladene Symbole und Vorurteile hatten die Zivildienstinitianten keine Chance. Mit Bekenntnissen zur Landesverteidigung bestärkten sie zeitweise noch selbst den nationalen Wehrmythos von der Wehrhaftigkeit des Volksganzen.

[171] Vgl. Vox-Analyse der eidg. Abstimmung vom 28.2.1984, S. 7-15.

ihres Anliegens waren die Initianten aber machtlos. Weder vermochten sie den Zivildienst genügend ins Zentrum der Diskussion zu rücken, noch waren sie gewillt oder fähig, auf der Ebene der Armeediskussion den Mythos nachhaltig zu erschüttern.

Der Abwehrreflex eines militärisch fundierten Nationalismus' wirkte somit einmal mehr gegenüber einer verhaltenen Infragestellung überkommener, rigider Ordnungsvorstellungen. Ein absolut uniformes und zunehmend fragwürdiges Sicherheitsdenken und -handeln wurde erneut staatlich oktroyiert und durch eine Abstimmungsmehrheit sanktioniert. Die militaristisch belastete Demokratie schweizerischer Prägung ist — anders als die zukunftsoffenere bundesrepublikanische — offensichtlich auch 40 Jahre nach der „Rettung" vor der „faschistischen Gefahr" nicht bereit, die Frage nach den Wegen zum Frieden mündigen Bürgern durch ein Angebot von Handlungsalternativen zur Disposition zu stellen. Hier offenbart sich die klägliche Perspektivlosigkeit eines Staates, der sich seine Zukunft nicht anders vorstellen kann als seine Vergangenheit.

3. *Nonkonformismus zwischen Gehorsamsbereitschaft und verblassendem Mythos*

Belegte das Ergebnis der Zivildienstabstimmung in Berücksichtigung der antipazifistischen Abstimmungskampagne die nach wie vor vorhandene Wirkkraft des nationalen Wehrmythos, so zeigte eine Analyse des Abstimmungsverhaltens bei der jüngeren Generation doch eine deutliche Distanz dazu[172]. Diesen Befund bestätigte auch eine eingehende Untersuchung von Karl Haltiner über die gesellschaftliche Verankerung der Milizarmee. Basierend auf empirischem Datenmaterial der auslaufenden siebziger und frühen achtziger Jahre stellt Haltiner einen unübersehbaren „Wertwandel" fest:

> „Das Militärische — insbesondere als Symbol- und Normbereich — (ist) in der Schweiz im Begriff, seine ehemals zentrale Stellung als gesellschaftliche Bezugsgröße, als Bürgerleitbild und als Sinnbild nationaler Identität einzubüßen (...). Emotional positive, befürwortende Einstellungen gegenüber dem Milizheer bilden Teil eines im Status quo verhafteten politischen und gesellschaftlichen Orientierungsmusters, dem sich nicht nur jüngere Generationen zunehmend entfremden"[173].

Der „Relevanzverlust" des Militärs manifestiert sich vor allem

> „in einer *erhöhten Indifferenz* und in einer „Ja, aber ohne mich"-Haltung. Die Armee stellt in dieser Optik kein Faszinosum mehr dar, von dem eine besondere, sozial positiv sanktionierte Anziehungskraft ausgeht"[174] (Hervorhebung im Original).

---

[172] Ebd.

[173] Karl W. Haltiner: Milizarmee. Bürgerleitbild oder angeschlagenes Ideal?, Frauenfeld 1985, S. 255.

Der soziale Wandel ist also nicht als Entwicklung hin auf eine *offene Oppositionsbereitschaft* zu beschreiben, sondern vielmehr als (vorläufig) innere normative Distanzierung von der traditionellen Wehrideologie bei grundsätzlich vorhandener Gehorsamsbereitschaft. Vermag auch die traditionelle Ideologie des Schweizertums nicht mehr zu motivieren, so ist an ihre Stelle meist auch noch keine klare alternative (sprich: pazifistische) Orientierung getreten. Vor allem ist es trotz der unleugbaren Erosion des nationalen Mythos in den letzten Jahren zu keinem Anstieg der Verweigererzahlen gekommen[175]. Stattdessen lassen sich im Anschluß an die Zivildienstabstimmung eine wieder verschärfte Strafpraxis[176] und ein Anstieg der psychiatrischen Ausmusterungen beobachten[177].

3.1. Autoritärer Legalismus und Pathologisierung

In diesem Reaktionsmuster spiegelt sich m. E. die Verknüpfung eines zunehmend autoritären Legalismus mit einer entpolitisierenden Pathologisierung von Sozialisationsproblemen in der militärischen Organisation. D. h.: behandlungs- oder reflexionsbedürftig ist nicht die undemokratische Institution Armee, sondern das Individuum, das sich darin nicht fügt. Überdies nimmt die Zunahme psychiatrischer Ausmusterungen (als versteckte Form des Militärdienstentzugs)[178] der offenen Militärverweigerung an politischem Gewicht, da diese zahlenmäßig sinkt, weil ihr die Ausmusterung nicht selten zuvorkommt. Daneben erscheinen die offenen Verweigerungen — besonders nach den klaren Niederlagen der Zivildienstvorlagen in den Volksabstimmungen von 1977 und vor allem 1984 — mehr denn je als politisch renitente Anfechtungen eines qua Mehrheitsentscheidung bekräftigten Status quo'[179], die es mit dem Instrument des Strafrechts, insbeson-

[174] Ebd.

[175] Nach einer Spitze von 788 im Jahre 1984 verurteilten Verweigerern verminderte sich die Zahl auf 687 (1985) und 542 (1986) (Zahlen gem. Statistik des EMD).

[176] Vgl. P. Haggenjos: Ein Jahr danach. Die Situation der Militärverweigerer in der Schweiz — ein Jahr nach der Abstimmung über die Zivildienstinitiative, in: U-Chrut, Sondernummer 21, Mai 1985.

[177] Siehe dazu die aufschlußreiche Behandlung des Themas in: „Zivilcourage". U-Blatt für individuelle und gemeinsame Entrüstung, Nr. 4/86 und Nr. 6/87. Vgl. auch die Wertung durch M. Ammann: Zahlenspiegelfechterei des EMD. In 20 Jahren 8.500 Gewissensgefangene und 50.000 psychiatrisierte Militärdienstverweigerer, in: NW 1987, S. 183 ff.

[178] Vgl. P. Frey: Der Schwarze Peter. Zur Psychiatrisierung von Dienstunwilligen und -unfähigen, in: „Zivilcourage" Nr. 6/87, S. 4 ff.; Haltiner (Anm. 173), S. 178 ff. Zur diskriminierenden Kategorienbildung der Verweigerertypen, insbesondere damit verknüpften Kurzschlüssen und unqualifizierten Unterstellungen siehe neuerdings A. Stucki: Dienstverweigerer: Prophet, Patient oder Parasit?, Frauenfeld 1986.

dere in generalpräventiver Absicht, unmißverständlich in die Schranken zu weisen gilt. Verstärkt wird diese staatliche Reaktion etwa durch eine weiterhin vor allem in gewissen Kantonen verbreitete Berufsverbotspraxis und durch gesellschaftliche Diskriminierungen von Verweigerern[180].

Obwohl die Bereitschaft, verborgene Dienstentziehungen durch psychiatrische Ausmusterungen zu sanktionieren, gegenwärtig auffallend groß ist[181], kann von einem toleranten staatlichen Umgang mit der pazifistischen Gewissenstat, geschweige denn von einem zunehmend unmilitärischen Staatsverständnis der offiziellen Schweiz nicht die Rede sein. Art und Weise der obrigkeitlichen Repression der Verweigerer in den achtziger Jahren sind von der Praxis der dreißiger Jahre kaum zu unterscheiden.

3.2. Auf dem Weg zu einer radikalen Entmythologisierung der staatlichen Sicherheitspolitik?

Der jüngste Versuch zur partiellen „Entkriminalisierung" der Militärdienstverweigerung aus „religiösen oder ethischen Gründen" durch die Verpflichtung zu einem „Arbeitsdienst" anstelle der Gefängnisstrafe[182], käme aller Voraussicht nach nicht einmal für einen Drittel der Verweigerer in Frage. Von der Ausgestaltung und Dauer des Arbeitsdienstes her ist der „Entkriminalisierungs"-vorschlag im Vergleich zu einer schlichten Gefängnisstrafe, geschweige denn zur Vollzugsform in Halbgefangenschaft derart unattraktiv und auf einer entsprechend realitätsfremden Problemwahrnehmung beruhend, daß er an den Betroffenen völlig vorbeizielt[183]. Die gesetz-

---

[179] Im Zentrum dieses Status quo' steht die allgemeine Wehrpflicht, die im Satz „Jeder Schweizer ist wehrpflichtig" (Art. 18 BV) ausgedrückt ist und durch Art. 49 Abs. 5 BV „Die Glaubensansichten entbinden nicht von der Erfüllung der bürgerlichen Pflichten" ihren politisch absoluten Anspruch erhält.

[180] Vgl. Beratungsstelle für Militärverweigerer (Hrsg.): Militärverweigerer zwischen Knast und Berufsverbot, Zürich 1987.

[181] Dabei ist bei tendenzieller Interessenkonvergenz an eine Kollusion zwischen hilfesuchendem Klienten und Psychiater zu denken. Im einzelnen siehe die Hinweise in Anm. 177.

[182] Vgl. Botschaft des Bundesrates über die Änderung des MStG und des BG über die MO vom 27. Mai 1987 (87.043).

[183] Gemäß Urteilsstatistik wurde in den letzten Jahren bloß etwa einem Drittel der Militärverweigerer eine „schwere Gewissensnot" attestiert. Obwohl unter dem revidierten Gesetz mehr Verweigerer einen Arbeitsdienst leisten dürften, da *nicht* mehr eine „schwere Gewissens*not*" zu *beweisen*, sondern *„nur"* noch ein *Gewissenskonflikt* mündlich ***„glaubhaft"*** darzutun ist, lehnen die Verweigerer selbst laut einer Umfrage aus Zivildienstkreisen den „Entkriminalisierungsvorschlag" großmehrheitlich ab! Zur Zusammehsetzung der den Vorschlag erarbeitenden Studienkommission, worin kein einziger Vertreter von Verweigerer- oder Zivildienstorganisationen zu finden ist, vgl. die Botschaft des Bundesrates (Anm. 182), S. 6.

geberische Aktivität entpuppt sich als trügerische Geschäftigkeit. Was als „Problemlösung" angeboten wird und zur Verbesserung des demokratischen Images der Schweiz beitragen soll, erweist sich als trojanisches Pferd. Das „Geschenk" soll pazifistische Kritik entkräften und dürfte politisch motivierte Anfechtungen einer Ideologie der militarisierten Nation schärferer Repression ausliefern. Für die Mehrheit der Verweigerer, die nicht als ethisch oder religiös qualifiziert werden oder dann den Arbeitsdienst als „Strafarbeitslager" ablehnen, bedeutet der „Entkriminalisierungs"-vorschlag eine erhebliche Verschlechterung der Situation[184]!

Angesichts des offiziellen politischen Status' der Verweigerung als administrativ zu bewältigendes Ärgernis ist eine markante öffentlichkeitswirksame Zunahme des individuellen pazifistischen Nonkonformismus' vorläufig nicht zu erwarten. Der soziale Preis der Gewissenstat wirkt zweifellos abschreckend. Berücksichtigen wir zudem den geringen unmittelbaren politischen Effekt der Militärverweigerung, so ergibt sich für diese Tat ein äußerst ungünstiges Kosten/Nutzenverhältnis, obwohl der nicht quantifizierbare persönliche „Nutzen" (Wahrung oder Stiftung von Identität) für den Überzeugungstäter meist erheblich ist. Bemerkenswert ist andererseits, daß sich die Verweigerung allen Repressionsversuchen zum Trotz nicht aus der Welt schaffen läßt!

Die Militärverweigerung ist als Minderheitenphänomen politisch nur in geringem Maße konfliktfähig. Die Androhung einer systemrelevanten Aufkündigung der gesellschaftlichen Loyalität gegenüber der Staatsordnung kann mit dieser Frage nicht verknüpft werden. Dennoch könnte der gesellschaftliche Problemlösungsdruck auch in dieser Frage in dem Maße steigen, wie (menschenrechtliche) Qualitätsansprüche an eine demokratische Kultur von einer zunehmend größeren Öffentlichkeit eingeklagt werden und Demokratie von einem wachsenden öffentlichen Bewußtsein in einer normativen Dimension erfaßt wird. Durch die *effektive Anerkennung* der politischen Minderheit der Militärverweigerer würde ein bemerkenswertes Substanzdefizit bloß formaler Demokratie auch in der schweizerischen „Musterdemokratie" endlich behoben. Daß dies geschieht, wird freilich davon abhängen, wie weit politisch aktive Gruppierungen das demokratische Skandalon einer selbstgerechten Diskriminierung der pazifistischen Gewissenstat durch politische Mehrheiten öffentlichkeitswirksam zu dramatisieren vermögen. Wie die Erfahrung gezeigt hat, ist auch hier allein mit rechtsvergleichender Argumentation, die auf realisiertes humaneres Recht in anderen Ländern verweist, kein Wandel zu bewirken.

---

[184] Vgl. zur Bewertung des „Entkriminalisierungs"-vorschlags aus pazifistischer Sicht J. Pleiss: Strafarbeitslager für Militärverweigerer?, in: Friedenszeitung Nr. 71/72, Juli/August 1987, S. 6-9.

Als Vehikel zur Thematisierung pazifistischen Gedankengutes fungiert zur Zeit die *Volksinitiative „Für eine Schweiz ohne Armee und für eine umfassende Friedenspolitik"*. Sie schafft möglicherweise jene radikale Entmythologisierung der Armee, die aus der einseitigen staatlichen Fixierung auf die traditionelle Sicherheits- bzw. Verteidigungspolitik befreit und zur offiziellen Anerkennung alternativer friedenspolitischer Visionen — nicht zuletzt durch die Legalisierung eines friedensrelevanten Zivildienstes — beiträgt.

IV. Rechtsbruch und sozialer Wandel?

Eingangs hatten wir uns die Frage nach der rechtlichen Reaktion des schweizerischen Bundesstaates auf die Militärdienstverweigerung gestellt. Die Beantwortung dieser Frage sollte Auskunft geben über die Qualität unserer demokratischen Kultur. Zudem erwarteten wir, aus der Betrachtung der politischen Dimension der Militärverweigerung Kenntnis vom staatlichen Selbstverständnis und dessen Wandlungsfähigkeit zu erhalten. Es ist offensichtlich geworden: der rechtliche Umgang mit der Gewissenstat läßt sich nicht anders denn als repressiv charakterisieren. Ebenso deutlich zeigte sich, daß die Staatsmacht keineswegs gewillt ist, ihre militärische Staatsdefinition zugunsten eines neuen Staatsverständnisses, das sich an der sozial verantworteten gesellschaftlichen Freiheit orientiert, aufzugeben oder auch nur zu erweitern.

Die Antinomie zwischen allgemeiner Wehrpflicht und individuellem Gewissensanspruch ist in historischer Perspektive anschaulich geworden. Deren wesentliche Aspekte sollen abschließend nochmals vergegenwärtigt werden und in eine Skizze real-möglicher Zukunft münden.

a) Spannungsverhältnis zwischen nationalstaatlicher Ideologie und gesellschaftlichem Pluralismus:

Der militärisch definierte Nationalstaat mit der „Nation" als abstraktem Kollektivwert ist ein künstliches Gebilde, das in dem Maße zum Selbstzweck ideologisiert wird, wie es einer einheitlichen kulturellen, ethnischen und politischen Grundlage entbehrt. Die Brüchigkeit einer nationalen Identität seit der Zeit der Alten Eidgenossenschaft macht sich im Spannungsverhältnis zwischen einem forcierten, militärisch fundierten Nationalismus und verschiedenartig motivierten, aber weitgehend konstanten Durchbrechungen des Prinzips der allgemeinen Wehrpflicht bemerkbar.

b) Repression der Militärverweigerung als eine fundamentale Anfechtung der staatlichen Existenz:

Ein ungefestigtes nationales Selbstverständnis des wesentlich militärisch definierten Staates läßt Angriffe auf die Armee, namentlich die Militärverweigerung, als *fundamentale* Anfechtung der staatlichen Existenz erscheinen. Die Staatsraison gebietet eine entsprechend repressive Reaktion auf jeden pazifistischen Nonkonformismus und läßt keinen Raum für einen Zivildienst, wie er der pluralistisch strukturierten Gesellschaft angemessen wäre.

c) Nationaler Einheitsgedanke versus pazifistische Abweichung:

Die ideologisch und strafrechtlich mobilisierte Abwehrreaktion auf die Militärverweigerung als staatsgefährdende politische Aktion gibt einerseits der Verweigerung eine hohe symbolische Bedeutung, ermöglicht aber andererseits die Betätigung des nationalen Einheitsgedankens. Letzterer wird bei außenpolitischen Bedrohungen nachdrücklich bekräftigt und erstickt die pazifistische Abweichung in einem innenpolitischen Konformismus.

d) Militärverweigerung als repressionsbedingtes Minderheitenphänomen:

Unter Bedingungen eines infolge ideologischer Propaganda extrem geringen normativen Dissenses und einer starken Stigmatisierung der Militärdienstverweigerung wird diese zu einem ausgeprägten Minderheitenphänomen.

e) Bedingungsfaktoren der politisch relevanten Gewissenstat:

Neben geopolitischen Faktoren sind sozio-ökonomische Voraussetzungen und soziale und politische Mobilisierungsbewegungen für einen Bedeutungszuwachs der Verweigerung maßgeblich verantwortlich. Zu politisch relevanten Gewissenstaten kommt es meist, wo sich ein starker Anspruch auf individuelle Autonomie mit pazifistischen Überzeugungen und mit dem Anspruch auf tätige individuelle Glaubwürdigkeit in mehr oder weniger demonstrativer Absicht verbinden.

f) Statik staatlicher Machtordnung gegen den Anspruch auf Wandel:

Der anhaltend repressive und intolerante Umgang mit der Verweigererfrage seit der Konsolidierung des militärisch definierten Bundesstaates spiegelt eine geradezu deprimierende Statik der staatlichen Machtordnung. Die meist kategorische Abweisung von Postulaten auf Einführung eines Zivildienstes erklärt sich aus der nach wie vor ausgeprägten Identifizierung der Staatsmacht mit ihrer Armee.

g) Psychiatrische Ausmusterung als moderne Form des Dienstentzugs:

Aus dem Zusammenwirken von verschärfter strafrechtlicher Repression der offenen Verweigerungen (autoritärer Legalismus), einer entpolitisierenden Pathologisierungsbereitschaft des Staates und dem emotionalen Bedeutungsverlust der Armee für den Bürger kommt es zu einer steigenden Zahl *versteckter* Militärdienstverweigerungen in Form der psychiatrischen Ausmusterung.

h) Normativer Dissens und Wertwandel:

Vermochte die Militärverweigerung auch keinen unmittelbaren politischen und rechtlichen Wandel zu bewirken, so hat sie als Symbol pazifistischer Mobilisierung die Ideologie der nationalen Wehrgemeinschaft unübersehbar angetastet und einen Wertwandel gefördert. Seit den sechziger Jahren ist die politisch relevante Verweigerung eine unbewältigte Konstante der Schweizerischen Politik. Als Stachel des Gewissens steht das Phänomen „Militärverweigerung" für ein uneingelöstes Postulat demokratischer Kultur. Gleichzeitig artikuliert die Militärverweigerung eine zunehmend plausible Kritik des vorwiegend militärisch definierten staatlichen Selbstverständnisses.

i) Rechtsbruch versus Wehrpflichtabsolutismus:

Der im Rechtsbruch manifestierte Anspruch auf politischen und rechtlichen Wandel wird nicht ruhen, ehe mindestens ein weit gefaßtes Recht auf einen Zivildienst den Wehrpflichtabsolutismus, der sich über die Gewissensfreiheit hinwegsetzt, relativiert.

Vor dem Hintergrund unserer Ausführungen ist die künftige Demontage des nationalen Mythos bis zu einem radikalen Bruch mit der Tradition der Kriegskultur trotz des Wertwandels in linearer Entwicklung nicht zu erwarten. Daß die unübersehbaren Risse im militärisch-nationalen Zement zu einem Durchbruch in die postmythische Ära eines nicht-militärisch definierten Staatsverständnisses führen könnten, ist aber auch in Anbetracht der langen historischen Statik der staatlichen Machtordnung nicht auszuschließen. Das Fundament dieser Ordnung besteht nicht aus toter Materie. Mit historisch fundierten Regionalismustendenzen neuerer Zeit gehen transnationale Entwicklungstendenzen moderner Gesellschaften einher. Der Nationalstaat scheint dadurch als kollektive Bezugsgröße zunehmend an Bedeutung zu verlieren, und davon ist auch die zentrale Bedingung militärischer Mobilisierungsbereitschaft berührt. Nicht gänzlich auszuschließen ist schließlich, daß der Wertwandel jene Eigenschaft der Alten Eidgenossen wachruft, die unter den mythischen Zerrbildern des konformistischen Bürgers verschüttet liegt. Zu denken ist an den antinationalistischen Eigensinn, der zum Gewissen des aufrechten Gangs anleitet: Kopf oben, frei umherblickend (Bloch). Zur *konkreten Utopie* wird hier das verbreitete Erwachen eines Gewissens, das den aufrechten Gang in der pazifistischen Tat wider militärischen Untertanengeist und Gewaltglauben verwirklicht.

Der Wehrpflichtabsolutismus jedenfalls wird als Bastion staatlicher Machtordnung in naher Zukunft fallen oder die schweizerische Demokratie erstarrt zur Tyrannei der Mehrheit.

Kapitel 6

„Gewaltfreie Aktion Menschenteppich": Recht und Moral zwischen Unternehmerfreiheit und Friedenspolitik

Die in den zwei vorangehenden Kapiteln behandelten Rechtsbrüche sind als Anfechtungen der unmittelbar verletzten Norm begriffen worden. Sowohl die Übertretung des Konkubinatsverbots als auch die Militärverweigerung wurden als Reaktionen auf einen repressiven Einbruch der Rechtsnorm in eine private Sphäre begriffen. Der Rechtsbruch war dabei intentional auf die Beseitigung der verletzten Norm gerichtet.

Das letzte Kapitel unserer Untersuchung nonkonformistischer Anfechtungen geltender Ordnungsinhalte ist der „gewaltfreien Aktion" gewidmet. Mit diesem Begriff kennzeichnen wir politische Aktivitäten, die außerhalb der institutionalisierten Politik stattfinden und sich durch eine besonders expressive öffentliche Manifestation von politisch-moralischem Protest charakterisieren. Ist die Aktion durch ihren prinzipiellen Verzicht auf die physische Verletzung von Personen gewaltfrei[1], so bewegt sie sich doch meist an der Grenze der Legalität. Der „Zivile Ungehorsam" als höchste Eskalationsstufe einer gewaltfreien Aktion ist zumindest prima facie illegal[2]. Dabei ist die Normverletzung häufig bloßes Mittel, um dem Protest einen besonderen Nachdruck zu verleihen. Für gewaltfreie Aktionen, wie sie hierzulande zu beobachten waren, sind weniger der Aufmarsch einer großen Zahl von Demonstranten typisch als die besondere Expressivität des öffentlich manifestierten Protests. Ziel ist regelmäßig, durch politisch-moralisch begründe-

---

[1] Zur Gewaltfreiheit vgl. Th. Ebert: Gewaltfreier Aufstand. Alternative zum Bürgerkrieg, 3. Aufl., Waldkirch 1981, S. 33 f.; G. Jochheim: Die gewaltfreie Aktion. Idee und Methoden, Vorbilder und Wirkungen, Hamburg 1984.

[2] Dazu R. Dreier: Widerstandsrecht und ziviler Ungehorsam im Rechtsstaat, in: P. Glotz (Hrsg.): Ziviler Ungehorsam im Rechtsstaat, Frankfurt/M. 1983, S. 61/72.

tes kommunikatives Handeln Bewußtsein zu wecken oder zu schaffen und dadurch politische Veränderungen auf demokratischem Wege zu ermöglichen. Die gewaltfreie Aktion ist demnach Ausdruck eines *emanzipatorischen Nonkonformismus', der von politisch aktiven Minderheiten ausgeht und an eine breite Öffentlichkeit appelliert*[2a]. Vor allem der Zivile Ungehorsam aktualisierte sich in den letzten Jahren im Zusammenhang mit Hausbesetzungen infolge Wohnungsnot, der Besetzung von Baugeländen geplanter AKW, um eine Abkehr von der Atomenergie zu bewirken, oder mit Straßenblockaden zwecks Verhinderung der Stationierung von Mittelstreckenraketen.

Indem sich die gewaltfreie Aktion an der Grenze der Legalität bewegt und im Zivilen Ungehorsam zumindest eine prima facie-Illegalität zu sehen ist, wird sie auch zum Gegenstand rechtlicher Fragestellungen. Dabei läßt sich jede gewaltfreie Aktion in einer Grenzzone zwischen grundrechtlich geschützter Manifestation, allenfalls gerechtfertigter Normverletzung und strafbarer Handlung ansiedeln.

Die politisch-moralische Dimension einer gewaltfreien Aktion und die Problematik der rechtlichen Reaktion darauf wollen wir in der Folge am Beispiel der „Gewaltfreien Aktion Menschenteppich" gegen die Waffenschau 1981 (kurz: W'81) in Winterthur behandeln. An diesem konkreten Beispiel sind namentlich Motive, Methode und Zielsetzung der Aktion zu veranschaulichen.

An der Verhaltensweise der staatlichen Behörden im Verlaufe des Protests und nicht zuletzt am rechtlichen Umgang mit der gewaltfreien Aktion läßt sich die Lernbereitschaft des politischen Systems gegenüber nonkonformistischen Manifestationen sozialer Bewegungen beurteilen. Einleitend ist das politische Thema und die Vorgeschichte des schließlich gewaltfrei dramatisierten Konflikts zu vergegenwärtigen.

I. Unternehmerfreiheit und Waffengeschäfte

Auch unter den Bedingungen des sozialstaatlich (minimal) gebändigten Kapitalismus in der Schweiz nimmt die Unternehmerfreiheit unter den verfassungsmäßig garantierten Freiheitsrechten eine hervorragende Stellung ein. Immerhin wurde die Unternehmerfreiheit mit Bezug auf Waffenge-

[2a] Gernot Jochheim faßt das Phänomen unter den Begriff des „Zivilismus", der historisch ersten sozialen Bewegung, „für die die Mittel des sozialen Wandels und der Konfliktaustragung zugleich Ausdruck und Ziel der Emanzipation darstellen, nämlich Gewaltfreiheit" (G. Jochheim: Länger leben als die Gewalt. Der Zivilismus als Idee und Aktion, Stuttgart 1986, S. 18).

schäfte durch eine Verfassungsrevision aus dem Jahre 1938 einer staatlichen Bewilligung unterworfen. Im maßgeblichen Art. 41 BV heißt es in Absatz 2:

„Herstellung, Beschaffung und Vertrieb von Waffen, Munition, Sprengmitteln, sonstigem Kriegsmaterial und deren Bestandteilen bedürfen einer Bewilligung des Bundes. Die Bewilligung darf nur an Personen und Unternehmungen erteilt werden, die vom Standpunkte der Landesinteressen aus die nötige Gewähr bieten (...)".

Absatz 3 desselben Verfassungsartikels ergänzt:

„Die Einfuhr und Ausfuhr von Wehrmitteln im Sinne dieser Verfassungsbestimmung darf nur mit Bewilligung des Bundes erfolgen. Der Bund ist berechtigt, auch die Durchfuhr von einer Bewilligung abhängig zu machen".

Gestützt auf diesen Verfassungsartikel erließ der Bundesrat mit Beschluß vom 28. März 1949 über das Kriegsmaterial (kurz: KMB) eine Bestimmung, die die *Vermittlung* der Beschaffung oder des Vertriebs von Kriegsmaterial bewilligungspflichtig erklärt[3]. Mit Berufung auf diese Rechtsgrundlage und den erwähnten Verfassungsartikel gelangte die Bundesanwaltschaft bereits im Jahre 1950 mit einer Beschwerde ans Bundesgericht. Damit wollte sie Vermittlungstätigkeiten von Privaten geahndet haben, die „in der Schweiz ohne Bewilligung des Eidgenössischen Militärdepartementes als Vermittler verhandelt hätten, um zu erreichen, daß im Ausland hergestelltes und dort liegendes Kriegsmaterial in andere ausländische Staaten geliefert werde"[4]. Namentlich hielt die Bundesanwaltschaft dafür, die Bewilligungspflicht für Vermittlungstätigkeiten sei unabhängig von der Tatsache zu bejahen, „ob das Kriegsmaterial in der Schweiz liege oder nicht"[5]. Dieser Standpunkt legt den Schluß nahe, daß die Bundesanwaltschaft verhindern wollte, die neutrale Schweiz zu einer Drehscheibe des Waffengeschäfts werden zu lassen. Das Bundesgericht mochte jedoch weder einer solchen Intention noch dem Rechtsstandpunkt der Bundesanwaltschaft folgen. Es interpretierte die maßgebliche Verfassungsbestimmung restriktiv, d. h. zugunsten der möglichst ungehinderten Unternehmerfreiheit. Namentlich biete die Verfassungsbestimmung keine Grundlage, um zu verhindern, daß schweizerisches Gebiet ohne Bewilligung zum bloßen Abschluß oder zur bloßen Vermittlung von Geschäften über fremdes Kriegsmaterial benutzt werde[6]. Anders als der Bundesrat in seinem KMB wollte das Bundesgericht die verfassungsrechtli-

---

[3] Vgl. AS 1949 317.

Art. 7 Abs. 1 lit. c lautet:

„Eine Grundbewilligung des eidgenössischen Militärdepartementes hat einzuholen, ... c) wer die Beschaffung oder den Vertrieb von Kriegsmaterial vermitteln will".

[4] Siehe BGE 77 IV 31.

[5] BGE 77 IV 32.

[6] BGE 77 IV 34.

chen Begriffe der Beschaffung und des Vertriebs nicht auf die hierfür (als Vorbereitungshandlung) notwendige *Vermittlung* ausgedehnt sehen. Der den bundesgerichtlichen Standpunkt begründende Hinweis, daß in der Schweiz schriftlich oder mündlich getätigte Vermittlungsgeschäfte, die im Ausland vollzogen würden, nicht wirklich verhindert werden könnten, entbehrte freilich gesetzesinterpretatorischer Evidenz. Die rein pragmatische Spekulation verrät wenig Interesse daran, den Waffenhandel wirklich in den Griff zu bekommen:

„Wenn sie [die Schweiz — M. S.] solche Verhandlungen [Vermittlungstätigkeiten — M. S.] auf schweizerischem Gebiet verhindern könnte, so wäre das übrigens unnütz, weil damit der internationale Handel mit Kriegsmaterial nicht im geringsten erschwert, geschweige denn verhindert würde"[7].

Als Antwort auf diese wenig überzeugende Rechtsprechung und eine entsprechende Rechtspraxis lancierten pazifistische Kreise Ende der sechziger Jahre eine Volksinitiative für eine „vermehrte Rüstungskontrolle und ein Waffenausfuhrverbot". Die Initiative, die in der Volksabstimmung (zwar erstaunlich knapp) abgelehnt worden war[8], hatte immerhin die parlamentarischen Verhandlungen über ein neues Bundesgesetz zum Kriegsmaterial (kurz: KMG) beeinflußt. Verschiedene Votanten (einschließlich des für den Gesetzesentwurf zuständigen Departementsvorstehers Bundesrat Gnägi) betonten, daß das KMG eine deutliche Verschärfung der Rüstungskontrolle beabsichtige, weshalb auch keine neue Verfassungsgrundlage erforderlich sei. Diese Begründung erleichterte denn auch vielen Votanten eine Ablehnung der gleichzeitig behandelten Initiative[9].

Als sich die Militärfachzeitschrift „Armada international" 9 Jahre nach Erlaß des Gesetzes anschickte, die Militärfachwelt zu einer internationalen Waffenschau in die Schweiz einzuladen, glaubten sich Pazifisten in ihrem Protest gegen diesen Großanlaß für Waffengeschäfte verständlicherweise auch vom positiven Recht, namentlich dem KMG von 1972, gestützt.

1. Die „W'81": Angebot und Nachfrage unter neutralem Dach

Die gleichzeitig in drei Sprachen erscheinende Militärfachzeitschrift, die nach eigenen Angaben in 122 Ländern von vorwiegend staatlichen Militärfunktionären gelesen wird, lud in einem ganzseitigen Inserat die „Militärfachwelt" zu einer „Internationalen Ausstellung für Simulation, Ausbildung,

[7] 77 IV 35.

[8] Die Initiative, die am 24.9.1972 zur Abstimmung gelangte, vereinigte 49,7 % der Ja-Stimmen auf sich, wobei allerdings nur 6 1/2 Stände der Initiative zustimmten.

[9] Vgl. die aufschlußreiche Ratsdebatte zum KMG, in: StenBull. NR 1972, insbes. S. 117 ff.

Logistik, Unterhalt und Spezialfahrzeuge" vom 29. Juni - 4. Juli nach Winterthur[10]. Das offizielle Kürzel der Ausstellung, „W'81", verwies immerhin darauf, daß die ausgestellten Gegenstände Waffencharakter hatten. Unter dem Titel „Die W'81 vereinigt Angebot und Nachfrage unter einem neutralen Dach" kündete der Veranstalter ein „umfangreiches Angebot an wehrtechnischen Problemlösungen, die auf dem internationalen Markt verfügbar sind", an. Mehr als 100 Aussteller aus 12 Länder sollten ihre neuesten Entwicklungen „auf dem militärisch hochaktuellen Gebiete der Simulation und Ausbildung, der Logistik, der Integration und Wartung komplexer Systeme, sowie der militärischen Spezialfahrzeuge zeigen". Eine Kostprobe des ideologischen Standpunktes des Organisators und einen Eindruck von den an der Ausstellung zu erwartenden Produkten lieferte Felix Müller, der Chefredaktor der „Armada international", in einem Artikel derselben Nummer 6 Monate vor Ausstellungsbeginn. Unter der Rubrik „Rüstungsmarkt" stellte er in einem Artikel mit dem Titel „Kampf gegen die Gewalt im Innern" ein Arsenal moderner Repressionsinstrumente gegen oppositionelle Bewegungen vor[11]. Der Bericht reicht vom Hinweis auf eine „Unzahl technischer Hilfsmittel zur Nachrichtenbeschaffung, zum Bespitzeln und Abhören" (deren Wirkungsweisen im einzelnen angedeutet werden) bis zu weiteren „Mitteln der Terror- und Krawallbekämpfung". Dazu kommentiert der Autor:

> „Die technischen Mittel sind einfach. Die Hersteller der Einzelteile brauchen darob nicht zu erröten. Es ist die Anwendung, die in den meisten Fällen gegen die Menschenrechte verstößt".

Die rechtsstaatlichen Bedenken gegen diese Verwendung der Produkte sollen aber durch den Zweck geheiligt werden, denn:

> „Die Unterwanderung einer Bewegung bringt meist wenig brauchbare Informationen, solange rechtlich erlaubte Mittel angewendet werden".

Bei dieser Ausgangslage konnte nicht erstaunen, daß pazifistische Kreise ernsthafte friedenspolitische Einwände gegen die Durchführung der Ausstellung „unter neutralem Dach" vorbrachten. Die unternehmerische Offensive des Waffengeschäftes, die sich an ein ausgewähltes Fachpublikum wandte, war für sie mit dem Image der Schweiz als neutralem, dem Frieden verpflichteten Kleinstaat nicht vereinbar[12].

---

[10] Die Ausstellung wurde z. B. in der „Armada International" vom Januar/Februar 1981 in einem ganzseitigen Inserat propagiert. Diesem Inserat sind auch die nachfolgenden Zitate entnommen.

[11] F. Müller: Kampf gegen die Gewalt im Innern, in: Armada International, Januar/Februar 1981.

[12] Zur pazifistischen Kritik der W'81 vgl. die Beiträge zum Thema in „Friedenspolitik", Nr. 16/1981 und „Virus" Nrn. 39-41/1981.

Als besonders stoßend empfand der langsam sich formierende Protest zunächst die Tatsache, daß die Exekutive der Stadt Winterthur dem Veranstalter der W'81 als Vertragspartner ein Ausstellungsgelände zur Verfügung gestellt hatte. Diese Bedenken wurden an eine breitere Öffentlichkeit getragen und veranlaßten sensibilisierte Politiker zu verschiedenen Vorstößen im städtischen Parlament ebenso wie auf kantonaler Ebene. Unter dem Vorbehalt, daß „weder schweizerische noch ausländische Waffen und Waffensysteme" gezeigt werden dürften, glaubte der vertraglich verpflichtete Stadtrat die neutralitätspolitischen Bedenken hinreichend berücksichtigt zu haben, und er hielt — begleitet von einer Störaktion unzufriedener Bürger im Parlamentssaal — am Vertrag fest[13]. In einer weiteren Stellungnahme betonten die Behördenvertreter allerdings, daß sich der Stadtrat keineswegs mit der Ausstellung identifiziere, und es wurde darauf hingewiesen, daß die Reduktion des Ausstellungsgutes auf „Simulation, Ausbildung, Logistik und Unterhalt von Spezialfahrzeugen" den Mißfallenskundgebungen in weiten Kreisen der Bevölkerung Rechnung trage. Im weiteren gestand der Stadtrat ein, daß man für die Ausstellung den falschen Partner gewählt habe, und er versicherte, daß es die erste und einzige Ausstellung dieser Art in Winterthur sein werde[14]. Aus Vertragstreue schreckten die Behörden aber vor weiteren Konsequenzen zurück:

„Wir erachten es für wesentlich, einen rechtskräftig unterzeichneten Vertrag einzuhalten — auch wenn man ihn ein zweites Mal vielleicht nicht eingehen würde. Ein Vertragsbruch würde sicher unserer und wohl auch der allgemeinen Rechtsauffassung widersprechen, ist doch die Rechtssicherheit und das Vertrauen in gegenseitige Vereinbarungen bzw. behördliche Zusicherungen eine der tragenden Grundlagen des Staates"[15].

Die „Frauen für den Frieden" als Empfängerin eines Briefes mit dem entsprechenden Inhalt fragten hierzu stellvertretend für die Gegnerschaft der W'81 in einem unveröffentlichten Leserbrief an die Redaktion des „Tages-Anzeiger":

„Müßte nicht einmal, wenn es um so viel geht, ein Vertrag aufs Spiel gesetzt werden (auch trotz Konventionalstrafe), wenn der Stadtrat selbst schreibt, daß er einen solchen Vertrag kaum ein zweitesmal unterzeichnen würde?"[16]

Eine Behörde als politisch-moralisch qualifizierte Rechtsbrecherin? Oder, so konnte auf seiten der W'81-Gegner weiter gefragt werden: durfte der

[13] Vgl. etwa „Umstrittene Waffenschau. Störgeräusche bei Begründungen", in: „Der Landbote" vom 28.4.1981; „Der Winterthurer Stadtrat zur ‚W'81'", in: NZZ vom 16.5.1981.

[14] Vgl. „Unbehagen über Waffenschau", in: TA vom 27.5.1981.

[15] Aus einem unveröffentlichten Brief vom 20.5.1981 des Stadtrates von Winterthur an die „Frauen für den Frieden".

[16] Aus einem unveröffentlichten Leserbrief vom 23.6.1981 der „Frauen für den Frieden" an die Redaktion des „Tages-Anzeiger".

Stadtrat nicht davon ausgehen, daß der Vertrag aufgrund seines (unsittlichen) Inhaltes nichtig und ein „Rücktritt vom Vertrag" deshalb rechtlich unbedenklich sei?

Für die Gegner der Ausstellung änderte sich jedenfalls mit den behördlichen Zugeständnissen an ihren Protest wenig: Effektive Abstriche am ursprünglich geplanten Ausstellungsumfang waren kaum ersichtlich, und Angebot und Nachfrage „wehrtechnischer Problemlösungen" (sprich: Repressionsinstrumente) konnten wie geplant unter neutralem Dach vor sich gehen.

Nachdem auch der Regierungsrat des Kantons Zürich einen parlamentarischen Vorstoß gegen die W'81 dahingehend beantwortet hatte, eine Verhinderung der Ausstellung sei für ihn „weder möglich noch nötig"[17], schöpfte Nationalrat Braunschweig unter Hinweis auf eine Verletzung des Kriegsmaterialgesetzes mit einer dringlichen Anfrage an den Bundesrat die letzte legale Möglichkeit zur Verhinderung der W'81 aus.

2. Die „W'81" in der Optik des Kriegsmaterialgesetzes

Am 3. Juni 1981, also knapp einen Monat vor dem geplanten Beginn der Ausstellung, wies Nationalrat Braunschweig den Bundesrat darauf hin, auch wenn das Ausstellungsgut um nicht-bewilligtes importbedürftiges Material vermindert worden sei, sei die Frage von Art. 4 Abs. 1 lit. d des Bundesgesetzes über das Kriegsmaterial (KMG) nach wie vor offen[18]. Der besagte Artikel lautet:

> „Ohne Grundbewilligung des Bundes ist es untersagt ... d) die Beschaffung oder den Vertrieb von Kriegsmaterial zu vermitteln".

Nach Braunschweig erfülle die Ausstellung genau diesen gesetzlichen Tatbestand, weshalb allein eine Verhinderung der ganzen Ausstellung gesetzmäßig sei:

> „Wird der Bundesrat dafür besorgt sein, nachdem bis heute die Grundbewilligung offenbar nicht verlangt und auch nicht erteilt worden ist, daß dem Kriegsmaterialgesetz Nachachtung verschafft und die Ausstellung Ende dieses Monats nicht stattfinden wird?"

Der Bundesrat mochte Nationalrat Braunschweig nicht folgen. In seiner Antwort ersparte er sich allerdings eine ernsthafte Prüfung der Rechtslage und glaubte unter Hinweis auf den wie erwähnt — hinsichtlich der Frage der Vermittlung von Kriegsmaterial — wenig überzeugenden Entscheid des

---

[17] Vgl. „Regierungsrat ist gegen Verbot", in: TA vom 29.5.1981.

[18] Siehe StenBull. NR 1981, S. 952.

Bundesgerichts aus dem Jahre 1951, der Sache Genüge getan zu haben[19]. Auch der Hinweis auf die parlamentarische Beratung des neuen Kriegsmaterialgesetzes, bei der „die Bewilligungspflicht für solche Vermittlungsgeschäfte" abgelehnt worden sei, hält einer genaueren Prüfung nicht stand. Die bundesrätliche Interpretation der Parlamentsberatungen geht aus dem Studium derselben keineswegs schlüssig hervor. Wohl war anläßlich dieser Beratungen ein Antrag[20] von Nationalrat Ziegler abgelehnt worden, der den „Handel mit Kriegsmaterial außerhalb der Landesgrenzen" einer Bewilligungspflicht unterstellen wollte, „wenn die dafür verantwortlichen natürlichen oder juristischen Personen Wohnsitz in der Schweiz haben". Es ist aber nicht ersichtlich, daß es eines solchen Tatbestandes bedurft hätte, um die W'81 rechtlich in den Griff zu bekommen. Trotz Unsicherheiten über die Tragweite von Art. 41 BV hatte Bundesrat Gnägi während der Beratungen des KMG unter Hinweis auf die gesetzlich verschärften Rüstungskontrollmaßnahmen ausdrücklich festgehalten:

„Wenn jemand Handel [mit Kriegsmaterial — M. S.] betreiben will, bedarf er einer Bewilligung"[21].

In Kenntnis dieser Umstände ist unverständlich, daß die W'81 als Anlaß par excellence zur Vermittlung von Kriegsmaterial nicht unter den zitierten Art. 4 Abs. 1 lit. d KMG subsumiert wurde. Da der Artikel in der parlamentarischen Beratung diskussionslos verabschiedet worden war, läßt sich einer entsprechenden Gesetzesauslegung aus den Parlamentsberatungen nichts Entgegenstehendes entnehmen. Auch ein allfälliger Hinweis darauf, bei den Ausstellungsgütern handle es sich nicht um Kriegsmaterial im Sinne des Gesetzes, vermöchte im Zeitalter hochtechnologischer Kriegstechnik nicht zu überzeugen. Angesichts der Propaganda des Veranstalters scheint offensichtlich, daß Kriegsmaterial — trotz allfälliger Abstriche am Ausstellungsgut — zumindest in Form von „Erzeugnissen und deren Bestandteilen, die als Kampfmittel verwendet werden können" im Sinne des Gesetzes ausgestellt werden sollte[22]. Sollte der zitierte Art. 4 Abs. 1 lit. d mehr sein als eine Leerformel, hätte die W'81 demnach einer Grundbewilligung bedurft. Da diese nie erteilt worden war und in Berücksichtigung von Art. 41 Abs. 2 BV an diesen Veranstalter auch kaum hätte erteilt werden dürfen[23], fand die

[19] Ebd.

[20] Siehe StenBull. NR 1972, S. 167 ff.

[21] StenBull. NR 1972, S. 168.

[22] Das KMG vom 30.6.1972 (SR 514.51) bestimmt in Art. 1 Abs. 1:
„Als Kriegsmaterial im Sinne dieses Gesetzes gelten Waffen, Munition, Sprengmittel, weitere Erzeugnisse und deren Bestandteile, die als Kampfmittel verwendet werden können".

[23] Siehe BV, Art. 41 Abs 2 2. Satz:
„Die Bewilligung darf nur an Personen und Unternehmungen erteilt werden, die vom Standpunkte der Landesinteressen aus die nötige Gewähr bieten".

Ausstellung unter rechtsstaatlich in hohem Maße fragwürdigen Bedingungen statt. Daß eine Strafanzeige des Schweizerischen Friedensrates gegen die Organisatoren der W'81 und den Stadtrat von Winterthur wegen Verletzung des KMG nicht zu einem Strafantrag führte, schafft die rechtlichen Bedenken nicht aus der Welt. Trotz behördlicher Beschwichtigungen war die Ausstellung zudem aus der Sicht einer friedenspolitisch orientierten Neutralitätspolitik höchst anfechtbar. Namentlich änderte daran wenig, daß sich das EMD nach anfänglicher Kooperation mit dem Veranstalter in der Folge — als Reaktion auf den Protest — verbal von der Ausstellung distanzierte und beschlossen hatte, keine Bewilligungen für die Einfuhr von Kriegsmaterial zu erteilen[24].

Nach vergeblicher Ausschöpfung aller rechtlichen Mittel zur Verhinderung der W'81 blieb den Opponenten schließlich die Wahl, sich ins Unausweichliche zu fügen oder ihren Protest außerinstitutionell weiterhin zu manifestieren. Die „Frauen für den Frieden" gaben ihrer Enttäuschung über diese Erfahrung mit dem institutionellen politischen System Ausdruck:

> „Die Demokratie hat nur auf dem Papier, aber auch nur dort, funktioniert. Was bleibt noch zu tun? Die Ohnmacht treibt womöglich viele zu „illegalen Aktionen". Selbst gewaltfreie Kundgebungen werden immer weniger möglich. Wohin können wir heute mit unseren offenen Fragen und unserem Protest noch gehen, damit sie nicht nur ungehört verpuffen, oder gar als Agitation „gewisser Kreise" abgestempelt werden?"[25]

Gegen die friedenspolitisch kaum vertretbare und rechtsstaatlich höchst fragwürdige W'81 erschien es nun jedenfalls legitim, den politisch-moralischen Protest aus den Parlamentssälen und Zeitungsspalten mit Nachdruck auf die Straße zu tragen.

II. „Gewaltfreie Aktion Menschenteppich": Die Straße als Ort der Politik

Einen Tag vor Eröffnung der Ausstellung hatten mehrere tausend Menschen ihren Protest in einer bewilligten Demonstration durch die Straßen Winterthurs noch einmal öffentlich kundgetan. Obwohl die Demonstration weitgehend friedlich verlief, kam es zu kleinen Ausschreitungen, die in der Berichterstattung durch praktisch alle Medien ausführlich rapportiert wurden. Auf die politischen Motive der Demonstranten wurde demgegenüber meist nur beiläufig hingewiesen[26].

---

[24] Siehe StenBull. NR 1981, S. 952.

[25] Leserbrief der „Frauen für den Frieden" (Anm. 16).

[26] Vgl. etwa die Berichte in der NZZ und „Der Landbote" vom 29.6.1981.

Anstelle der Fixierung auf spektakuläre „Straßenkämpfe" zwischen Polizei und Demonstranten wollten die Teilnehmer der „Gewaltfreien Aktion Menschenteppich" zum Auftakt der Ausstellung wieder mehr das politische Skandalon der W'81 ins öffentliche Bewußtsein rücken.

1. Motiv, Methode und Zielsetzung der Aktion

Im Morgengrauen der Eröffnung der Ausstellung begaben sich etwa 70 Aktivisten nach gemeinsamer Einstimmung und Vorbereitung auf die „Gewaltfreie Aktion Menschenteppich" zum Eingang des Ausstellungsgeländes. Dort legten sie sich auf den Boden und verschränkten ihre Arme ineinander. Dadurch bildete sich ein Menschenteppich, für dessen Begehung den Ausstellungsbesuchern Zwischenräume gelassen wurden, so daß sie ins Ausstellungsgelände gelangen konnten, ohne auf die Körper der am Boden Liegenden zu treten. Ein Flugblatt[27], das vor Ausstellungsbeginn den örtlichen Polizeibehörden ausgehändigt worden war, hielt den Konsens der Aktionsteilnehmer hinsichtlich Motiv, Methode und Zielsetzung der Aktion fest:

> „Mit unserer Aktion wollen wir ein entschiedenes Nein gegen alle Geschäfte mit dem Tod ausdrücken. Ein Nein, das nicht beim bloßen Protest stehen bleibt. Das durch unser Handeln deutlich macht, daß wir als Bürger nicht gewillt sind, die Mitverantwortung für eine Schweiz als Drehscheibe des internationalen Waffenhandels zu übernehmen".

Der Menschenteppich sollte den politisch-moralischen Protest gegen die Ausstellung *symbolisch* zum Ausdruck bringen:

> „Indem die Waffenhändler und Besucher, die diese interne Veranstaltung besuchen wollen, über unsere Leiber hinwegsteigen müssen, wollen wir ihnen das Verbrecherische des Waffenhandels vor Augen führen: „Wer über uns geht, geht auch über Leichen!"

Die Handlungsfreiheit der Ausstellungsbesucher, namentlich der Zugang zum Ausstellungsgelände, sollte nicht durch physischen Widerstand vereitelt werden. Vielmehr sollten die Besucher in provokativer Weise mit der symbolisch vermittelten Moral der Ausstellungsgegner konfrontiert werden. Das Mittel der gewaltfreien Aktion sollte das Ziel einer Welt ohne blutige Waffengeschäfte glaubwürdig symbolisieren und dadurch die Besucher zur Reflexion ihrer sozialen Rollen veranlassen:

> „Es kann nicht das Ziel der Aktion sein, (...) mit physischer Gewalt den Zutritt zur Ausstellung zu verwehren. Unsere Stärke ist nicht die Körpergewalt, sondern die Überzeugungskraft".

[27] Das Flugblatt „W'81-Nein Danke! Gewaltfreie Aktion Menschenteppich", dem auch die nachfolgenden Zitate entnommen sind, ist dokumentiert in: Waffen-Exhibitionismus — Nein!!! Kriegsmaterial-Ausstellung „W'81" in Winterthur. Dokumentation, Zürich 1981, S. 56.

Adressat der gewaltfreien Aktion waren freilich nicht nur die Ausstellungsbesucher, sondern vor allem eine breitere Öffentlichkeit:

„Wir richten uns nicht so sehr an die hartgesottenen Händler, sondern via Augenzeugen und Medien an eine breitere Öffentlichkeit. Darum: Wir wollen die W'81 nicht verhindern, sondern *behindern* (. . .) Der Menschenteppich ist als absolut gewaltfreie Aktion geplant. Es wäre ein Widerspruch, wollten wir gegen die Waffengewalt protestieren und dabei selber zur Gewalt greifen".

Die „Gewaltfreie Aktion Menschenteppich" läßt sich demnach durch folgende Merkmale charakterisieren: Moralische Motivation, provokative Unmittelbarkeit und Symbolisierung des Konflikts.

a) Moralische Motivation:

Um politische Kommunikation zu ermöglichen, werden die Motive des eigenen Handelns dem politischen Gegner offengelegt. Der moralische Widerstand gegen das Waffengeschäft soll damit explizit zum Gegenstand der Auseinandersetzung gemacht werden. Aus diesem Grunde werden auch den Ausstellungsbesuchern Flugblätter verteilt, die die Waffengeschäfte mit den Hungertoten kontrastieren oder als Teil des Rüstungswahnsinns anklagen, dem die neutrale Schweiz Gastrecht gewährt[28].

b) Provokative Unmittelbarkeit:

Durch den Menschenteppich der gewaltfrei am Boden Liegenden entsteht eine physische Nähe und Unmittelbarkeit zwischen politischen Gegnern, die zur Wahrnehmung des Protestes, anders als im Falle einer gewöhnlichen Meinungsäußerung, zwingt. Der Unmittelbarkeit des moralischen Anspruchs kann sich der anwesende politische Gegner nicht entziehen. Aggressiven Abwehrreaktionen steht die „Wehrlosigkeit" der am Boden Liegenden entgegen. Der Menschenteppich erhält dadurch gegenüber einer bloß verbalen Kritik ebenso wie gegenüber einer gewaltsamen Unmutsäußerung eine spezifische Dimension. Anders als bei jener kann der angesprochene Gegner nicht so leicht weghören oder verdrängen, und anders als im Falle eines gewaltsamen Protests kann die gewaltfreie Aktion nicht unter Hinweis auf die Protestform diskreditiert werden.

---

[28] Zur Illustration vgl. folgendes Zitat aus einem Flugblatt der Aktivisten: „Jede Minute verhungern 40 Kinder, werden 1 Mill. Dollar für Rüstung ausgegeben (. . .) Das Waffengeschäft ist und bleibt ein schmutziges Geschäft — auch wenn die Waffensysteme immer sauberer, perfekter und raffinierter werden. Es ist beschämend für uns, wenn ausgerechnet in der Schweiz — die stolz ist auf ihre Neutralität und ihre humanitäre Tradition — die internationalen Waffenhändler sich die Türklinke in die Hand geben. Die Profite, die hier erzielt werden, werden den nach Brot und Bildung Hungernden in aller Welt entzogen".

c) Symbolisierung des Konflikts:

Der wohl wichtigste Aspekt der „Gewaltfreien Aktion Menschenteppich" ist die *Symbolisierung des Konflikts.* In der Rolle der Ausstellungsbesucher verkörpert sich das Waffengeschäft, dessen mittelbare Wirkungen durch das Übersteigen des Teppichs in den am Boden Liegenden symbolisch veranschaulicht ist. Begleitet vom skandierten Ausspruch „Wer über uns geht, geht auch über Leichen" wird dabei der Zusammenhang von Geschäft und Tod auch einer breiteren Öffentlichkeit durch Vermittlung der Medien sichtbar. Die Qualität dieser Symbolisierung des Konflikts liegt darin, daß ein zuweilen verdrängter Zusammenhang eindrücklich ins Bewußtsein gerufen wird[29] und damit eine politisch-moralische Auseinandersetzung möglich macht. Vermieden wird insbesondere eine Verschüttung des politischen Themas durch die Form der Konfliktaustragung, wie es zuweilen bei gewaltsamen Auseinandersetzungen zu beobachten ist.

Jenseits dieser Merkmale der „Gewaltfreien Aktion Menschenteppich" erhebt sich natürlich die Frage nach dem konkreten Verhalten der verschiedenen an der Aktion beteiligten Akteure sowie dem Bild, das davon einer breiteren Öffentlichkeit durch die Medien vermittelt wurde. Hieran ist zu beurteilen, ob die theoretischen Vorgaben der Aktion praktisch eingelöst wurden und der politisch-moralische Protest im Sinne der Aktivisten wirksam war.

2. *Das Verhalten der einzelnen Akteure*[30]

2.1. Die Teilnehmer des Menschenteppichs

Die Teilnehmer des Menschenteppichs, deren Zahl und Zusammensetzung im Laufe der Ausstellungswoche schwankte, verhielten sich während der ganzen Woche, nach übereinstimmender Ansicht aller Beobachter, äußerst diszipliniert. Die Methode der Gewaltfreiheit wurde konsequent durchgehalten, auch wenn der Menschenteppich vom privaten Ordnungsdienst des Veranstalters knurrenden Hunden ausgesetzt war, mit Wasserwerfern bespritzt und sogar einmal mit Tränengassprays angegriffen wurde[31]. Auf der Ebene der Überzeugungsarbeit wurden Ausstellungsbesu-

[29] Die Verdrängung des Zusammenhangs zwischen Geschäft und Tod gelingt umso leichter, als die Wirkungen hochtechnologischer Waffensysteme hinter der Fassade technischer Faszination verschwinden.

[30] In Ermangelung empirischer Daten stützt sich die nachfolgende Darstellung auf das Studium von Zeitungsberichten sowie schriftlichen und mündlichen Mitteilungen von Aktionsteilnehmern.

[31] Vgl. „Mit Wasser und Tränengas gegen W'81-Gegner", in: TA vom 1.7.1981.

cher und Passanten während der ganzen Woche durch Gespräche und Flugblätter mit Motiven und Zielsetzungen der Aktivisten konfrontiert. Auch als am 4. Aktionstag 28 Teilnehmer des Teppichs, nach erfolgloser polizeilicher Strafandrohung, verhaftet wurden, eskalierte die Aktion nicht auf eine Ebene militanter Gegenwehr. Der Protest wurde vielmehr gewaltfrei weitergeführt und der Menschenteppich bis zum letzten Ausstellungstag konsequent gelegt.

2.2. Die Besucher der Ausstellung

Die Wirkung des Menschenteppichs auf die Besucher ist schwierig zu eruieren. Feststellen ließ sich, daß die meisten der angereisten Besucher den Teppich kommentarlos überstiegen. Dabei kam es mitunter zu kurzen Wortwechseln, in denen die Besucher ihren Unmut über die Aktion kundtaten. Gehässigkeiten waren aber selten. Zuweilen kam es sogar zu längeren Diskussionen mit hergereisten ausländischen Besuchern über die Moralität von Waffengeschäften. Angeblich sollen potentielle Ausstellungsbesucher durch den Menschenteppich auch davon abgehalten worden sein, überhaupt erst an den Ausstellungsort zu gelangen[32]. Entgegen den Aussagen des Veranstalters zum Abschluß der Woche scheint die ursprünglich erwartete Besucherzahl nach Beobachtungen von Aktivisten, die während der ganzen Woche im Teppich ausgeharrt hatten, deutlich unterschritten worden zu sein[33].

2.3. Der private Ordnungsdienst des Veranstalters

Die über 80 Mann, die der Veranstalter als Ordnungsdienst einsetzte, zeigten sich gegenüber den gewaltfreien Aktivisten ratlos. Die Überraschung über die gewaltfrei am Boden liegenden Menschen dürfte sie zumindest am ersten Aktionstag von gezielten aggressiven Reaktionen abgehalten haben. Am 2. Aktionstag ging der Ordnungsdienst aber mit Wasserwerfern und unter Einsatz von Tränengassprays gegen den Menschenteppich vor. Zudem wurden Stacheldrahtrollen auf öffentlichem Grund ausgelegt.

Damit hatte der Ordnungsdienst seine Kompetenzen aber überschritten. Dieses Vorgehen, namentlich das harte Eingreifen gegen den Menschenteppich, wurde von der örtlichen Polizei gerügt, und der Ordnungsdienst mußte sich deshalb an den folgenden Aktionstagen darauf beschränken, den Menschenteppich mit Wasser zu „berieseln"[34].

---

[32] Vgl. „W'81-Ordnungsdienst griff ein", in: „Der Landbote" vom 1.7.1981.

[33] Vgl. U. Wildberger: Waffenschau 81 — Nein Danke! Gewaltlose Aktion Menschenteppich, in: Rundbrief des internationalen Versöhnungsbundes, Deutschschweizer Zweig, September 1981.

2.4. Die örtlichen Polizeibehörden

Die Polizei tolerierte die „Gewaltfreie Aktion Menschenteppich" vorerst mit der Begründung, das Betreten des Ausstellungsgeländes sei möglich und der öffentliche Verkehr werde durch den Teppich ebenfalls nicht behindert, weshalb kein rechtsgenügender Anlaß bestehe, gegen die Aktivisten einzuschreiten[35]. Am 4. Aktionstag erklärte der örtliche Bezirksanwalt den Aktivisten unter Strafandrohung, ihre Praxis, Fahrzeugen mit Insassen die Durchfahrt zu verunmöglichen und dadurch die Insassen zum Übersteigen des Teppichs zu veranlassen, erfülle den Tatbestand der Nötigung. Die Teilnehmer stellten sich auf den Standpunkt, die gewaltfreie Aktion verliere ihren politisch-moralischen Demonstrationseffekt, wenn die Besucher fahrenderweise beliebig in und aus dem Gelände gelangen könnten. Sie folgten der Aufforderung des Bezirksanwaltes zur Freigabe der Zufahrt deshalb nicht im gewünschten Maße, was die Festnahme von 28 Aktionsteilnehmern zur Folge hatte. Der Bezirksanwalt bestrafte die einzelnen Aktivisten per Strafbefehl zu einer Buße wegen Nötigung.

3. Berichterstattung der Medien und öffentliche Meinung

Das Fernsehen vermittelte durch Filmbeiträge vom Aktionsort gültige atmosphärische Eindrücke vom Menschenteppich. Allein Ton und Bild vom Ort des Geschehens reproduzierten die Symbolik des sozialen Konflikts in aussagekräftiger Weise in die Bürgerstuben. Zahlreiche Pressemedien dokumentierten den Ablauf der Aktion während der ganzen Woche durch ihre Präsenz vor den Toren des Ausstellungsgeländes. Dank der aussagekräftigen Symbolik der Aktion fiel es zudem nicht schwer, deren Zielsetzung und Methode darzustellen. Allerdings suchte der Verfasser in den verschiedenen konsultierten Zeitungen vergeblich nach grundsätzlichen Erörterungen der Sachfrage nach der Funktion des neutralen Kleinstaates in der weltweiten Rüstungspolitik oder der Frage nach den Zusammenhängen von Waffengeschäften, Stellvertreterkriegen und Welthunger. Diesen Aufklärungsdefiziten zum Trotz scheint die streitbare Friedfertigkeit der „Gewaltfreien Aktion Menschenteppich" einer breiteren Öffentlichkeit verständlich geworden zu sein. Am Veranstaltungsort selbst kam es jedenfalls wiederholt zu Sympathiebekundungen aus der Bevölkerung[36].

---

[34] Vgl. K. Bänziger: Kraftproben, Geldspenden und 28 Verhaftungen, in: TA vom 3.7.1981.

[35] Vgl. „W'81-Ordnungsdienst griff ein" (Anm. 32).

[36] Vgl. Wildberger (Anm. 33); Bänziger (Anm. 34).

Daß die Fragwürdigkeit von Waffengeschäften und die zweifelhafte Rolle der neutralen Schweiz hierbei anläßlich der W'81 erstmals seit der Volksabstimmung im Jahre 1972 wieder auf gesamtschweizerischer Ebene zum Thema gemacht und so einer breiteren Öffentlichkeit erneut ins Bewußtsein gerückt wurde, ist zu einem erheblichen Teil der „Gewaltfreien Aktion Menschenteppich" zuzuschreiben. Als Durchführungsort für künftige Veranstaltungen im Stile der W'81 hat die Schweiz durch das Ereignis des Menschenteppichs zudem sicherlich an Attraktivität verloren. Schließlich hat die gewaltfreie Aktion die Fragwürdigkeit einer Rechtsordnung, die der Unternehmerfreiheit de facto auch für Waffengeschäfte immer noch weitgehenden Freiraum gewährt, besonders nachdrücklich aktualisiert. Die spezifisch (rechts)politische Bedeutung dieser außerinstitutionellen Aktionsform wird damit offenkundig.

III. Strafrecht und politische Opposition

Die Bezirksanwaltschaft Winterthur hatte die verhafteten Teilnehmer des Menschenteppichs je zu einer Buße von Fr. 100.-- wegen Nötigung im Sinne von Art. 181 StGB verurteilt. Die strafbare Handlung sah die Bezirksanwaltschaft darin, daß die Teilnehmer des Menschenteppichs durch die Blockierung der Ausfahrt vor dem Ausstellungsgelände die Insassen eines Fahrzeuges veranlassen wollten, aus dem Fahrzeug auszusteigen und über den Menschenteppich hinwegzusteigen. Nach Einspruch eines Aktivisten gegen diese rechtliche Qualifizierung gelangte die „Gewaltfreie Aktion Menschenteppich" zur Beurteilung durch den Einzelrichter des Bezirksgerichtes Winterthur.

1. Der Tatbestand der Nötigung: Ein Instrument der politischen Justiz

1.1. Erstinstanzlicher Freispruch vom Vorwurf der Nötigung

Nach Art. 181 StGB macht sich der Nötigung strafbar,

„wer jemanden durch Gewalt und Androhung ernstlicher Nachteile oder durch andere Beschränkung seiner Handlungsfreiheit nötigt, etwas zu tun, zu unterlassen oder zu dulden".

Mangels anderslautender Hinweise durch die Anklagebehörde und im Einklang mit dem geltenden juristischen Gewaltbegriff war für den urteilenden Richter einzig zu prüfen, ob der „Menschenteppich" als „andere Beschränkung der Handlungsfreiheit" im Sinne des Gesetzes qualifiziert werden könne. In Übereinstimmung mit der herrschenden Lehre stellte der Richter in seinem Urteil einleitend fest:

„Aus rechtsstaatlichen Gründen ist die weite Formulierung des Gesetzes einschränkend zu interpretieren, um nicht jeden noch so geringfügigen Druck auf die Entscheidungsfreiheit eines anderen zu einer Bestrafung führen zu lassen"[37].

Namentlich muß das verwendete Zwangsmittel das „üblicherweise geduldete Maß an Beeinflussung in ähnlicher Weise eindeutig überschreiten", wie es für die vom Gesetz ausdrücklich genannte Gewalt oder die Androhung ernstlicher Nachteile gilt. Der Menschenteppich, dessen Beeinflussung auf die Besucher der Richter rechtlich zu gewichten hatte, erreichte nach Ansicht desselben „nicht jene Intensität, welche die Strafwürdigkeit im Sinne von Art. 181 StGB begründen könnte". In Berücksichtigung der Tatsache, daß die Ausstellungsbesucher den Menschenteppich zu Fuß überschreiten und so ohne weiteres in und aus dem Ausstellungsgelände gelangen konnten, beurteilte der Richter die Freiheitsbeschränkung als gering:

„Zwar wird das üblicherweise geduldete Maß der Beeinflussung durch das unerlaubte [entgegen der Aufforderung der Polizei — M. S.] Liegenbleiben geringfügig überschritten, aber nicht derart, daß das Vorgehen als Nötigung zu qualifizieren und damit der Gewaltanwendung oder der Androhung ernstlicher Nachteile gleichzustellen wäre".

War der Angeklagte somit vom Vorwurf der Nötigung freigesprochen, so schien dem Richter doch eine Verletzung von Art. 4 der allgemeinen Polizeiverordnung der Stadt Winterthur gegeben, indem die Aktivisten einem Fahrzeug mit gehfähigen Insassen, trotz Aufforderung der Polizei, die Wegfahrt vom Ausstellungsgelände nicht freigegeben hatten. Eine Buße von Fr. 20.-- war der Übertretung nach Auffassung des Richters angemessen.

1.2. Obergerichtliche Korrektur: Prangerwirkung ist unzulässig

In nächster Instanz focht der Aktionsteilnehmer die Buße unter Hinweis auf die widersprüchliche polizeiliche Haltung im Verhalten zum Menschenteppich an[38]. Die Bestrafung als Übertretung hielt er deshalb für ungerechtfertigt. Die Staatsanwaltschaft des Kantons Zürich beantragte demgegenüber eine Verurteilung wegen Nötigung und damit die Stigmatisierung der „Gewaltfreien Aktion Menschenteppich" mit einem strafrechtlichen Unwerturteil. Das urteilende Obergericht charakterisierte die Aktion wie folgt:

„Den Ausstellungsbesuchern wird unterstellt, ‚Geschäfte mit dem Tod' zu betreiben. Die Ausstellung „W'81" wird in diesen Schriften [bei den Akten des Gerichts

[37] Vgl. Urteil des Einzelrichters in Strafsachen des Bezirksgerichtes Winterthur vom 16.11.1981 in Sachen Bezirksanwaltschaft Winterthur gegen M. M. Diesem unveröffentlichten Urteil sind auch nachfolgende Zitate entnommen.

[38] Hierzu Bänziger (Anm. 34).

liegenden Flugblättern — M. S.] als ‚ausgemachte Schweinerei' bezeichnet. Von den Besuchern wird als den ‚Schiebern', ‚Waffenschiebern' oder ‚Gaunern mit den Autos' gesprochen. Es wird darin berichtet, daß ‚Bewegungsleute' [Aktivisten aus der Jugendbewegung der achtziger Jahre — M. S.] zwei Schweinsköpfe in weißem Hemd und Krawatte auf hohen Stangen aufgestellt hätten. Den Besuchern soll mit dem Menschenteppich bewußt gemacht werden, „daß, wer über uns geht, auch über Leichen geht"[39].

Wenngleich das Obergericht bei dieser Beschreibung keine unwahren Aussagen macht, ist die Darstellung geeignet, der ganzen Aktion einen aggressiven Beiklang zu geben, der der tatsächlichen Durchführung der Aktion, namentlich der Disziplin und Gesprächsbereitschaft der Teilnehmer nicht gerecht wird. So vermißt man in obiger Beschreibung eine um Verständnis bemühte Darstellung der gewaltfreien Aktion. Stattdessen wird auf Schweinsköpfe hingewiesen, ohne zu sagen, daß diese erst am letzten Aktionstag zu sehen waren, also zum Zeitpunkt der Verhaftung des angeklagten Aktionsteilnehmers noch überhaupt nicht in Erscheinung getreten waren. Auch der Ausspruch „Gauner mit den Autos" weist auf eine Kriminalisierungsbereitschaft eines unliebsamen Sprachstils hin und ist im übrigen für die Beurteilung der Aktion belanglos. So verbleibt einzig der Ausspruch „Wer über uns geht, geht auch über Leichen", mit dem die „Gewaltfreie Aktion Menschenteppich" in der Tat zutreffend charakterisiert ist: der Ausspruch enthält sowohl einen Hinweis auf die Aktionsform wie auf deren politisch-moralischen Inhalt.

Die Voreingenommenheit der Richter oder zumindest deren geringe Verständnisbereitschaft spiegelt sich in der Folge aber in einer *Negierung der politisch-moralischen Dimension* der Aktion, wodurch sie als beliebige, rechtswidrige Beschränkung der Handlungsfreiheit erscheint:

„Verlassen konnten sie [die Ausstellungsbesucher — M. S.] zwar das Gelände ohne weiteres, aber sie mußten sich den Ausgang quasi erkaufen, indem sie über die am Boden liegenden Körper des Menschenteppichs schritten. Dieses Beschreiten des Menschenteppichs war nun aber vom Angeklagten und seinen Freunden in Flugblättern gleichgesetzt worden mit dem Willen, ‚über Leichen zu gehen'. Den Insassen des VW-Busses blieb also im Ergebnis nur, entweder das Ausstellungsgelände nicht zu verlassen oder aber gleichsam öffentlich zu bekennen, bereit zu sein, über Leichen zu gehen. Es ist nun in keiner Weise angängig, irgendwelche Besucher einer zulässigerweise veranstalteten [? — M. S.] Ausstellung derart an den Pranger stellen zu wollen".

Wiederum führt die vorurteilsbeladene Beurteilung einer mißliebigen politischen Aktion zu unpräzisen Einschätzungen. Den Aktionsteilnehmern ging es zum Beispiel kaum darum, das Beschreiten des Teppichs automatisch mit dem *Willen,* über Leichen zu gehen, gleichzusetzen. Durch die Symbolik der Aktion sollte dem einzelnen Ausstellungsbesucher nicht einmal ein

[39] Urteil des Obergerichtes des Kantons Zürich vom 7. Juni 1982 in Sachen M. M. Die nachfolgenden Zitate sind diesem unveröffentlichten Urteil entnommen.

böser Wille unterstellt werden. Vielmehr sollte der im Besucher symbolisch verkörperte Waffenhandel mit seinen unleugbaren Wirkungen in Zusammenhang gebracht werden. An den Pranger gestellt war die moralische Verwerflichkeit eines Geschäftes und nicht ein öffentlich individualisierter Ausstellungsbesucher. Außer Zweifel stand dabei, daß es sich bei den im Ausstellungsgelände zu besichtigenden Geräten nicht um harmlose Kinderspielzeuge handelte, sondern um Geräte mit wesensgemäß repressiven oder Menschen unmittelbar verletzenden Funktionen. Da die „internationale Militärfachwelt" zur Ausstellung geladen war, war dieser Schluß naheliegend. Die Tatsache, daß kritische Journalisten am ersten Ausstellungstag gar nicht erst zur Besichtigung des Ausstellungsguts zugelassen werden sollten[40], bedeutete eine zusätzliche Bestätigung. Selbst wenn der Rechtfertigungen viele sind, Geschäfte mit Zerstörungsmitteln im Namen des Friedens auszuweisen, so entbehrte die Aussage „wer über uns geht, geht auch über Leichen" also keineswegs einer sachlichen Grundlage.

Wer die Ausstellung aus reiner Neugier oder Informationslust ohne irgendwelche wirtschaftliche Absichten besuchen wollte, wird sich wegen des Teppichs kaum ein „schlechtes Gewissen" gemacht haben. Eine relevante Beschränkung der Handlungsfreiheit durch den Teppich ist mit Bezug auf diesen Besuchertypus nicht zu sehen. Wer aber die Ausstellung aus machtpolitischen oder wirtschaftlichen Interessen an wehrtechnischen Innovationen besuchte, übernahm damit eine soziale Rolle, die politisch-moralisch durchaus begründet zum Gegenstand des Protestes gemacht wurde. Daß die effektiven Träger des Waffenhandels an der anklagenden Kennzeichnung (als todbringende Händler) keinen Gefallen finden konnten, ist eine übliche Begleiterscheinung der freien Meinungsäußerung. Wenn das Obergericht hier von einer rechtlich unzulässigen „groben Beeinflussung" spricht, mit der der Besucher in eine von ihm nicht beabsichtigte Rolle gezwungen werde (Prangerwirkung), ist deshalb zu fragen, was ihm die Meinungsäußerungsfreiheit in Wirklichkeit wert ist. Indem es den Teppich als rechtswidriges, die freie Fahrt des Fahrzeugs behinderndes Mittel qualifizierte und auch den damit verbundenen Zweck gegen die guten Sitten verstoßen sah, gibt das Obergericht dem Nötigungsartikel nämlich nichts weniger als die Funktion eines Schutzwalls gegen eine unkonventionelle moralische Kritik.

1.3. Meinungsäußerungsfreiheit: mehr als ein trügerisches Versprechen?

Ein aufgeklärtes, neuzeitliches Verständnis der Meinungsäußerungsfreiheit wird eine Aktion vom Typ des Menschenteppichs stattdessen im

[40] Vgl. „Frieden schaffen ohne Waffen". Heeresmaterialschau „W'81" in Winterthur eröffnet, in: NZN vom 30.6.1981.

Schutzbereich dieses Grundrechts ansiedeln. Die Grenze des Nötigungstatbestandes würde demnach durch eine effektiv ausgestaltete Meinungsäußerungsfreiheit gezogen. Bei enger Definition der Meinungsäußerungsfreiheit kann demgegenüber nicht erstaunen, wenn unter Bedingungen einer informationsgesättigten und konsumorientierten Gesellschaft politische Apathie immer weiter um sich greift. Politisch einigermaßen wirksame Manifestationen sind unter den erwähnten gesellschaftlichen Bedingungen nicht nur auf die Straße als Ort der Politik angewiesen. Um abgestumpfte Sinne aus ihrer Lethargie zu reißen, scheinen darüber hinaus nur noch ausgesprochen expressive Dramatisierungen des Protests einigen Erfolg zu versprechen.

Eine „Meinungsäußerungsfreiheit", die bloß erlaubt zu sagen, was niemand mehr hört und wodurch sich keine Betroffenheit mehr auslösen läßt, wird zur Farce. Anstelle einer trügerischen Freiheit ist demnach eine weitgefaßte Bestimmung des besagten Grundrechts zu postulieren. Diesem Postulat ist nun offenkundig nicht Genüge getan, wenn etwa — wie im Falle des obergerichtlichen „Menschenteppichurteils" — die „geradezu exemplarisch gewaltlose Haltung der Demonstranten"[41] gelobt wird, um ebendiese Haltung im gleichen Atemzug zu kriminalisieren. Anstelle einer rhetorischen Leerformel müßte stattdessen eine grundrechtliche Gewichtung der expressiv dramatisierten Meinungsäußerung deren Vorrang gegenüber einer uneingeschränkten Bewegungsfreiheit des homo oeconomicus (in concreto: Waffenhändler) durchsetzen.

1.4. Bundesgerichtliches Placet zur Kriminalisierung der gewaltfreien Aktion

Im Einklang mit dem Obergericht war auch das Bundesgericht nicht bereit, das Grundrecht der Meinungsäußerungsfreiheit auf expressives kommunikatives Handeln auszudehnen. Statt die gewaltfreie Aktion als lebendiges, basisdemokratisches, politisch-moralisch qualifiziertes Engagement anzuerkennen, kommentiert das Bundesgericht die Aktion in schulmeisterlicher Art:

> „Die Demonstranten diktierten ihre Bedingungen und verkündeten auf den mitgebrachten Transparenten ihre — übrigens anmaßende und selbstgerechte — Ansicht: ‚Wer über uns geht, geht auch über Leichen'"[42].

Bei dieser Wertung erstaunt nicht, daß eine ernsthafte Auseinandersetzung mit Motiv, Methode und Zielsetzung der Aktion nicht erfolgt und bereits die Behinderung der Weiterfahrt für Fahrzeuge, durch die die demonstrative Wirkung des Menschenteppichs überhaupt erst möglich wird,

---

[41] So das Obergericht im referierten Urteil.

[42] BGE 108 IV 168.

ohne Abwägung der in Frage stehenden Freiheitsansprüche — freie Fahrt versus *effektive* Meinungsäußerungsfreiheit — leichthin als Nötigung qualifiziert wird. Dabei wäre dem Bundesgericht z. B. rechtsdogmatisch offen gestanden, das Mittel (Hindernis für Fahrzeuge) durch den Zweck (politisch-moralische Kritik des Waffenhandels) zu heiligen[43]. Stattdessen ist die „Gewaltfreie Aktion Menschenteppich" in der Sicht des Bundesgerichts aber nicht mehr als ein „Spektakel", durch das die Aktivisten die Besucher der Ausstellung als „Marionetten für ihre Schau mißbrauchen"[44].

Das Urteil zeigt die bereits von der Lehre beklagte Willkür der Tatbestandsbestimmung[45]. Saubere, klare Kriterien zur Begrenzung des Tatbestandes fehlen. Maßgebend für die rechtliche Qualifizierung des Menschenteppichs sind beim Bundesgericht nicht anders als beim Obergericht vornehmlich gefühlsmäßige Wertungen, die mehr den politischen Standort der Richter spiegeln, denn eine besondere Plausibilität aufweisen. Die beschriebene gewaltfreie Aktion sprengt offensichtlich den Rahmen des für die Richter zulässigen Maßes an öffentlicher politischer, aber gewaltfreier Aktivität. Durch die Subsumtion der „Gewaltfreien Aktion Menschenteppich" unter „andere Beschränkung der Handlungsfreiheit" wird ein *Unwerturteil* ausgesprochen, das demjenigen einer nötigenden Gewalthandlung gleichkommt[46].

2. Außerinstitutionelle Politikformen und richterliche Reaktion

Eine demokratietheoretisch fundierte Kritik der strafrechtlichen Repression unkonventioneller Politikformen erhebt sich nicht als weinerliche Klage. Sie weiß, daß sich etwa der Zivile Ungehorsam explizit durch die Verletzung einer Rechtsnorm definiert. Der Rechtsbruch mag dabei eine spezifische Verstärkung der politischen Appellwirkung intendieren. Unzulässig ist es allerdings, aus dem Ungehorsamsakt die Zustimmung zu einer strafrechtlichen Sanktion gleichsam automatisch abzuleiten. Wie das hier referierte Beispiel gezeigt hat, schließt ein expressiver politisch-moralischer

---

[43] Siehe etwa G. Stratenwerth: Schweizerisches Strafrecht, Bes. Teil I, 3. Aufl. Bern 1983, § 5 Rdn. 16. Rechtsvergleichend ist auf die in der Bundesrepublik Deutschland bei Anwendung des § 240 Abs. 2 teilweise geübte Praxis hinzuweisen. So setzte sich beispielsweise das Oberlandesgericht Köln in einem Urteil über eine Sitzdemonstration dafür ein, geringfügige Beeinträchtigungen der Tatopfer unter Berücksichtigung des mit der Protestaktion verfolgten Ziels als rechtmäßig gelten zu lassen (vgl. ami 2/1987, II-9). Zur Kontroverse hierüber vgl. auch „Der Spiegel" 21/1988, S. 26 f.

[44] BGE 108 IV 169.

[45] Vgl. Stratenwerth (Anm. 43), § 5 Rdn. 11.

[46] Dies ergibt sich daraus, daß die rechtswidrige Beschränkung der Handlungsfreiheit in ihrer Intensität einer Gewalthandlung gleichkommen muß (vgl. BGE 101 I 169 ff.).

Protest keinesfalls zwangsläufig die Bereitschaft mit ein, strafrechtliche Konsequenzen als legitime Reaktion hinzunehmen.

Die kritische Beurteilung einer ausgeprägten Kriminalisierungsbereitschaft der Justiz gegenüber gewaltfreien Aktionsformen begreift deren Entscheidungen vor allem als machtbedingte Wirklichkeitsdefinitionen. Als Machturteile sind diese aber nicht per se ethisch qualifizierte (Un)werturteile. Entsprechend fragwürdig ist die inhaltlich-konsensuale (moralische) Anerkennung des Richterspruches. In dem Maße aber, wie die richterliche Entscheidung einer *inhaltlichen* Plausibilität entbehrt, kennzeichnet sich die Justiz als repressives Herrschaftsinstrument. Die „dritte Gewalt" wird zum Schutzwall gegen sozialen Wandel. Konkret: Durch die Einengung des politischen Handlungsfreiraumes auf institutionalisierte Politikformen wird eine lebendige Demokratie verhindert. In einem Klima der Repressionsangst werden politische Veränderungsansprüche in den „Untergrund" verdrängt oder resigniert aufgegeben. Um das moralische Gewicht eines „gerechten Urteils" erleichtert, erleidet die Justiz andererseits einen erheblichen Autoritätsverlust. Der Machtspruch des Richters wird in hohem Maße anfechtbar.

Die Alternative zum beschriebenen autoritären Legalismus wäre in einem Strafrecht und einer Justiz zu sehen, die sich grundsätzlich der *Ausweitung politischer Handlungsfreiräume* verpflichteten. Gewiß: das Postulat ist in erster Linie an den formellen Gesetzgeber zu richten. Er hat z. B. die kritisierte Uferlosigkeit des Nötigungstatbestandes zu beheben. Hier soll demnach weder der Willkür einer aus Gesetzesbindungen befreiten Justiz noch generell der Preisgabe von Rechtssicherheit, wodurch sich das Recht als Ordnungsinstrument wesentlich charakterisiert, das Wort geredet werden. Aber: wo richterliche Ermessensspielräume so offenkundig sind wie beim Nötigungstatbestand, kann sich der Richter der Begründungslast für eine ausgeprägt *politische* Tätigkeit nicht entheben.

Mit der Reaktion auf die „Gewaltfreie Aktion Menschenteppich" haben Obergericht und Bundesgericht eine Chance vertan, politischen Regungen „von unten" Freiräume zu eröffnen, die für eine Belebung der demokratischen Auseinandersetzung so dringlich erscheinen. Diese Belebung bleibt demnach jenen unentwegten Kämpfern vorbehalten, die sich strafrechtlicher Repression zum Trotz nicht in die innere Emigration verabschieden. Sie werden unter den beschriebenen Umständen mit guten Gründen die *politisch-moralische Legitimation* einer gewaltfreien Aktion nicht von einem richterlichen Placet abhängig machen. Die (Vor)geschichte der „Gewaltfreien Aktion Menschenteppich" hat den Bezugsrahmen einer solchen Selbstlegitimation deutlich gemacht[47]. Auch eine strafrechtliche Sanktio-

[47] Zu denken ist insbesondere an die rechtsstaatliche Fragwürdigkeit der W'81 und an deren neutralitätspolitische Bedenklichkeit. Darüber hinaus ist die Tatsache

nierung vermag die politisch-moralisch beanspruchte Legitimation(skraft) nicht wesentlich zu mindern. Die „Legalität" ist mithin nur *ein* Gesichtspunkt zur Beurteilung der *Legitimität* außerinstitutioneller Politikformen.

IV. Gewaltfreie Aktion in der Demokratie: Bedeutung und Perspektive

Die Ausführungen in diesem Kapitel haben gezeigt, daß die gewaltfreie Aktion als strafrechtliches Thema nur unzureichend zu erfassen ist. In ihrer politischen Dimension ist sie, ungeachtet der rechtlichen Sanktionierung, als politisch-moralischer Widerspruch zur Wirklichkeitsdefinition der institutionalisierten Machtträger zu reflektieren. Das heißt, den durch die gewaltfreie Aktion manifestierten Widerspruch in Form einer *Auseinandersetzung um politische Inhalte* aufzugreifen und öffentlich zu verhandeln. Parlamentarische Alibiübungen in Form leerer Rhetorik vermögen diesem Anspruch freilich nicht zu genügen. Noch weniger werden lautstark verkündete Verschwörungs- oder Drahtziehertheorien zwecks negativer Stigmatisierung der politischen Opponenten dem Postulat eines vorurteilsfreien und schöpferischen Diskurses gerecht.

In dem Maße freilich, wie eine breite Öffentlichkeit Adressat der gewaltfreien Aktion ist, sind insbesondere die Medien als Foren der politischen Auseinandersetzung herausgefordert. Ihnen käme jene Vermittlungsaufgabe zu, die den Dialog zwischen politisch aktiven Nonkonformisten, Mitbürgern und Behörden ermöglicht. Nicht minder trifft das Postulat zur Schaffung von Orten des offenen Dialogs die Bildungsinstitutionen. Wo dieser Dialog ernsthaft geführt würde, wäre der politischen Apathie jedenfalls wirksamer entgegengewirkt als mit der unglaubwürdigen Klage jener Politiker, die die Apathie beklagen, die sie selbst wesentlich bewirken, indem sie jede politische Veränderung im Keim ersticken.

Hinsichtlich der Praxis des Waffenhandels in der Schweiz und in Anbetracht der behördlichen Weigerung, das KMG konsequent anzuwenden[48], ist der von der „Gewaltfreien Aktion Menschenteppich" ausgelöste Lernprozeß bescheiden. Jedenfalls ist nicht zu sehen, daß er sich in einer erweiterten politischen Praxis niedergeschlagen hätte. Selbst wenn die staatlichen Behörden zu einer Neuauflage der W'81 nicht mehr Hand bieten sollten, ist angesichts der Realität des Waffenhandels in der Schweiz nach wie vor der unzulängliche friedenspolitische Gehalt — um den es der „Gewaltfreien

---

zu berücksichtigen, daß alle legalen Mittel zur Verhinderung der W'81 vorgängig der Aktion ausgeschöpft worden waren.

[48] Vgl. P. Hug: Vermittlung endlich dem Gesetz unterstellen. Vermittlungsgeschäfte von Kriegsmaterial nehmen zu, in: „Friedenspolitik" Nr. 40/1987.

Aktion Menschenteppich" letztlich zu tun war — der schweizerischen Neutralitätspolitik zu beklagen. Dieser Umstand verweist auf die mangelnde Lernbereitschaft des politischen Systems und ruft gleichzeitig nach erneutem politischem Problemdruck „von unten".

Die „Gewaltfreie Aktion Menschenteppich" war in der Konsequenz der gewaltfreien Methode wohl einzigartig. Zudem war der Anlaß äußerst geeignet, den politischen Widerspruch rein symbolisch zu manifestieren. Angesichts der Risiko- und Konfliktpotentiale, die sich moderne Gesellschaften durch die technologische Entwicklung eingehandelt haben, ohne daß das politische System energisch bemüht wäre, sie — in Kenntnisnahme eines gestiegenen öffentlichen Problembewußtseins — zu vermindern, sind auch in Zukunft außerinstitutionelle Politikformen zu erwarten. Sie dürften weit größere Herausforderungen für das politische System darstellen als bisherige Aktionen. Gegenmacht „von unten" könnte sich zunehmend nicht nur symbolisch zur Geltung bringen wollen. Unweigerlich dürfte der Konflikt dadurch aber das Ausmaß an politischer Konfrontation erhöhen und zunehmend an die Grenze gewaltfreier Konfliktaustragung gelangen.

Bei dieser Perspektive ist zu hoffen, daß das politische System in Zukunft außerinstitutionelle Manifestationen vermehrt als Äußerungen einer spezifischen *politisch-moralischen Sensibilität* zu reflektieren fähig ist. Verpaßte Chancen, politischen Nonkonformismus zum Ausgangspunkt emanzipatorischen Wandels zu nehmen, könnten sich dereinst in Form nicht wieder gutzumachender gesellschaftlicher Schäden rächen.

Schluß

Demokratische Konfliktkultur statt autoritärer Legalismus

> Terrorismus kann nur durch die Utopie überwunden werden, für die wir einzutreten haben.
>
> Ingeborg Drewitz

> Habe Mut, dich deines eigenen Verstandes zu bedienen! Schütze nicht aus Angst vor der Freiheit einen Befehlsnotstand vor, verstecke dich nicht hinter persönlichen Autoritäten, hinter dem Weltgeist, hinter der Partei oder hinter Sachzwängen!
> Übernimm die Verantwortung für dein eigenes Leben, das ein endliches ist!
>
> Johano Strasser

Ausgehend von einem konflikttheoretischen Ansatz haben wir Verletzungen jeweils geltender Rechtsnormen in ihrer rechtskritischen Dimension zu erfassen versucht. Der Rechtsbruch wurde als Anfechtung bestimmter Normierungen gesellschaftlicher Ordnung auf seine emanzipatorische Bedeutung und Wirkung hin betrachtet. Dabei zeigte sich, daß der nonkonformistische, d. i. Wandel intendierende Rechtsbruch im Rechts- und Sozialleben eine schöpferische Funktion haben kann. Weit entfernt von einer Theorie sozialen Wandels, die den Rechtsbruch als änderungsrelevanten Faktor in einem komplexen sozialen und politischen Mechanismus präzise einzuordnen und zu gewichten vermöchte, ist die politische Relevanz der nonkonformistischen Normverletzung in Prozessen sozialen und rechtlichen Wandels im Laufe der vorliegenden Arbeit doch deutlich sichtbar geworden. Der Rechtsbruch wird zum lebendigen Widerspruch gegen die Statik staatlicher Machtordnung: Er vermittelt wenigstens Problemimpulse (Beispiele: Militärverweigerung und gewaltfreie Aktion), greift im günstigeren Falle bestimmend in politische Prozesse ein oder mobilisiert soziale Einstellungs- und Verhaltensänderungen, wodurch geltende Rechtsnormen gleichsam ausgehöhlt werden (Beispiel: Konkubinat).

Die Untersuchung belegt, wie wenig die Fetischisierung des Rechtsfriedens gesellschaftlichen Konflikten gerecht wird. Auch der Hinweis auf institutionalisierte demokratische Konfliktkanäle (sprich: Entscheidungsverfahren) ändert nichts an der Tatsache ideologisch verzerrten, interessenabhängigen unzulänglichen Rechts. Ebensowenig vermöchte dieser Hinweis über die unzureichende Lernbereitschaft der Institutionen hinwegzutäuschen. Wer durch Berufung auf eine bloß formale Legitimation demokratischer Entscheidungen die Frage nach deren ethischen Substanz oder materialen Gerechtigkeit glaubt negieren zu können, verkennt die Vorläufigkeit gesellschaftlicher Problemlösungen. Wer gar die widerspruchsfreie Akzeptanz einmal gefällter Entscheidungen fordert, leistet — gewollt oder ungewollt — der Eskalation gesellschaftlicher Konflikte bis hin zu deren Barbarisierung durch Gewalttaten Vorschub.

Anstelle eines autoritären Legalismus, der gleichbedeutend ist mit der „Tyrannei des Status quo", ist nach unseren Erkenntnissen eine demokratische Konfliktkultur anzustreben. In ihr tritt die Orientierung an der Utopie einer gerechteren, gewaltfreieren, solidarischeren und mit der Natur versöhnten „anderen" Gesellschaft anstelle der selbstgerechten Bekräftigung des Status quo. Offenheit und Bereitschaft zur Toleranz gegenüber abweichendem Verhalten träten hier an Stelle eines verständnislosen, unreflektierten Abwehrreflexes. Geht dieses Postulat an die demokratisch institutionalisierten Machtträger, so richtet sich die Ermutigung zu autonomem Handeln an das gesellschaftliche Individuum und den Staatsbürger. Wie wir gesehen haben, wurde die „Freiheit", die nicht auf wirtschaftlicher Macht beruht, nicht „von oben" begünstigt, sondern sie mußte und muß durch jene individuelle Autonomie erkämpft werden, die sich auch der Rechtsnorm nicht in jedem Fall unterwirft. In absoluter Gesetzeskonformität auf die rechtliche Sanktionierung gesellschaftlicher Veränderungsansprüche zu warten, hieße, sie auf den St. Nimmerleinstag zu verschieben.

Institutionen, die Ansprüchen auf rechtlichen Wandel weitgehend, wenn nicht gar ihrem Selbstverständnis entsprechend, ablehnend gegenüberstehen und dem bloßen Argument kaum Gehör schenken, geben dem nonkonformistischen Rechtsbruch legitimatorische Kraft und machen ihn gleichzeitig zu einem unverzichtbaren Faktor in Prozessen sozialen und rechtlichen Wandels. In den von uns untersuchten Problembereichen erwies sich der Rechtsbruch für die — wenn auch teilweise nur minimale — Dynamisierung sowohl des Soziallebens wie des Rechts als unerläßlich. Er fördert nicht nur Unzulänglichkeiten jeweiliger Ordnungsinhalte zutage, sondern weist darüber hinaus demjenigen Richtungen in eine humanere Zukunft, der dahinterliegende Geltungsansprüche zu reflektieren bereit ist, anstatt den Rechtsbruch als individualpathologische Erscheinung abzuweisen.

Die *Utopie einer humaneren Gesellschaft* bedarf in Ermangelung einer institutionell verankerten Lobby gerade jener Minderheiten, die institutionell kaum repräsentiert sind und sich deshalb außerinstitutionell manifestieren müssen. Wo es dabei zu Rechtsbrüchen kommt, sind diese auf seiten der

Machtträger normkritisch zu deuten. Es kann nicht darum gehen, den Rechtsbruch per se und unabhängig von Motiv und Wirkung als emanzipatorische Tat zu glorifizieren. Ebensowenig aber ist mit Blick auf die in dieser Arbeit thematisierten Rechtsbrüche die Trennung zwischen Gesetzeskonformität und Gesetzeswidrigkeit im demokratischen Rechtsstaat mit der Trennung zwischen ethisch gebotenem und ethisch verwerflichem Verhalten zur Deckung zu bringen. Rechtswidriges Verhalten kann durchaus legitime Freiheitsansprüche manifestieren, ethisch qualifiziert sein oder gar die Vorwegnahme künftigen, humaneren Rechts bedeuten. Nicht länger läßt sich deshalb die undifferenzierte Unterscheidung des „guten gesetzestreuen Bürgers" vom „bösen Delinquenten" aufrechterhalten.

Wenngleich kein Anlaß besteht, den nonkonformistischen Rechtsbrecher zum „Heilsbringer" zu idealisieren, ist ihm gegenüber eine besondere gesellschaftliche und politische Aufmerksamkeit angezeigt. Das hieße, den Konflikt mit dem Gesetz primär als Erkenntnisquelle wahrzunehmen und dessen emanzipatorische Relevanz zu reflektieren. Dieses Verständnis des Konflikts als wertvollen Bestandteil demokratischer Kultur, der Defizite institutionalisierter Entscheidungsverfahren offenlegt und teilweise kompensiert, verlangte freilich nichts weniger als die Verabschiedung einer „Gesetz ist Gesetz"-Mentalität, die aus Konfliktscheu und Denkverzicht hervorgeht.

Eine aufgeschlossene und lernbereite Haltung gegenüber nonkonformistischen Minderheiten erspart Märtyrer, beugt terroristischen Eskalationen vor und könnte die politische Apathie der zahlenmäßigen Mehrheit der Bürgerschaft überwinden helfen. Politisches Engagement in der Demokratie könnte so zu einer lebendigen und offenen Auseinandersetzung um eine lebensfreudige und friedensfähige Gesellschaft führen. Wer möchte bestreiten, daß hier — angesichts der anstehenden gesellschaftlichen Probleme — nichts weniger auf dem Spiel steht als die Frage nach der menschlichen Zukunft überhaupt?

Bibliographie

ABC der Militärdienstverweigerung in der Schweiz, 3. Aufl., Basel 1985

Adorno, Theodor W.: Stichworte. Kritische Modelle 2, Frankfurt/M. 1969

— Bemerkungen über Dynamik und Statik in der Gesellschaft, in: KZfSS 8 (1956)

Adorno, Th./Järisch, Ursula: Anmerkungen zum sozialen Konflikt heute, in: H. Maus (Hrsg.): Gesellschaft, Recht und Poliitk, Neuwied/Berlin 1968

Altavilla, Enrico: Forensische Psychologie Bd. 2. Die Psychologie der Prozeßbeteiligten, Graz/Wien/Köln (o. J.)

Alter, Peter: Nationalismus, Frankfurt/M. 1985

Altorfer, Ernst: Die Dienstverweigerung nach schweizerischem Militärstrafrecht, Diss. Zürich 1929

Ammann, Marcel: Zahlenspiegelfechterei des EMD, in: NW 1987, S. 183 ff.

Anders, Günther: Die Antiquiertheit des Menschen, 2 Bde., München 1987

Arendt, Hannah: Ziviler Ungehorsam, in: dies.: Zur Zeit. Politische Essays, Berlin 1986

— Macht und Gewalt, München 1970

— Über die Revolution, München 1965

Ariès, Pilippe/Béjin, André (Hrsg.): Die Masken des Begehrens und die Metamorphosen der Sinnlichkeit, Frankfurt/M. 1986

— Paulus und das Fleisch, in: ders./Béjin, Frankfurt/M. 1986, S. 51-55

— Die unauflösliche Ehe, in: ders./Béjin, Frankfurt/M. 1986, S. 176-196

Auer, Andreas: Die schweizerische Verfassungsgerichtsbarkeit, Basel und Frankfurt/M. 1984

— Les droits politiques dans les cantons suisses, Genève 1978

Austin, John: The Province of Jurisprudence, vol. II, London 1954

Bachrach, Peter/Baratz, Morton S.: Macht und Armut. Eine theoretisch-empirische Untersuchung, Frankfurt/M. 1977

Bänziger, Kathrin: Kraftproben, Geldspenden und 28 Verhaftungen, in: TA vom 3.7.1981

Bäumlin, Richard: Lebendige oder gebändigte Demokratie? Demokratisierung, Verfassung und Verfassungsrevision, Basel 1978

— Das Grundrecht der Gewissensfreiheit, VVDStRL 28 (1970), S. 3 ff.

Barnes, Samuel H./Kaase, Max et. al (Hrsg.): Political Action. Mass Participation in Five Western Democraties, London 1979

Barth, Karl: Die kirchliche Dogmatik. Die Lehre von der Schöpfung, Bd. III, 4. Teil (o. O.) 1951

Bauer, Fritz: Widerstandsrecht und Widerstandspflicht, in: A. Kaufmann (Hrsg.): Widerstandsrecht, Darmstadt 1972

Baumann, Jürgen: Freiheit des Bürgers und Gewaltmonopol des Staates, in: FS für R. Wassermann, Darmstadt und Neuwied 1985

Baumann, Werner: Die Entwicklung der Wehrpflicht in der Schweizerischen Eidgenossenschaft 1803-1874, Zürich 1932

Beratungsstelle für Militärverweigerer (Hrsg.): Militärverweigerer zwischen Knast und Berufsverbot, Zürich 1987

Berrigan, Daniel: Kreuz kontra Krieg, in: NW 1983, S. 300 ff.

Béjin, André: Die Macht der Sexologen und die sexuelle Demokratie, in: *Ariès*/ders.: Die Masken des Begehrens und die Metamorphosen der Sinnlichkeit, Frankfurt/M. 1986

— Ehen ohne Trauschein heute, in: Ariès/ders., Frankfurt/M. 1986

Bietenholz, Gerhard Alfred: Pierre Cérésole, der Gründer des Freiwilligen Internationalen Zivildienstes. Kämpfer für Wahrheit und Frieden, Bad Pyrmont 1962

Blanke, Thomas/Sterzel, Dieter: Demonstrationsrecht und Demonstrationsfreiheit in der BRD, in: Komitee für Grundrechte und Demokratie (Hg.): Demonstrationsrecht und gewaltfreier Widerstand, Sensbachtal 1983

Bloch, Ernst: Atheismus im Christentum. Zur Religion des Exodus und des Reichs, Frankfurt/M. 1980

— Das Prinzip Hoffnung, 3 Bde., Frankfurt/M. 1979

— Differenzierungen zum Begriff Fortschritt, in: Bd. 13 GA, Frankfurt/M. 1977

— Naturrecht und menschliche Würde, Frankfurt/M. 1961

— Christian Thomasius, ein deutscher Gelehrter ohne Misere, Frankfurt/M. 1961

Bobbio, Norberto: Il futuro della democrazia, Torino 1984

Böckenförde, Ernst W.: Mittelbare/repräsentative Demokratie als eigentliche Form der Demokratie, in: FS für K. Eichenberger: Staatsorganisation und Staatsfunktionen im Wandel, Basel 1982

— Staat, Gesellschaft, Freiheit, Frankfurt/M. 1976

Botschaft des Bundesrates über die Änderung des MStG und des BG über die MO vom 27. Mai 1987 (87.043)

Brand, Karl: Die neuen sozialen Bewegungen — Entstehung, Funktion und Perspektiven neuer Protestpotentiale, Opladen 1982

Brassel, Ruedi/Tanner, Jakob: Zur Geschichte der Friedensbewegung in der Schweiz, in: Handbuch Frieden Schweiz, hrsg. vom Forum für praxisbezogene Friedensforschung, Basel 1986

Braunschweig, Hansjörg: Erinnerung in Gedanken, in: Rückblick für die Zukunft. Wandlung und Wirken des SFR in 35 Jahren, hrsg. vom SFR, Zürich 1981

Brodmann, Roman/Gross, Andreas/Spescha, Marc (Hrsg.): Unterwegs zu einer Schweiz ohne Armee. Der freie Gang aus der Festung, Basel 1986

Bruckner, Pascal/Finkielkraut, Alain: Die neue Liebesunordnung, 2. Aufl., München/Wien 1980

Brückner, Peter: Die Mehrheit als Sekte. Oder: Ein Alptraum, in: ders.: Vom unversöhnlichen Frieden. Aufsätze zur politischen Kultur und Moral, Berlin 1984

Buob, Ernst: Die Berechtigung der Militärgerichtsbarkeit im schweizerischen demokratischen Rechtsstaat, Diss. Zürich 1974

Campanella, Thomas: Der Sonnenstaat. Idee eines philosophischen Gemeinwesens, München 1900

Camus, Albert: Der Mensch in der Revolte, Reinbek bei Hamburg 1969

Chevallaz, Georges-André: Interview, in: „Die Weltwoche" vom 17.3.1982

Cicero, Marcus Tullius: De oratore, übersetzt und hrsg. von H. Merklin, 2. Aufl. Stuttgart 1981

Cobler, Sebastian/Geulen, Reiner/Narr, Wolf-Dieter (Hg.): Das Demonstrationsrecht, Reinbek bei Hamburg 1983

Coser, Lewis: Theorie sozialer Konflikte, Neuwied 1972

Däpp, Heinz/Hänni, Fredi/Ramseyer, Niklaus: Finanzaffäre im Staate Bern. Vom schwierigen Umgang mit der Macht in der Demokratie, Basel 1986

Dahrendorf, Ralf: Freie Welt in Gefahr?, in: Die Zeit vom 9.1.1981

— Widersprüche der Modernität und die Zukunft der Freiheit, St. Gallen 1979

— Pfade aus Utopia. Arbeiten zur Theorie und Methode der Soziologie. Gesammelte Abhandlungen I, München 1967

— Gesellschaft und Freiheit, München 1961

Delamuraz, Jean-Pascal: Über die Not mit den Dienstverweigerern, in: „Die Weltwoche" vom 1.3.1984

Delley, Jean-Daniel: L'initiative populaire en Suisse. Mythe et réalité de la democratie directe, Lausanne 1978

Diamond, Stanley: The Rule of Law versus the order of Custom, in: D. Black/M. Mileski (Hrsg.): The social organization of Law, New York 1973

Diekmann, Andreas: Die Befolgung von Gesetzen, Berlin 1980

Dokumentation: Waffen-Exhibitionismus — Nein!!! Kriegsmaterial-Ausstellung „W'81" in Winterthur, Zürich 1981

Dreier, Ralf: Rechtsgehorsam und Widerstandsrecht, in: FS für R. Wassermann, Darmstadt und Neuwied 1985

— Widerstandsrecht und ziviler Ungehorsam im Rechtsstaat, in: Peter Glotz (Hrsg.): Ziviler Ungehorsam im Rechtsstaat, Frankfurt/M. 1983, S. 54-76

— Recht-Moral-Ideologie. Studien zur Rechtstheorie, Frankfurt/M. 1981

— Zur Problematik und Situation der Verfassungsinterpretation, in: ders./F. Schwegmann (Hrsg.): Probleme der Verfassungsinterpretation, Baden-Baden 1976

Drewitz, Ingeborg: Es ist sehr leicht, NEIN zum Terrorismus zu sagen, in: dies.: 1984 — am Ende der Utopien, Stuttgart 1984

Duby, Georges: Ritter, Frau und Priester. Die Ehe im feudalen Frankreich, Frankfurt/M. 1985

Durkheim, Emile: Die Regeln der soziologischen Methode, 5. Aufl. Neuwied 1976

Ebert, Theodor: Ziviler Ungehorsam, Waldkirch 1983

— Gewaltfreier Aufstand. Alternative zum Bürgerkrieg, 3. Aufl., Waldkirch 1981

Ehrlich, Eugen: Gesetz und lebendiges Recht. Vermischte kleinere Schriften, hrsg. von Manfred Rehbinder, Berlin 1986

Eichenberger, Kurt: Gesetzgebung im Rechtsstaat, in: VVDStRL 40, S. 8-39

Einem v., Johann A.: Zwei Preisfragen. Aufgestellt von der Gesellschaft pro fide et cristianismo zu Stockholm, beantwortet von der Gesellschaft für Tugend und Weisheit in Deutschland, Stendal 1807

Engels, Friedrich: Der Ursprung der Familie, des Privateigentums und des Staats, 12. Aufl., Stuttgart 1908

Enzensberger, Hans Magnus: Das Ende der Konsequenz, in: Politische Brosamen, Frankfurt/M. 1985

Epple, Ruedi: Friedensbewegung und direkte Demokratie, Diss. im Druck

Esser, Josef: Grundsatz und Norm in der richterlichen Fortbildung des Privatrechts, 3. Aufl., Frankfurt/M. 1974

— Vorverständnis und Methodenwahl in der Rechtsfindung, Frankfurt/M. 1972

Etter, Jann: Armee und öffentliche Meinung in der Zwischenkriegszeit 1918-1939, Bern 1972

Etter, Philipp: Reden an das Schweizervolk, Zürich 1939

— Die vaterländische Erneuerung und wir, Zug 1933

Farago, Peter: Verbände als Träger öffentlicher Politik — Aufbau und Bedeutung privater Regierungen in der Schweiz, Diss. Zürich 1987

Feyerabend, Paul: Wissenschaft als Kunst, Frankfurt/M. 1984

— Erkenntnis für freie Menschen, 2. Aufl., Frankfurt/M. 1981

Fichte, Johann Gottlieb: Grundlage des Naturrechts nach Prinzipien der Wissenschaftslehre, Zweiter Theil oder Angewandtes Naturrecht, Jena und Leipzig 1797

Flandrin, Jean-Louis: Das Geschlechtsleben der Eheleute in der alten Gesellschaft: Von der kirchlichen Lehre zum realen Verhalten, in: *Ariès*/Béjin, Frankfurt/M. 1986

Flechtheim, Ossip: Über Wilfried Röhrich: Die verspätete Demokratie. Zur politischen Kultur der BRD, Köln 1983, in: Die Zeit vom 27.7.1984

Fleiner, Fritz: Institutionen des deutschen Verwaltungsrechts, 8. Aufl. Zürich 1939

Forel, August: Die sexuelle Frage, 13. Aufl., Zürich 1920

Foucault, Michel: Sexualität und Wahrheit. Der Wille zum Wissen, Frankfurt/M. 1983

Frankenberg, Günter: Ziviler Ungehorsam und rechtsstaatliche Demokratie, in: JZ 1984 S. 266-275

Frank, Richard (Hrsg.): Die eheähnliche Gemeinschaft in Gesetzgebung und Rechtsprechung der BRD, Österreichs und der Schweiz. Drängen sich gesetzgeberische Maßnahmen auf? Beihefte zur ZSR Heft 5, Basel und Frankfurt/M. 1986

Frank, Richard/Girsberger, Andreas u. a. (Hrsg.): Die eheähnliche Gemeinschaft im schweizerischen Recht, Zürich 1984

Frei, Daniel: Die Förderung des schweizerischen Nationalbewußtseins nach dem Zusammenbruch der Alten Eidgenossenschaft 1897, Diss. Zürich 1964

Freud, Sigmund: Totem und Tabu, Fischer Taschenbuch Frankfurt/M. 1956

Frey, Peter: Der Schwarze Peter. Zur Psychiatrisierung von Dienstunwilligen und -unfähigen, in: „Zivilcourage", Nr. 6/87

Frischknecht, Jürg: Stadtpolizist Truniger alias Bewegungsaktivist Marco. Vollamtlicher Polizeispitzel als Agent provocateur bei der RSJ, in: WoZ Nr. 42 vom 17.10.1986

Fromm, Erich: Die Furcht vor der Freiheit, Taschenbuch Frankfurt/M./Berlin/Wien 1983

— Analytische Sozialpsychologie und Gesellschaftstheorie, 7. Aufl., Frankfurt/M. 1982

— Haben oder Sein. Die seelischen Grundlagen einer neuen Gesellschaft, Stuttgart 1976

Galbraith, John Kenneth: Anatomie der Macht, München 1987

Gambaroff, Marina u.a.: Tschernobyl hat unser Leben verändert. Vom Ausstieg der Frauen, Reinbek bei Hamburg 1986

Gautier, Alfred: Essai sur les limites de la répression dans le domaine de moeurs, in: Revue de morale sociale, Bd. 2, Genf 1900

Geiger, Theodor: Vorstudien zu einer Soziologie des Rechts, 4. Aufl. hrsg. v. M. Rehbinder, Berlin 1987

— Über Moral und Recht. Streitgespräch mit Uppsala, Berlin 1979

— Demokratie ohne Dogma. Die Gesellschaft zwischen Pathos und Nüchternheit, 2. Aufl., München 1964

Geiger, Willi: Gewissen-Ideologie-Widerstand-Nonkonformismus. Grundfragen des Rechts, München 1963

Germann, Raimund/Frutiger, Andreas: Les experts et la politique, in: Schweiz. Zeitschrift für Soziologie Nr. 2 1978, S. 99-127

Glotz, Peter (Hrsg.): Ziviler Ungehorsam im Rechtsstaat, Frankfurt/M. 1983

Gössner, Rolf/Herzog, Uwe: Im Schatten des Rechts. Methoden einer Geheimpolizei, Köln 1984

Gramsci, Antonio: Zu Politik, Geschichte und Kultur, Frankfurt/M. 1980

Grichting, Emil: Kartellgesetz: Etappen einer Verwässerung, in: TA vom 20.12.1985

Grimm, Robert: Ruhig Blut, in: Berner Tagwacht vom 8. August 1914.

Grimme, Matthias T. J. (Hrsg.): Käufliche Träume. Erfahrungen mit Pornografie, Reinbek bei Hamburg 1986

Gronemeyer, Reiner: Innergesellschaftliche Konflikte und Ethik. Hunger und Krieg — Brot und Frieden, in: Franz Neumann (Hrsg.): Politische Ethik, Baden-Baden 1985

Gross, Andreas: Zukunftsmusik oder Fluch der Lächerlichkeit? Die „Schweiz ohne Armee" in der Geschichte der SPS, in: *Brodmann*/Gross/Spescha, Basel 1986

— Das schweizerische System der Demokratie: eine Alternative?, im Druck

Grossenbacher, René: Die Medienmacher. Eine empirische Untersuchung zur Beziehung zwischen Public Relations und Medien in der Schweiz, Solothurn 1986

Gruner, Erich/Hertig, Hanspeter: Der Stimmbürger und die „neue" Politik. Wie reagiert die Politik auf die Beschleunigung der Zeitgeschichte, Bern/Stuttgart 1983

Gsell, Walter: Die Bestrafung des Konkubinats nach schweizerischem Recht, Diss. Leipzig 1920

Guggenberger, Bernd/Offe, Claus (Hrsg.): An den Grenzen der Mehrheitsdemokratie. Politik und Soziologie der Mehrheitsregel, Opladen 1984

Gusy, Christoph: Das Mehrheitsprinzip im demokratischen Staat, in: *Guggenberger*/ Offe: An den Grenzen der Mehrheitsdemokratie, Opladen 1984

Habermas, Jürgen: Die neue Unübersichtlichkeit, Frankfurt/M. 1985

— Philosophisch-politische Profile, Zürich 1985

— Theorie des kommunikativen Handelns, Bd. II Frankfurt/M. 1981

Häberle, Peter: Die offene Gesellschaft der Verfassungsinterpreten, in: JZ 1975, S. 297 ff.

Häfelin, Ulrich/Haller, Walter: Schweizerisches Bundesstaatsrecht. Ein Grundriß, Zürich 1984

Häring, Marc/Gmür, Max: Soldat in Zivil?, Zürich 1970

Häsing, Helga/Stubenrauch, Herbert/Ziehe, Thomas (Hrsg.): Narziß. Ein neuer Sozialisationstypus?, Bensheim 1979

Hättich, Manfred: Das kontroverse Demokratieverständnis, in: Th. Hanf/ders. u. a.: Sozialer Wandel 2, Frankfurt/M. 1975

Haffner, Peter/Müller, Fred: Viele Behauptungen sind unhaltbar. Eine Nachprüfung des Amtsberichts über Nowosti, in: TAM 44/1983

Haggenjos, Pjotr: Ein Jahr danach. Die Situation der Militärverweigerer in der Schweiz — ein Jahr nach der Abstimmung über die Zivildienstinitiative, in: U-Chrut, Sondernummer 21, Mai 1985

Haller, Gret: Eine Straße ohne Leitplanken, in: Wenn zwei zusammenleben. Ratgeber für Paare ohne Trauschein, hrsg. von einer Arbeitsgruppe der Demokratischen Juristen, Zürich 1983

Haltiner, Karl: Milizarmee. Bürgerleitbild oder angeschlagenes Ideal?, Frauenfeld 1985

Hanf, Theodor: Der Mensch im Brennpunkt gesellschaftlichen Wandels. Am Beispiel Familie, in: ders./Hättich u. a.: Sozialer Wandel 2, Frankfurt/M. 1975

Hassemer, Winfried: Ziviler Ungehorsam — ein Rechtfertigungsgrund?, in: FS für R. Wassermann Darmstadt und Neuwied 1985

— Theorie und Soziologie des Verbrechens, Frankfurt/M. 1973

Hassemer, Winfried/Lüderssen, Klaus/Naucke, Wolfgang (Hrsg.): Fortschritte im Strafrecht durch die Sozialwissenschaften?, Heidelberg 1983

Hauri, Kurt: Militärstrafgesetz Kommentar, Bern 1983

Hegel, G. Wilhelm Friedrich: Grundlinien der Philosophie des Rechts, Frankfurt/M. 1976

Hegnauer, Cyril: Zwei Jahre neues Kindsrecht, in: Kindes- und Adoptionsrecht, hrsg. v. Schweiz LAKO für Sozialwesen, Zürich 1981

Heiniger, Markus: Die schweizerische Antiatombewegung 1958-1963. Eine Analyse der politischen Kultur, Liz. Zürich 1980

Heldrich, Andreas/Schmidtchen, Gerhard: Gerechtigkeit als Beruf. Eine Repräsentativumfrage unter jungen Juristen, München 1982

Heun, Werner: Das Mehrheitsprinzip in der Demokratie. Grundlagen-Struktur-Begrenzungen, Berlin 1983

Hilty, Carl: Politisches Jahrbuch der Schweizerischen Eidgenossenschaft 1907

Hirsch, Ernst E.: Zur juristischen Dimension des Gewissens und der Unverletztlichkeit der Gewissensfreiheit des Richters, Berlin 1979

His, Eduard: Geschichte des neueren schweizerischen Staatsrechts, Bd. I, Basel 1920

Hobbes, Thomas: Leviathan, Reinbek bei Hamburg 1965

Högger, Martin: Charles Naine 1874-1926. Eine politische Biographie, Diss. Zürich 1966

Huber, Hans: Über den Initiativenbetrieb und über Ausführungsgesetze zu Volksinitiativen, in: FS für Kurt Eichenberger, Basel 1982

Huber, Max: Denkwürdigkeiten 1907-1924, Zürich 1974

— Staatenpolitik und Evangelium, Zürich 1923

Hürlimann, Jacques: SPS und militärische Landesverteidigung 1946-1966, Diss. Zürich 1985

Hug, Peter: Vermittlung endlich dem Gesetz unterstellen. Vermittlungsgeschäfte von Kriegsmaterial nehmen zu, in: „Friedenspolitik" Nr. 40/1987

Humbert-Droz, Jules: Mon évolution du tolstoisme au communisme 1891-1921. Mémoires, Neuchâtel 1969

Illich, Ivan: Genus. Zu einer historischen Kritik der Gleichheit, Leck 1983

Jäger, Herbert: Psychologie des Strafrechts und der strafenden Gesellschaft, in: *K. Lüderssen*/F. Sack (Hrsg.): Abweichendes Verhalten II, Frankfurt/M. 1975

Jänicke, Martin: Staatsversagen. Die Ohnmacht der Politik in der Industriegesellschaft, München 1986

Jahn, Egbert: Gewalt in der Auseinandersetzung um die Startbahn 18 West, in: Leviathan Nr. 3 1984

Jhering v., Rudolf: Der Kampf ums Recht, hrsg. von Ch. Rusche, Nürnberg 1965

Jellinek, Georg: Das Recht der Minoritäten, Wien 1898

Jochheim, Gernot: Die gewaltfreie Aktion. Idee und Methoden, Vorbilder und Wirkungen, Hamburg 1984

— Länger leben als die Gewalt. Der Zivilismus als Idee und Aktion, Stuttgart 1986

Jörger, Joh. Ben.: Über Dienstverweigerer und Friedensapostel, in: Zeitschrift für die gesamte Neurologie und Psychiatrie, Bd. 43 1918

Jörs, Paul: Die Ehegesetze des Augustus, Marburg 1894

Jürgmeier: Aids — die willkommene Seuche. Anmerkungen zum gesellschaftlichen Umgang mit einer Krankheit, in: NW 1987, S. 111-116

Junker, Beat: Eidgenössische Volksabstimmungen über Militärfragen um 1900, Diss. Bern 1955

Kägi, Werner: Die Verfassung als rechtliche Grundordnung des Staates, Zürich 1945

Kahl, Joachim, Widerstand gegen Staatsgewalt. Antigone mahnt, in: F. Neumann (Hrsg.): Politische Ethik, Baden-Baden 1985

Kant, Immanuel: Politische Schriften, hrsg. von O. H. von der Gablentz, Köln und Opladen 1965

— Kritik der praktischen Vernunft I, Bd. V, Berliner Akademie-Ausgabe 1910

Kempf, Udo: Der empirische Befund, in: B. Guggenberger/U. Kempf (Hrsg.): Bürgerinitiativen und repräsentatives System, 2. Aufl., Opladen 1984

Kerr, Henry: Parlément et Société en Suisse, St. Saphorin 1981

Key, Ellen: Über Liebe und Ehe, Berlin 1904

Killias, Martin: Muß Strafe sein?, in: M. Rehbinder (Hrsg.): Schweizerische Beiträge zur Rechtssoziologie, Berlin 1984, S. 135-158

Kirchheimer, Otto: Politische Justiz. Verwendung juristischer Verfahrensmöglichkeiten zu politischen Zwecken, Frankfurt/M. 1985

Klier, Gerhard: Gewissensfreiheit und Psychologie. Der Beitrag der Psychologie zur Normbereichsanalyse des Grundrechts der Gewissensfreiheit, Berlin 1978

Klöti, Ulrich: Politikformulierung, in: Handbuch Politisches System der Schweiz Bd. 2 Strukturen und Prozesse, Bern 1984

Kobe, Willi: Die ersten 5 Jahre im Überblick, in: Rückblick für die Zukunft. Wandlung und Wirken des SFR in 35 Jahren, hrsg. vom SFR, Zürich 1981

König, René (Hrsg.): Handbuch der empirischen Sozialforschung, Bd. 12, Wahlverhalten. Vorurteile. Kriminalität, 2. Aufl. Stuttgart 1978

— Das Recht im Zusammenhang der sozialen Normensysteme, in: Sonderheft 11 (1967) KZfSS

Kommission, eidgenössische für Frauenfragen: Frauen und Männer: Fakten, Perspektiven, Utopien, (o. O.) 1987

Kriele, Martin: Theorie der Rechtsgewinnung, Berlin 1967

Kriesi, Hanspeter (Hrsg.): Bewegung in der Schweizer Politik. Fallstudien zu politischen Mobilisierungsprozessen in der Schweiz, Frankfurt/M./New York 1985

— AKW-Gegner in der Schweiz. Eine Fallstudie zum Aufbau des Widerstands gegen das geplante AKW in Graben, Diessenhofen 1982

— Vorschläge zur Modifikation der Entscheidungsstrukturen in der Schweizer Politik, in: Wirtschaft und Recht Jg. 34 1982, S. 224 ff.

— Entscheidungsstrukturen und Entscheidungsprozesse in der Schweizer Politik, Frankfurt/M./New York 1980

Krippendorff, Ekkehard: Staat und Krieg. Die historische Logik politischer Unvernunft, Frankfurt/M. 1985

Kroeschell, Karl: Deutsche Rechtsgeschichte Bd. 1, Reinbek bei Hamburg 1972

Künzli, Arnold: Erstarrung bedroht die Schweiz, in: J. Altwegg/A. Schmidt: Perspektive Schweiz. Gespräche mit Zeitgenossen, Zürich/Köln 1986

— Wir brauchen mehr rebellische Bürger, in: National-Zeitung am Wochenende vom 24.1.1974

Kugler, Alex: Zivildienst und Abrüstung. Pazifismus und Antimilitarismus in der Schweiz vom Ende des Ersten Weltkrieges bis in die Mitte der 20er Jahre, Liz. Basel (o. J.)

Kurz, Hans-Rudolf: Die Dienstverweigererfrage. Geschichtliches — Das Problem (mit Statistiken) — Bisherige Milderungen — Ausblick, in: *Häring*/Gmür, Zürich 1970, S. 237-263

Laker, Thomas: Ziviler Ungehorsam — Geschichte, Begriff, Rechtfertigung, Diss. Göttingen 1985

Lautmann, Rüdiger: Der Zwang zur Tugend. Die gesellschaftliche Kontrolle der Sexualitäten, Frankfurt/M. 1984

Lévy-Bruhl, Henri: Soziologische Aspekte des Rechts, Berlin 1970

Liebknecht, Karl: Gesammelte Reden und Schriften, Bd. III, Berlin 1960

Liepmann, Heinz (Hrsg.): Kriegsdienstverweigerung oder gilt noch das Grundgesetz?, Reinbek bei Hamburg 1966

Löwenstein, Eduard M.: Die Bekämpfung des Konkubinats in der Rechtsentwicklung, Breslau 1919

Lübbe, Hermann: Politischer Moralismus. Der Triumph der Gesinnung über die Urteilskraft, Berlin 1987

Lüderssen, Karl/Sack, Fritz (Hrsg.): Abweichendes Verhalten I. Die selektiven Normen der Gesellschaft, Frankfurt/M. 1975

— Abweichendes Verhalten II. Die gesellschaftliche Reaktion auf Kriminalität, Frankfurt/M. 1975

Luhmann, Niklas: Positivität des Rechts als Voraussetzung einer anderen Gesellschaft, in: JbRR I (1970)

— Legitimation durch Verfahren, Neuwied 1969

— Die Gewissensfreiheit und das Gewissen, in: AöR 90 (1965), S. 257-286

Macpherson, Crawford B.: Nachruf auf die liberale Demokratie, Frankfurt/M. 1983

— Demokratietheorie, München 1977

Maihofer, Werner: Realistische Jurisprudenz, in: G. Jahr/ders.: Rechtstheorie —Beiträge zur Grundlagendiskussion, Frankfurt/M. 1971

— Die gesellschaftliche Funktion des Rechts, in: JbRR I (1970)

— Die Reform des Besonderen Teils des Strafrechts, in: L. Reinisch (Hrsg.): Die deutsche Strafrechtsreform, München 1967

Marcuse, Herbert: Der eindimensionale Mensch. Studien zur Ideologie der fortgeschrittenen Industriegesellschaft, Darmstadt und Neuwied 1967

Mattmüller, Markus: Leonhard Ragaz und der religiöse Sozialismus, Bd. I, Zürich 1968

Mauron, Charles-A.: Eine demokratische Alternative zur Totalrevision der BV, in: TAM 25/1984

Meyer, Thomas u. a.: Widerstandsrecht in der Demokratie. Pro und Contra, Köln 1984

Meyer-Hayoz, Arthur: Der Richter als Gesetzgeber, Zürich 1951

Michelet, Carl L.: Naturrecht oder Rechtphilosophie als praktische Philosophie, Bd. I, Berlin 1866

Milgram, Stanley: Das Milgram-Experiment. Zur Gehorsamsbereitschaft gegenüber Autorität, Reinbek bei Hamburg 1982

Minelli, Ludwig A.: Obszönes vor Bundesgericht, Zürich 1981

Mitscherlich, Alexander: Toleranz — Überprüfung eines Begriffs, Frankfurt/M. 1974

Mitterauer, Michael/Sieder, Reinhard: Vom Patriarchat zur Partnerschaft. Zum Strukturwandel der Familie, 3. Aufl., München 1983

Mittermaier, Wolfgang: Verbrechen und Vergehen wider die Sittlichkeit, in: Vergleichende Darstellung des deutschen und ausländ. Strafrechts, Bes. Teil Bd. 4, Berlin 1906

Mock, Erhard: Gewissen und Gewissensfreiheit. Zur Theorie der Normativität im demokratischen Verfassungsstaat, Berlin 1983

Moore, Barrington: Ungerechtigkeit. Die sozialen Ursachen von Unterordnung und Widerstand, 2. Aufl., Frankfurt/M. 1984

Morgenstern, Christian: Gesammelte Werke, Zürich 1976

Mount, Ferdinant: Die autonome Familie. Plädoyer für das Private. Eine Geschichte des latenten Widerstandes gegen Kirche, Staat und Ideologen, Basel 1982

Müller, Felix: Kampf gegen die Gewalt im Innern, in: Armada International, Januar/ Feburar 1981

Müller, Jörg Paul: Zur Lage der Meinungsfreiheit, in: TA vom 20.6.1986

— Grundrechte. Besonderer Teil, Bern 1985

— Grundrechtliche Anforderungen an Entscheidungsstrukturen. Eine Skizze, in: FS für K. Eichenberger, Basel 1982

— Die Grundrechte der Verfassung und der Persönlichkeitsschutz des Privatrechts, Diss. Bern 1964

Naine, Karl: Verteidigungsrede, übersetzt von Margarete Faas, Lausanne 1905

Narr, Wolf-Dieter: Gewaltfreier Widerstand um der Demokratie und des Friedens willen, in: *Cobler*/Geulen/Narr (Hrsg.): Das Demonstrationsrecht, Reinbek bei Hamburg 1983

Narr, Wolf-Dieter (Hg.): Wir Bürger als Sicherheitsrisiko. Berufsverbot und Lauschangriff. Beiträge zur Verfassung unserer Republik, Reinbek bei Hamburg 1977

Naucke, Wolfgang: Generalprävention und Grundrechte der Person, in: Hassemer/ Lüderssen/Naucke: Hauptprobleme der Generalprävention, Frankfurt/M. 1979, S. 9 ff.

Negt, Oskar: Lebendige Arbeit, enteignete Zeit. Politische und kulturelle Dimensionen des Kampfes um die Arbeitszeit, Frankfurt/M. 1984

— Gesellschaftliche Krise und Demonstrationsfreiheit, in: *Cobler*/Geulen/Narr (Hrsg.): Das Demonstrationsrecht, Reinbek bei Hamburg 1983

Neidhart, Leonhard/Hoby Jean-Pierre: Ursachen der gegenwärtigen Stimmabstinenz in der Schweiz, Bern 1977

Neukötter, Heinrich: Die Strafbarkeit des Konkubinats, Breslau 1930

Noll, Peter: Gedanken über Unruhe und Ordnung, Zürich 1985

— Diktate über Sterben und Tod, Zürich 1984

— Gesetzgebungslehre, Reinbek bei Hamburg 1973

— Gründe für die soziale Unwirksamkeit von Gesetzen, in: JbRR III (1973), S. 259-270

— Strafe ohne Metaphysik, in: Mißlingt die Strafrechtsreform?, hrsg. von J. Baumann, Neuwied 1969, S. 48 ff.

— Der Überzeugungstäter im Strafrecht, in: ZStW 78 (1966), S. 638 ff.

— Die ethische Begründung der Strafe, Tübingen 1962

Offe, Claus: Demokratie und „höhere Amoralität", in: Der Traum der Vernunft —Vom Elend der Aufklärung, hg. von der Akademie der Künste Berlin, Darmstadt und Neuwied 1986

— Politische Legitimation durch Mehrheitsentscheidung?, in: B. *Guggenberger*/C. Offe: An den Grenzen der Mehrheitsdemokratie, Opladen 1984

— Die Herrschaftsfunktionen des Staatsapparates, in: Martin Jänicke (Hrsg.): Politische Systemkrisen, Köln 1973

— Politische Herrschaft und Klassenstrukturen. Zur Analyse spätkapitalistischer Gesellschaftssysteme, in: G. Kress/D. Senghaas: Politikwissenschaft, Frankfurt/M. 1969

Opp, Karl-Dieter: Theorie sozialer Krisen. Apathie, Protest und kollektives Handeln, Hamburg 1978

— Einige Bedingungen für die Befolgung von Gesetzen, in: K. *Lüderssen*/F. Sack: Abweichendes Verhalten I, Frankfurt/M. 1975

— Abweichendes Verhalten und Gesellschaftsstruktur. Neuwied 1974

— Soziologie im Recht, Reinbek bei Hamburg 1973

Pareto, Vilfredo: Trattato di Sociologia generale, Vol. IV, Milano 1981

Pasolini, Pier Paolo: Freibeuterschriften. Die Zerstörung der Kultur des Einzelnen durch die Konsumgesellschaft, Berlin 1978

Picot, E.: Les délits contre les mouers dans les codes pénaux suisses. Etude de legislation comparée, in: ZStR Bd. 2, Bern 1889

Pilgrim, Jürg: Glaubens- und Gewissensfreiheit, Diss. Zürich 1978

Platon: Die Gesetze, GA 7, Zürich und München 1974

Pleiss, Jürg: Strafarbeitslager für Militärverweigerer, in: Friedenszeitung 71/72 1987, S. 6-9

Popper, Karl R.: Die offene Gesellschaft und ihre Feinde, Bd. 2, 6. Aufl., München 1980

Preuss, Ulrich K.: Politische Verantwortung und Bürgerloyalität, Frankfurt/M. 1984

Preuss, Ulrich K./Schily, Otto: Gewaltmonopol, Selbstbestimmung und Demokratie. Gespräch, in: Freibeuter 28 (1986), S. 47-63

Quinney, Richard: Die Ideologie des Rechts. Über eine radikale Alternative zum legalen Zwang, in: K. *Lüderssen*/F. Sack: Abweichendes Verhalten I, Frankfurt/M. 1975

— Ansätze zu einer Soziologie des Strafrechts, in: K. *Lüderssen*/F. Sack (Hrsg.): Abweichendes Verhalten II, Frankfurt/m. 1975

Radbruch, Gustav: Gesetzliches Unrecht und übergesetzliches Recht, in: Süddeutsche Juristenzeitung 1 (1946), S. 105 ff.

Ramseyer, Niklaus: Bern plant Ausstieg aus der Kernenergie. Regierungsrat wendet sich gegen das projektierte KKW Graben, in: TA vom 4./5.10.1986

Rappard, William E.: Die Bundesverfassung der Schweizerischen Eidgenossenschaft 1848-1948. Vorgeschichte, Ausarbeitung, Weiterentwicklung, Zürich 1948

Rawls, John: Eine Theorie der Gerechtigkeit, Frankfurt/M. 1975

Reck, Oskar: Immobilismus in der Demokratie. Über das abschreckende Beispiel N4, in: „Die Weltwoche" vom 2.10.1986

— Was es braucht, ist Übereinstimmung, in: „Die Weltwoche" vom 12.6.1986

— Gewaltfreie Gewalt, in: „Die Weltwoche" vom 9.4.1975

Rehbinder, Manfred: Rechtssoziologie, Berlin/New York 1977

— Die Diskriminierung: Ihre Ursachen und ihre Bekämpfung, in: KZfSS 15 (1963), S. 6-23

Reiwald, Paul: Die Gesellschaft und ihre Verbrecher, Zürich 1948

Rhinow, René: Widerstandsrecht im Rechtsstaat?, Bern 1984

— Grundprobleme der schweizerischen Demokratie, in: ZSR 103 II 1984, S. 182 ff.

Riklin, Alois/Kley, Roland: Stimmabstinenz und direkte Demokratie. Ursachen —Bewertungen — Konsequenzen, Bern und Stuttgart 1981

Ringeling, Hermann/Geissbühler-Blaser, Annemarie: Ehe und Konkubinat. Ethische und juristische Voraussetzungen für die Meinungsbildung, Bern 1985

Rippmann, Peter: Konkubinat — Ehe ohne Trauschein; 2. Aufl., Glattbrugg 1985

Röling, Bert v. A.: Die Rolle des Rechts bei der Konfliktlösung, in: A. de Renck u. a. (Hrsg.): Weil wir alle überleben wollen. Der Mensch zwischen Aggression und Anpassung, München 1970

Roos, Gottfried: Die Ungehorsamsstrafe des Art. 292 StGB, in: ZBJV 79 (1943), S. 492 ff.

Rossiaud, Jacques: Prostitution, Sexualität und Gesellschaft in den französischen Städten des 15. Jahrhunderts, in: *Ariès*/ Béjin: Die Masken des Begehrens und die Metamorphosen der Sinnlichkeit, Frankfurt/M. 1986

Rossnagel, Alexander: Bedroht die Kernenergie unsere Freiheit?, München 1983

Rucht, Dieter: Recht auf Widerstand? Aktualität, Legitimität und Grenzen „zivilen Ungehorsams", in: *Guggenberger*/Offe: An den Grenzen der Mehrheitsdemokratie, Opladen 1984

Rüdig, Wilhelm: Bürgerinitiativen im Umweltschutz. Eine Bestandesaufnahme der empirischen Befunde, in: V. Hauff (Hrsg.): Bürgerinitiativen in der Gesellschaft, Villingen 1980

Russel, Bertrand: Macht. Eine sozialkritische Studie, Zürich 1947

Ryffel, Hans: Rechtssoziologie, Neuwied und Berlin 1974

Saage, Richard: Rückkehr zum starken Staat, Frankfurt/M. 1983

Sack, Fritz: Probleme der Kriminalsoziologie, in: R. *König* (Hrsg.): Handbuch der empirischen Sozialforschung, Bd. 12, 2. Aufl., Stuttgart 1978

Sack, Fritz/König, René (Hg.): Kriminalsoziologie, 2. Aufl., Frankfurt/M. 1974

Saladin, Peter: Verantwortung als Staatsprinzip, Bern und Stuttgart 1984

— Demokratische Sonderrechte von „Betroffenen"?, in: Mélanges A. Grisel, Neuchâtel 1983

— Grundrechte im Wandel, 3. Aufl. Bern 1982

Saner, Hans: Vom Sinn der kommenden Niederlage, in: *Brodmann*/Gross/ Spescha (Hrsg.): Unterwegs zu einer Schweiz ohne Armee, Basel 1986

— Pflicht zum Widerstand in der Demokratie, in: „Rote Revue" 9/1984

— Unpolitisches Gewissen — gewissenlose Politik, in: *Häring* M./Gmür, M.: Soldat in Zivil?, Zürich 1970, S. 93-102

Scharpf, Fritz W.: Demokratietheorie zwischen Utopie und Anpassung, Kronberg 1975

— Reformpolitik im Spätkapitalismus, in: Martin Jänicke (Hrsg.): Politische Systemkrisen, Köln 1973

SCI, (Hrsg.): Was ist Zivildienst? Vorschläge zur Schaffung eines Zivildienstes in der Schweiz, 2. Aufl., La Chaux-de-Fonds 1978

Schaufelberger, Walter: Der Alte Schweizer und sein Krieg, Zürich 1966

Schenk, Herrad: Freie Liebe — wilde Ehe. Über die allmähliche Auflösung der Ehe durch die Liebe, München 1987

Schelsky, Helmut: Auf der Suche nach Wirklichkeit, Düsseldorf 1963

Scheuner, Ulrich: Das Mehrheitsprinzip in der Demokratie, Opladen 1973

Schmid, Georg: Justiz, in: Handbuch Politisches System der Schweiz, Bd. 2 Strukturen und Prozesse, Bern 1984

Schmid, Max: Demokratie von Fall zu Fall. Repression in der Schweiz, Zürich 1976

Schmidtchen, Gerhard: Jugend und Staat. Übergänge von der Bürger-Aktivität zur Illegalität. Eine empirische Untersuchung zur Sozialpsychologie der Demokratie, in: U. Matz/G. Schmidtchen: Gewalt und Legitimität, Opladen 1983

— Über die Stimmbeteiligung entscheidet die Familie, in: TA vom 26.11.1979

Schmitt, Carl: Gesetz und Urteil. Eine Untersuchung zum Problem der Rechtspraxis, 2. Aufl., München 1969

— Legalität und Legitimität, München und Leipzig 1932

Schneider, Peter: Unrecht für Ruhe und Ordnung, Zürich 1982

Schollenberger, J.: Kommentar zur Bundesverfassung der Schweizerischen Eidgenossenschaft, Berlin 1905

Schopenhauer, Arthur: Aphorismen der Lebensweisheit, Insel Taschenbuch Frankfurt/M. 1976

Schreiber, Hans: Das materielle Strafrecht der kantonalen Einführungsgesetze zum Schweizerischen StGB, Diss. Zürich 1946

Schroeren, Michael: z. B. Kaiseraugst. Der gewaltfreie Widerstand gegen das Atomkraftwerk: Vom legalen Protest zum zivilen Ungehorsam, Zürich 1977

Schubarth, Martin: Rechtliche Probleme von Dienstverweigerern aus Gewissensgründen, in: *Häring*/Gmür, Zürich 1970, S. 214-233

Schüler-Springorum, Horst: Strafrechtliche Aspekte Zivilen Ungehorsams, in: P. Glotz (Hrsg.): Ziviler Ungehorsam im Rechtsstaat, Frankfurt/M. 1983, S. 76-99

Schulthess, Carl: Desertion und Teilnahme an der Desertion durch Zivilpersonen nach deutschem und schweizerischem Recht, Diss. Zürich 1909

Schulthess, Peter: Über Militärdienstverweigerung aus krankhafter Ursache, Diss. Zürich 1933

Seifert, Michael J.: Sozialer Konflikt. Eine Analyse der Entstehungsbedingungen politischer Bewegungen, Frankfurt/M. 1978

Seitz, Werner: Nur ein Tor kann sagen „Die Schweiz ist eine Armee". Die militärpolitischen Volksinitiativen und Referenden von 1848 bis 1984 und die regionalpolitische Analyse ihrer Ergebnisse, in: *Brodmann*/Gross/Spescha, Basel 1986, S. 48 ff.

Sichtermann, Barbara: Selbständige Frauen. Die ökonomische Seite der Emanzipation, in: Freibeuter 29 (1986), S. 81 ff.

Siegfried, Otto: Die Dienstverweigerung aus Gewissensgründen, Zürich 1952

Simitis, Spiro: Einleitung, in: Wolfgang Friedmann: Recht und sozialer Wandel, Frankfurt/M. 1969

Simmel, Georg: Zur Soziologie der Familie, in: ders.: Schriften zur Philosophie und Soziologie der Geschlechter, hrsg. von H. J. Dahme und Klaus Ch. Köhnke, Frankfurt/M. 1985

Sorokin, Pitirim: Die Soziologie der Revolution, München 1928

Spescha, Marc: Konstruktiver Umgang mit Sicherheitsbedürfnissen statt „alternative" Verteidigungskonzepte, in: Umfassende Friedenspolitik. Utopische Zeichen für eine lebenswerte Zukunft hrsg. von Autorenkollektiv der GSoA, Zürich 1985, S. 8-15

Spranger, Eduard: Die Individualität des Gewissens und der Staat, in: Logos 22 (1933), S. 171-202

Steinacher, Esther: Dann gibt es nur eins. . ., sag nein!, in: Aktion Menschenteppich gegen die Kriegsmaterialausstattung W'81 in Winterthur — Schweiz, hrsg. von cfd, Zürich 1981

Stone, Julius: Lehrbuch der Rechtssoziologie, 3 Bde., Freiburg i. Br. 1976

Sträuli, H.: Die Wirkung der Novelle vom 27. Juni 1897 zum zürcherischen StGB, in: ZStR Bd. 16, Bern 1903

Strasser, Johano: Sicherheit als destruktives Ideal, in: Der Traum der Vernunft —Vom Elend der Aufklärung, hg. von der Akademie der Künste Berlin, Neuwied und Darmstadt 1986

— Die Zukunft der Demokratie. Grenzen des Wachstums — Grenzen der Freiheit?, Reinbek bei Hamburg 1977

Stratenwerth, Günther: Schweizerisches Strafrecht, Besonderer Teil I, 3. Aufl., Bern 1983

Stucki, Alfred: Dienstverweigerer: Prophet, Patient oder Parasit?, Frauenfeld 1986

Tacitus, Cornelius: Die Germania, Übersetzung von Paul Stefan, Leipzig (o. J.)

Thöl, Heinrich: Einleitung in das deutsche Privatrecht, Berlin 1851

Thomasius, Christian: Ausübung der Sittenlehre, Hildesheim 1968

— Schediasma Inaugurale Juridicium de concubinatu, Halae 1713

Thoreau, Henry David: Über die Pflicht zum Ungehorsam gegen den Staat, Zürich 1973

Thormann, Philipp/Overbeck v. Alfred: Das schweizerische StGB, Bd. 3, Zürich 1943

Timasheff, Nicholas S.: An Introduction into Sociology of Law (Cambridge Mass 1939), Reprint 1974

Tobler, Ruedi: Zivildienst oder Ersatzdienst?, Zürich 1976

— Rückblick für die Zukunft, in: Rückblick für die Zukunft. Wandlung und Wirken des SFR in 35 Jahren, hrsg. vom SFR, Zürich 1981

Tönnies, Ferdinand: Die Sitte, Frankfurt 1909

Traube, Klaus u. a.: Nach dem Super-Gau. Tschernobyl und die Konsequenzen, Reinbek bei Hamburg 1986

— Müssen wir umschalten?, Reinbek bei Hamburg 1978

Trachsel, Stefan: Gericht und Richter nach der EMRK, in: Gedächtnisschrift für Peter Noll, Zürich 1984

Trescher, Hans Georg: Anpassung an den autoritären Charakter?, in: *Häsing*/Stubenrauch/Ziehe (Hrsg.): Narziß — ein neuer Sozialisationstypus?, Bensheim 1979

Tschäni, Hans: Schweizer Demokratie oder „Schweiz AG", in: TA vom 23.12.1985

— Wer regiert die Schweiz? Der Einfluß von Lobby und Verbänden, Zürich 1983

Veyne, Paul: Homosexualität im antiken Rom, in: *Ariès*/Béjin, Frankfurt/M. 1986

Vox-Analyse der eidgenössischen Abstimmung, hrsg. von der Schweizerischen Gesellschaft für praktische Sozialforschung

Wassermann, Rudolf: Die richterliche Gewalt. Macht und Verantwortung des Richters in der modernen Gesellschaft, Heidelberg 1985

— Justiz im sozialen Rechtsstaat, Darmstadt und Neuwied 1974

— Der politische Richter, München 1972

Wattenwyl von, Gérard: Das Konkubinat im Strafrecht, Diss. Bern 1928

Wege, Joachim: Positives Recht und sozialer Wandel im demokratischen und sozialen Rechtsstaat, Berlin 1977

Weischedel, Wilhelm: Skeptische Ethik, Frankfurt/M. 1976

Weizsäcker von, Carl F.: Wege in der Gefahr. Eine Studie über Wirtschaft, Gesellschaft und Kriegsverhütung, München 1976

Welzel, Hans: Naturrecht und materiale Gerechtigkeit, 4. Aufl., Göttingen 1962

Wenger, Johann Niklaus: Die Dienstverweigerung aus Gewissensgründen, Diss. Zürich 1952

Wespi, Kaspar: Die Drittwirkung der Grundrechte, Diss. Zürich 1968

Wieacker, Franz: Über strengere und unstrengere Verfahren der Rechtsfindung, in: FS für W. Weber 1974

Wieland, Ernst Karl: Geist der peinlichen Gesetze, Bd. II (o. O.) 1784

Wiethölter, Rudolf: Rechtswissenschaft, Frankfurt/M. 1970

Wilda, Wilhelm E.: Das Strafrecht der Germanen, Halle 1842

Wildberger, Ueli: Waffenschau 81 — Nein Danke! Gewaltlose Aktion Menschenteppich, in: Rundbrief des internationalen Versöhnungsbundes, Deutschschweizer Zweig, September 1981

Wisselinck, Erika: Frauen denken anders, Straßlach 1984

Wolf, Heinz E.: Zur Problemsituation der Vorurteilsforschung, in: R. König (Hrsg.): Handbuch der empirischen Sozialforschung, Bd. 12, 2. Aufl., Stuttgart 1978

Wolff, Robert/Moore, Barrington/Marcuse, Herbert: Kritik der reinen Toleranz, Frankfurt/M. 1966

Wyder, Theodor: Wehrpflicht und Militärdienstverweigerung, Bern 1986

Zapf, Wolfgang: Theorien sozialen Wandels, Köln 1969

Ziehe, Thomas: Pubertät und Narzißmus. Sind Jugendliche entpolitisiert?, 3. Aufl., Frankfurt/M./Köln 1979

Zielinski, Heinz: Freiheit und soziale Gerechtigkeit. Zur Ethik der Herrschaft des Volkes, in: F. Neumann (Hrsg.): Politische Ethik, Baden-Baden 1985

Zumstein, Jörg: Die Armee als Zement des Föderalismus, in: J. Altwegg/A. Schmidt (Hrsg.): Perspektive Schweiz. Gespräche mit Zeitgenossen, Zürich/Köln 1986

— Kirche und Landesverteidigung, in: Der Feldprediger, Juni 1983